礼记·尚书

苏智恒◎主编

UNITY PRESS 团结出版社

图书在版编目(CIP)数据

礼记·尚书 / 苏智恒主编. — 北京 : 团结出版社, 2018.6

ISBN 978-7-5126-5705-2

Ⅰ. ①礼… Ⅱ. ①苏… Ⅲ. ①礼仪-中国-古代②中国历史-商周时代 Ⅳ. ①K892.9②K221.04

中国版本图书馆 CIP 数据核字(2017)第 263594 号

出　　版: 团结出版社
(北京市东城区东皇城根南街 84 号　邮编: 100006)
电　　话: (010) 65228880　65244790 (出版社)
(010) 65238766　85113874 65133603 (发行部)
(010) 65133603 (邮购)
网　　址: http://www.tjpress.com
E - mail: 65244790@163.com (出版社)
fx65133603@163.com (发行部邮购)
经　　销: 全国新华书店
排　　版: 文贤阁
印　　刷: 北京德富泰印务有限公司

开　　本: 640×920 毫米　16 开
印　　张: 28
印　　数: 3000
字　　数: 251 千
版　　次: 2018 年 6 月　第 1 版
印　　次: 2018 年 6 月　第 1 次印刷

书　　号: 978-7-5126-5705-2
定　　价: 33.00 元

“中华国学经典”
系列图书专家委员会

前　言

《礼记》顾名思义，就是“礼”之记，它是儒家经典之一，是中国古代一部重要的典章制度选集，主要记载了先秦的礼制，体现了先秦儒家的哲学、教育、政治以及美学思想，是研究先秦社会政治、文化的重要资料。

《礼记》是战国至秦汉年间儒家学者解释说明经书《仪礼》的文章选集，是一部儒家思想的资料汇编。西汉宣帝时，戴德、戴圣叔侄各自辑录一个选本。戴德的选编本被后人称为《大戴礼记》，共八十五篇，在后来的流传过程中多有亡佚，到唐代只剩下三十九篇；戴圣的选编本被后人称为《小戴礼记》，即现今的《礼记》。大、小《礼记》各有特色，侧重和取舍之处有所不同。戴圣，字次君，曾师事经学大师后仓，平生以研习儒家经典为主，尤重《礼》学研究。汉宣帝时，戴圣被召为博士，参与石渠阁论，评定五经异同。东汉末年，著名学者郑玄为《小戴礼记》作注，之后《小戴礼记》盛行不衰，并逐渐成为儒家经典，唐代时被列为“九经”之一，宋代时被列入“十三经”，成为士人必读之书。

《尚书》是“五经”之一，相传为孔子编定。孔子晚年集中精力整理古代典籍，将上古尧舜时期到春秋秦穆公时期的各种重要文献资料汇集在一起，认真编选，这就是《尚书》的由来。相传孔子

编成《尚书》后，曾把它用作教育学生的教材。秦始皇统一六国后，曾颁布《焚书令》，禁止民间收藏《诗》《书》一类的书籍，凡是民间收藏的《诗》《书》等著作，全都要送交官府，集中烧毁。这给《尚书》带来了毁灭性的打击，原有的《尚书》抄本几乎全部被焚毁。到西汉时，相传鲁共王为扩建宫室，拆除孔子旧宅时，在一段墙壁内发现了一部有别于当时流传的《尚书》。这部《尚书》用先秦六国时的字体书写，人们称为《古文尚书》。《古文尚书》经孔子后人孔安国的整理，流传于世。西晋永嘉年间，《尚书》因战乱散失。到东晋元帝（公元317—322年）时，豫章内史梅赜向元帝献上了一部《孔传古文尚书》，说是魏末晋初的学者郑冲传下来的，是当时孔安国整理的《古文尚书》。现今流传的《尚书》多是此本。不过，两千多年来，学术界一直对传世的《古文尚书》存在真伪之争，大多数认为现存《尚书》中真伪参半。

本书精选了《礼记》《尚书》的经典篇目，并参考权威版本对原文进行了注解，希望本书能帮助读者体味原著内涵。因时间有限，加之编者水平所限，文中难免有失当之处，望广大读者批评指正。

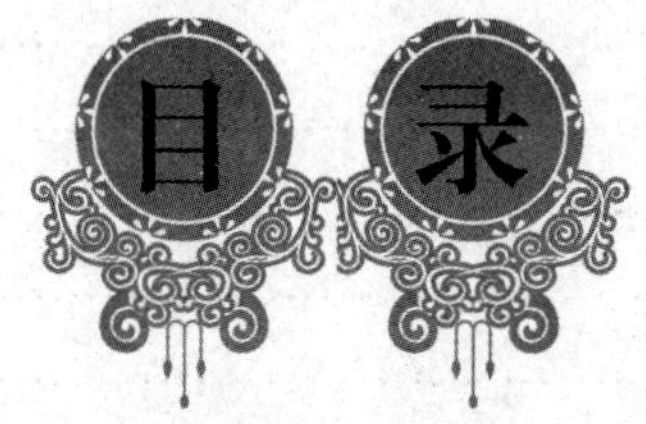

礼　记 …… 1

曲　礼 …… 2
檀　弓 …… 58
王　制 …… 118
曾子问 …… 151
文王世子 …… 184
玉　藻 …… 187
明堂位 …… 218
丧服小记 …… 223
乐　记 …… 244
杂记上 …… 259
杂记下 …… 288
丧大记 …… 290

尚　书 …… 331

尧　典 …… 332
舜　典 …… 340
大禹谟 …… 352
皋陶谟 …… 361
禹　贡 …… 367
汤　誓 …… 384

汤　诰 …………………………………………………… 387
泰誓上 …………………………………………………… 391
泰誓中 …………………………………………………… 395
泰誓下 …………………………………………………… 399
大　诰 …………………………………………………… 402
微子之命 ………………………………………………… 410
康　诰 …………………………………………………… 413
召　诰 …………………………………………………… 426
秦　誓 …………………………………………………… 436

礼

记

曲　礼

原文

《曲礼》曰[①]：毋不敬，俨若思[②]，安定辞，安民哉！

注释

①《曲礼》：古礼书名，已佚。本篇以“曲礼”二字开头，故此得名。

②俨：端庄。

译文

《曲礼》说：不要不恭敬，外表端庄要像正在思考一样，说话要翔实在理，这样可使人民安宁啊！

原文

敖不可长[①]，欲不可从[②]，志不可满，乐不可极[③]。

注释

①敖：通“傲”，傲慢的意思。

②从：通“纵”，放纵。

③乐：享乐。极：达到顶点。

译文

傲慢之心不可产生，欲望不可放纵，志气不可立得太高，享乐不可无度。

原文

贤者狎而敬之[①]，畏而爱之。爱而知其恶，憎而知其善。积而能散，安安而能迁[②]。临财毋苟得，临难毋苟免。很毋求胜[③]，分毋求多。疑事毋质[④]，直而勿有[⑤]。

注释

①狎：亲近。

②安安：前一“安”字，指安居；后一“安”字，指安逸。迁：改变。

③很：辩论。

④质：结论。

⑤直：正确。

译文

对道德、才能胜过自己的人要亲近而敬重，畏服而爱慕。对自己喜欢的人要了解他的缺点，对憎恶的人也要了解他的优点。自己积聚了财富，要能散发、赈济；能安居安逸的生活，也能及时改变自己的环境。面对财物不能随意获取，面对危难不能随意逃避。辩论是非不必一定战胜对方，分配财物不要贪求多得。对有疑问的事不要随意下结论，有正确的见解也不要自夸只有自己懂得。

原文

若夫，坐如尸①，立如齐②。礼从宜，使从俗。

注释

①尸：在祭祀中一直端坐着扮演受祭祀的人。

②齐：通“斋”，指祭祀时恭敬的样子。

译文

如果坐，就要像扮演受祭祀的人那样端坐，站着就要像祭祀斋戒时那样恭敬。行礼应遵从时宜，出使他国要依从他国的风俗。

原文

夫礼者①，所以定亲疏，决嫌疑，别同异，明是非也。礼，不妄说人②，不辞费③。礼，不逾节，不侵侮，不好狎。修身践言，谓之善行。行修言道，礼之质也④。礼，闻取于人⑤，不闻取人；礼，闻来学，不闻往教。

注释

①夫：句首语气词。

②说：通“悦”。

③辞费：说出却做不到的话。

④质：根本，本质。

⑤取：汲取，学习。

译文

礼，是用来确定人与人之间关系的远近，判定事情的疑惑，分辨同异，明辨是得礼还是失礼的。礼，不随便取悦于人，不可说出做不到的话。礼，不做出超越自己身份的事，不傲慢欺凌别人，不随意亲近别人。修养自身的品德、实践自己的诺言，这被称为美好的品行。品行端正，说话合乎正道，这是礼的根本。礼，听说它是被人取法学习的，没听说它向人取法学习。礼，只听说别人主动来学习，没听说知礼者主动去教人的。

原文

道德仁义，非礼不成；教训正俗，非礼不备；分争辨讼[①]，非礼不决；君臣、上下、父子、兄弟，非礼不定；宦学事师，非礼不亲；班朝治军，莅官行法[②]，非礼威严不行；祷祠祭祀，供给鬼神，非礼不诚不庄。是以君子恭敬、撙节、退让以明礼[③]。鹦鹉能言，不离飞鸟；猩猩能言，不离禽兽。今人而无礼，虽能言，不亦禽兽之心乎！夫唯禽兽无礼，故父子聚麀[④]。是以圣人作，为礼以教人，使人以有礼，知自别于禽兽。

注释

①讼：争财曰讼。

②莅官：指担任各种官职。

③撙（zǔn）节：节制，克制。

④麀（yōu）：原指母鹿，这里指雌兽。

译文

道德仁义，没有礼就不能得到体现；教育训导，纠正习俗，没有礼就不能完备地推行；判断争议，辨别诉讼，不依据礼就不能正确地决断；君臣、上下、父子、兄弟之间的关系，没有礼就不能确定关系地位；学习做官、寻求学问而侍奉师长，没有礼师生之间就不能亲密；朝列的位置，军队的组织，担任各种官职，执行法令，不依据礼就不能树立威严；祈祷祭祀，供奉鬼神，没有礼就不能表现出诚意庄重。所以君子应做到态度恭敬、自觉节制、谦让来彰明礼仪。鹦鹉能够说话，仍然脱不开飞鸟的种类；猩猩能够说话，仍然脱不开禽兽的种类。现在的人如果不遵循礼，虽然会说话，不也是和禽兽有一样的内心吗?!只因为禽兽没有礼，所以才经常出现父子共同与一雌兽交配的情况。所以才有圣人产生，制定礼来教导人们，使人们有了礼，知道用礼把自己和禽兽区别开来。

原文

大上贵德[1]，其次务施报。礼尚往来，往而不来，非礼也；来而不往，亦非礼也。人有礼则安，无礼则危。故曰：礼者不可不学也。夫礼者，自卑而尊人。虽负贩者必有尊也，而况富贵乎！富贵而知好礼，则不骄不淫；贫贱而知好礼，则志不慑[2]。

注释

①大上：即太上，指上古之世。

②慑：畏怯、困惑。

译文

上古时期崇尚敦厚的品德，后世之人才致力于施恩报答。礼所崇尚的就是有施有报。向对方施恩而对方不知回报，这是失礼的；只知对方的施恩，自己不去回报，也是失礼的。一个人的行为合于礼就平安，不合于礼就危险。所以说：礼是不能不学习的。礼，要求克制自己尊重别人。即使是做苦力做小买卖的，其中一定有值得尊敬的人，何况那些富贵的人呢！富贵而知道爱好礼，就可以不骄傲不放荡；贫贱而知道爱好礼，就能心中不卑怯。

原文

人生十年曰幼，学。二十曰弱[①]，冠[②]。三十曰壮，有室。四十曰强[③]，而仕。五十曰艾[④]，服官政[⑤]。六十曰耆[⑥]，指使[⑦]。七十曰老，而传[⑧]。八十、九十曰耄[⑨]，七年曰悼[⑩]。悼与耄，虽有罪，不加刑焉。百年曰期[⑪]，颐[⑫]。大夫七十而致事[⑬]，若不得谢[⑭]，则必赐之几杖[⑮]，行役以妇人；适四方，乘安车[⑯]，自称曰老夫，于其国则称名。越国而问焉，必告之以其制。

注释

①弱：指身体尚未强壮。

②冠：古代男子二十行加冠之礼。

③强：指智力强和气力强。

④艾：发苍白如艾草。

⑤服官政：担负专职的长官。

⑥耆（qí）：老。

⑦指使：不做具体工作，指派别人干。

⑧传（zhuàn）：将家务交托给子孙。

⑨耄（mào）：年老，视力、智力衰退。

⑩悼：年幼可爱。

⑪期：极。

⑫颐：养。

⑬致事：告老不仕。

⑭谢：请。不得请，指不准告老不仕之请求。

⑮几杖：几，古人坐时凭靠之具。杖，手杖。

⑯安车：古人一般立乘，安车则是坐乘的小车。

译文

男子十岁称为幼，开始就学。二十岁称为弱，举行冠礼。三十岁称为壮，成家娶妻。四十岁称为强，在官府中从事具体工作。五十岁称为艾，可以为大夫做长官。六十岁称为耆，只发号施令指派别人。七十岁称为老，将家务移交给子孙。八十、九十岁称为耄，幼儿七岁被称为悼。凡是悼和耄，即使有罪，也不加以处罚。一百岁称为期，则事事需人奉养了。大夫到了七十岁，就告老退休。如果国君不批准请求，就赐几杖给他，出门办事时要妇女跟随照料。到外地去，乘坐安车，可以自称老夫，但在本国以名字自称。如有邻国来请教，国君要先询问老臣，老臣就讲述本国的典章制度。

原文

谋于长者，必操几杖以从之[1]。长者问，不辞让而对，非礼也。

注释

①从：就。

译文

到长者那里请教事情，一定要为他安置凭几、手杖。长者有所询问，如不先推辞谦让，就径直回答，这是不合于礼的。

原文

凡为人子之礼：冬温而夏凊[1]；昏定而晨省[2]。在丑夷不争[3]。

注释

①凊（qìng）：冷。
②定：安置被褥。省：问安。
③丑夷：平辈。丑，通“俦”。

译文

做儿子的礼节：冬天使父母温暖，夏天使父母凉快；晚上服侍父母安寝，早晨问父母安。与平辈人相处，则不争。

原文

夫为人子者，三赐不及车马①，故州闾乡党称其孝也②，兄弟亲戚称其慈也，僚友称其弟也③，执友称其仁也④，交游称其信也⑤。见父之执，不谓之进不敢进，不谓之退不敢退，不问不敢对，此孝子之行也。

注释

①三赐：出仕任官职，一命受爵，再命受衣服，三命受车马。不及：谓受而不敢用，恐自奉超越父辈。

②州闾乡党：地方组织的名称。

③僚友：官府中的同事。

④执友：志同道合的朋友。

⑤交游：一般的朋友。

译文

做儿子的礼节，虽然受到国君的三命，却自谦不乘所赐的车马，怕超越父辈的享受。这样的人，乡里都称颂他孝顺；兄弟以及亲戚们，都称颂他慈爱；同僚们都称颂他友善；志同道合的朋友，称颂他仁爱；一般的朋友，称颂他言而有信。看到父亲的挚友，如不叫他前去，就不敢前去；不叫他离去，就不敢告退；不提问，不敢随便对答。这是做孝子所应有的行为。

原文

夫为人子者，出必告，反必面，所游必有常，所习必有业[①]。恒言不称老[②]。年长以倍，则父事之；十年以长，则兄事之；五年以长，则肩随之。群居五人，则长者必异席[③]。

注释

①业：犹今之作业本。

②恒言：平常说话。

③异席：古人席地而坐，一条席可坐四人，推年长的坐于席端。如果有五人，则推年长的另坐一席。

译文

做儿子的礼节，出门一定要向父母禀告，从外面回来，一定要与父母见面；出游有固定的地方；平时学习都有作业。平时说话时不自称为“老”。比自己年龄大一倍的人，就以对待父亲的礼节对待他；比自己大十岁的，就以对待兄长的礼节对待他；比自己大五岁的人，走路时并排而稍后。五个人聚坐在一起，推尊年长的单独坐另一条席。

原文

为人子者，居不主奥[①]，坐不中席，行不中道，立不中门[②]。食飨不为槩[③]，祭祀不为尸[④]。听于无声，视于无形。不登高，不临深，不苟訾[⑤]，不苟笑。

注释

①主：坐。奥：屋的西南角，平时为尊者所坐之处。

②中门：门的中间设两闑（niè），两闑之间称中门，是尊者出入的地方。闑，门中央所竖的短木。

③食（sì）飨：宴会宾客之礼。槩：即“概”，数量。

④不为尸：尸代受祭者。父在不为尸，如父在为尸，将受父拜，这是不敬的。

⑤訾（zǐ）：毁谤、非议。

译文

做儿子的礼，平时不坐在室内的西南角，坐席时，不坐在中央位置；行路时不走在道路的中央；站立时，不站在门的中央。宴客的规格、数量，不自定限制，在祭祀时不充当尸。不待父母说话、行动，就能揣知父母的意思。不登高处，不临深渊，不随便毁谤别人，不应该发笑时不笑。

原文

孝子不服闇[①]，不登危，惧辱亲也。父母存，不许友以死，不有私财。为人子者，父母存，冠衣不纯素[②]；孤子当室[③]，冠衣不纯采[④]。

注释

①服：事。

②纯：衣服的镶边。

③孤子：无父曰孤。室：嫡子。

④采：通“彩”。

译文

孝子不做秘密的事，不涉足险境，怕让父母牵连受辱。父母活着，不答应朋友要己献身的要求，不能有私蓄。做儿子的礼节，父母健在，衣帽不能用白色镶边；如无父的嫡子，除丧后衣帽仍不用彩色镶边，表示不忘哀思。

原文

幼子常视毋诳[①]。童子不衣裘裳，立必正方，不倾听。长者与之提携，则两手奉长者之手[②]。负剑辟咡诏之[③]，则掩口而对。

注释

①视：通“示”。诳：欺骗。

②奉：通“捧”。

③负剑：负指背着幼儿，剑指像剑一样挟于胁下。辟咡（èr）诏之：侧着头在人耳边说话。

译文

对幼儿要经常进行正面教育，不能欺骗。儿童不穿皮衣和下裳，站立时一定正对一个方向，不能侧着头听别人说话。有长辈拉着一起走路，就要用双手捧着长辈的手。当大人背负幼儿或搂幼儿在胁下时，长辈侧着头在他耳边问话，小孩要用手遮住嘴来回答。

原文

从于先生，不越路而与人言。遭先生于道，趋而进[①]，正立拱手；先生与之言，则对，不与之言，则趋而退。从长者而上丘陵，则必乡长者所视[②]。登城不指，城上不呼。

注释

①趋：疾走。

②乡：向。

译文

跟随老师出行，不要离开原路到路旁与别人说话。在路上碰到老师，要快步向前走，端正站立拱手表示敬意；老师跟他说话才回答，不跟他说话就赶紧快步退到一边。跟随长辈上山冈，视线要与长者所视的方向一致，以便回答长者的问话。登上城墙，不随便指指点点，在城墙上不大喊大叫，恐引起旁人的误会。

原文

将适舍，求毋固[①]。将上堂，声必扬。户外有二屦[②]，言闻则入，言不闻则不入。将入户，视必下。入户奉扃[③]，视瞻毋回。户开亦开，户阖亦阖；有后入者，阖而勿遂。勿践屦，毋踖席[④]，抠衣趋隅[⑤]。必慎唯诺。

注释

①固：鄙野。

②屦（jù）：鞋。凡入室，脱屦于门外。

③扃（jiōng）：门闩。

④踖（jí）席：跨过坐席。升席时，必由席之下角转至己位，不能在席前跨而就位。

⑤抠衣：提起下裳。

译文

到他处做客，要求做到不粗鲁。将登主人堂屋，一定高声探问，使主人知道有人来。如果发现门外有两双鞋子，听到里面有谈话声，就可以进去；如听不到谈话声，就不能进去。将进门时，眼睛要往下看。进了门，捧着门闩，目光不扫视室内四周。门原是开的，进门后依然开着；门原是闭的，进门后把门闭上；如后面还有人要进来，只做慢慢关门的姿势，不将门关上。脱鞋时不要踩了先来人的鞋子，登席时不要超越序次，用手提起下裳，从席角走向座位。应对时，十分谨慎，说“唯”或“诺”。

原文

大夫、士出入君门，由阒右，不践阈①。

注释

①阈：门槛。

译文

大夫和士进出国君的门，应走门橛的右面，脚不踩门槛。

原文

凡与客入者，每门让于客[①]。客至于寝门，则主人请入为席，然后出迎客；客固辞[②]，主人肃客而入[③]。主人入门而右，客入门而左；主人就东阶，客就西阶。客若降等[④]，则就主人之阶；主人固辞，然后客复就西阶。主人与客让登，主人先登，客从之，拾级聚足[⑤]，连步以上。上于东阶，则先右足；上于西阶，则先左足。

注释

①每门：古人天子之宫五门，诸侯三门，大夫二门。

②固辞：礼有三辞。初曰礼辞，再曰固辞，三曰终辞。

③肃客：导客而进。

④降等：地位低一等级。

⑤拾（shè）级：逐级登阶。聚足：前脚登一级，后脚跟上与前脚并后再往上登的走法。

译文

同客人一道进门，经过每道门时都让客人先进。客人到了正寝门前，主人请求先进去铺坐席，然后出来迎接客人；客人一再辞让，主人在前引导客人进入。主人进门后向右，客人进门后向左；主人登东阶，客人登西阶。如客人的身份比主人的地位低，就跟着登主人所登的东阶；主人一再辞让，然后客人再去登西阶。主人和客人在登阶前互相谦让，主人先登台阶，客人紧跟着登上台阶，前足登上一级后，等后足跟上与前足相并后，再往上登第二级，就这样一步一停地一直登上堂。如登东阶的，要先迈右脚；登西阶的，要先迈左脚。

原文

帷薄之外不趋[①]，堂上不趋，执玉不趋。堂上接武[②]，堂下布武[③]。室中不翔[④]。并坐不横肱。授立不跪[⑤]，授坐不立。

注释

①帷薄：帷是布幔；薄是帘子。

②接武：步步相连接，即细步走。

③布武：步与步不相接，即迈大步。

④翔：张开两臂行走。

⑤跪：两膝着地，直身而股不着于足跟，这是跪。如股着足跟，是坐。

译文

在帷幔帘子之外，不必快步走；在堂上不要快步走；手上拿着玉，不快步走。在堂上要细步走，在堂下可迈大步走。在室内不甩开胳膊走路。与别人并坐时，不要横着胳膊。给站着的人东西，不用跪；给坐着的人东西，不要站着给。

原文

凡为长者粪之礼[①]：必加帚于箕上，以袂拘而退[②]，其尘不及长者；以箕自乡而扱之[③]。奉席如桥衡[④]，请席何乡，请衽何趾。席南乡北乡，以西方为上；东乡西乡，以南方为上。

注释

①粪：打扫坐席前面。

②袂：衣袖。拘：障。

③扱：通“吸”，收敛。

④桥：井上汲水之横木，引之，则一高一低，亦名桔槔。这里指捧席时一头高一头低，如桥。

译文

给长辈打扫房间的礼：要将扫帚放在簸箕上面，用衣袖遮在扫帚前面，一边扫一边往后退，这样灰尘可以不扬及长者。用簸箕收敛时，也要向自己的方向扫。捧席子给长者时，席子要一头高一头低。如铺坐席，请示坐席的方向；如铺卧席，请问足朝哪一方向。南北向的席，以西方为上位；东西向的席，以南方为上位。

原文

若非饮食之客，则布席，席间函丈[①]。主人跪正席[②]，客跪抚席而辞。客彻重席[③]，主人固辞。客践席，乃坐。主人不问，客不先举[④]。将即席，客毋怍[⑤]。两

手抠衣，去齐尺[⑥]。衣毋拨[⑦]，足毋蹶[⑧]。先生书策、琴瑟在前，坐而迁之，戒勿越。

注释

①函：容。

②正：整理。

③重席：席上所加的席。

④举：问。

⑤怍：脸色改变。

⑥齐（zī）：裳的下缉。

⑦拨：扬起。

⑧蹶：步子急速的样子。

译文

如不是来赴宴会的客人，要铺相对的席子，两席的间距要有一丈。主人跪着亲自为客人整治席子，客人跪着两手按住席子推辞。客人要撤去加席，主人一再地辞让阻止。客人踏上席子，主人才落座。主人不发问，客人不要抢先发问。客人将要就席，脸上的表情保持庄重，不要有所变化。落座时，两手提起裳的下缉，离地面一尺，上衣不要掀动，步子不要急速。前面有老师的简册、琴瑟，应跪着把它搬开，切不可跨过去。

原文

虚坐尽后[①]，食坐尽前。坐必安，执尔颜[②]。长者不及，毋儳言[③]。正尔容[④]，听必恭，毋剿说[⑤]，毋雷同[⑥]，必则古昔[⑦]，称先王。侍坐于先生，先生问焉，终则对。请业则起，请益则起。父召，无“诺”；先生

召，无"诺"。"唯"而起。[8]侍坐于所尊敬，毋馀席，见同等不起。烛至，起；食至，起；上客，起。烛不见跋[9]。尊客之前不叱狗。让食不唾。

注释

①虚：空。此指不是饮食时。
②执：保持。
③儳（chàn）言：与长者所言不相关的话。
④正：端庄。
⑤剿说：取人之说以为己说。
⑥雷同：随声附和。
⑦则：法，依据。
⑧诺、唯：表示答应的词。但说"唯"，比说"诺"来得恭敬。
⑨跋：火炬把手的地方。

译文

不是饮食的闲坐，要尽量靠席的后沿坐，饮食时尽量靠席子的前沿坐。坐要安稳，保持你原先的样子。长辈没有说到的事，不要打岔先说。保持庄重严肃的态度，听长辈说话时要恭敬，不要剽窃别人的说法，不要人云亦云；说话要以历史事实为依据，一定以过去历史上的事为法则，称道过去的圣贤君主。陪伴老师闲坐，老师有事要问，等老师把话说完后才回答。请教学习上的问题，要起立；请求再次讲解时，要起立。父亲召唤时，答应不用"诺"；老师召唤时，答应也不用"诺"。用"唯"回答，立即起立。陪侍尊者闲坐，尊者独坐一席，侍者坐在另一席的席端边沿，尽量靠近尊者；看见同辈的人进来，不起立。送烛来，要起立；送饮食来，要起立；主人的贵客来，要起立。火把烧完后，立即将把手拿走。主人在贵客面前不呵斥狗。客人辞让食物时，不吐口水。

原文

侍坐于君子，君子欠伸[①]，撰杖屦[②]，视日蚤莫[③]，侍坐者请出矣。侍坐于君子，君子问更端[④]，则起而对。侍坐于君子，若有告者曰“少闲[⑤]，愿有复也[⑥]”，则左右屏而待[⑦]。

注释

①欠伸：打呵欠，伸懒腰。

②撰：持。

③蚤莫：通“早暮”。

④更端：说另一事。

⑤少闲：空隙。

⑥复：禀告。

⑦屏：退。

译文

陪侍尊长闲坐，尊长打呵欠，伸懒腰，就应拿起手杖、鞋子，出去看太阳的位置是早还是晚，陪侍的就要告退了。陪侍尊长闲坐，如尊长换一个话题，问另一件事，陪侍的要起立回答。陪侍尊长闲坐时，如果有人对尊长说“有闲空时将有话禀告”，陪侍的就立即从左右退出待命。

原文

毋侧听，毋噭应[①]，毋淫视[②]，毋怠荒[③]。游毋倨[④]，立毋跛[⑤]，坐毋箕[⑥]，寝毋伏。敛发毋髢[⑦]，冠勿免，劳毋袒，暑毋褰裳[⑧]。

注释

①噭（jiào）：高声大叫。

②淫视：东张西望。

③怠荒：散漫，不自拘敛。

④倨：傲慢。

⑤跛：一足踏地，另一足离地。

⑥箕：臀部落地，双脚伸向前。

⑦髢（dì）：头发散而下披。

⑧褰（qiān）：撩起。

译文

不要侧着耳朵偷听，不要高声大叫，不要东张西望，不要散漫。行走时不要摆出傲慢的样子，站立时不要一脚落地一脚举起，坐时不要双脚伸开像个簸箕，寝卧时不要趴着。头发要束起，不要披头散发，不要随便脱帽，劳作时不要袒衣露体，暑天炎热也不要撩起衣裳。

原文

侍坐于长者，屦不上于堂，解屦不敢当阶。就屦[①]，跪而举之，屏于侧。乡长者而屦，跪而迁屦[②]，俯而纳屦[③]。离坐离立[④]，毋往参焉；离立者，不出中间。

注释

①就屦：着鞋，穿鞋子。

②迁：或为“还”，旋转。

③纳：穿。

④离：通“俪”，两人相并。

译文

陪侍尊长闲坐，不能将鞋子脱在堂上，不要在台阶前脱鞋。穿鞋子，要先跪下拿起鞋子，退到台阶一侧穿。如果面向着尊长穿鞋，要先跪下把鞋子转过来，再俯下身子穿鞋。有两个人在一起坐着或一起站着，不要过去参与；有两个人在一起站着，不要从他们中间穿过。

原文

男女不杂坐，不同椸枷[①]，不同巾栉[②]；不亲受。嫂叔不通问[③]。诸母不漱裳[④]。外言不入于梱[⑤]，内言不出于梱。女子许嫁，缨[⑥]。非有大故[⑦]，不入其门。姑、姊、妹、女子子已嫁而反[⑧]，兄弟弗与同席而坐，弗与同器而食。父子不同席。男女非有行媒，不相知名。非

受币[9]，不交不亲。故日月以告君，齐戒以告鬼神[10]，为酒食以召乡党僚友，以厚其别也。取妻不取同姓[11]，故买妾不知其姓，则卜之。寡妇之子，非有见焉[12]，弗与为友。

注释

①椸（yí）枷：衣架。枷，通“架”。

②栉：梳篦的总名。

③通问：互相问候。

④诸母：庶母。漱：洗涤。

⑤梱（kǔn）：通“阃”，门槛。

⑥缨：五彩的带子，女子已定聘，加缨于项。

⑦大故：如丧事、疾病等。

⑧女子子：亲生女儿。

⑨受币：受聘礼。

⑩齐：通“斋”。

⑪取：通“娶”。

⑫见（xiàn）：指表现出卓越的才能。

译文

男女不混杂坐在一处，不共用一个衣架挂衣，不共用一条脸巾和共用一把篦梳。男女不亲自送东西给对方。嫂子和小叔子之间不互相问候馈赠。不要庶母洗涤内衣。男人们的话，不传进闺房；闺房中的话，不流传到闺房之外。女子已经定聘，就佩戴五彩丝带。不是发生大的变故，不进入她的房门。姑表姊妹和自己的女儿出嫁以后回来，她们的兄弟不同她们坐在同一席上，用餐时不用同一食器。父亲与女儿也不同席而坐。男女之间不通过媒人，不知道对方的名字；未受聘礼，男女双方不交际亲近。结婚的日期要上告国君，女方还要斋戒，于家庙告诉鬼神；结婚要准备酒宴招集乡亲邻里及同事好友，这些措施都是为了加强男女有别的观念。不娶同姓女子为妻，买妾不知所买女子的姓，则通过卜卦来决定。寡妇的儿子，没有高才卓识的表现，就不和他交朋友。

原文

贺取妻者，曰：“某子使某[1]，闻子有客[2]，使某羞[3]。”贫者不以货财为礼，老者不以筋力为礼[4]。

注释

①某子：指送贺礼的主人，用“某”代他的名字。使某：“某”指使者的名字。

②有客：古礼规定婚礼不贺，所以不直接说贺婚，而说有来客。

③羞：进献菜肴。

④筋力：这里指跪拜之礼。

译文

庆贺人家结婚，使者说：“某人派遣某来，听说您宴客，特派某进献菜肴。”对贫穷的人，不要求奉献财物为礼；对老年人，不要求以跪拜为礼。

原文

名子者，不以国，不以日月，不以隐疾[1]，不以山川。男女异长，男子二十冠而字。父前子名，君前臣名。女子许嫁，笄而字[2]。

注释

①隐疾：身体隐处的疾病。

②笄：女子许嫁，或年十五，行笄礼，表示成人。

译文

给儿子起大名，不要用本国的国名，不用日、月等名词，不要用身上隐处的疾病作为大名，不用山名、河流名做大名。男女分开排行，男子二十岁行冠礼，并起字号。在父亲面前，做子辈自称时的用名；在国君面前，臣自称时用名。女子只要订了婚，就行笄礼，另起字号。

原文

凡进食之礼：左殽右胾[①]；食居人之左[②]，羹居人之右；脍炙处外[③]，醯酱处内[④]；葱渿处末[⑤]，酒浆处右。以脯脩置者[⑥]，左朐右末[⑦]。客若降等[⑧]，执食兴辞[⑨]，主人兴辞于客，然后客坐。主人延客祭[⑩]。祭食，祭所先进。殽之序，偏祭之。三饭，主人延客食胾，然后辩殽[⑪]。主人未辩，客不虚口[⑫]。

注释

①殽（xiáo）：同“肴”，带骨的熟肉。胾（zì）：切好的大块肉。

②食：饭一类的主食。

③脍炙：脍，切细的肉；炙，烤肉。

④醯（xī）：醋。

⑤葱渫（xì）：蒸葱。

⑥脯：干肉片。脩：捶捣而加姜桂的干肉。

⑦朐（qú）：牲体中部形状屈曲的干肉。末：牲体边沿部位的肉。

⑧降等：地位相差一个等级，如大夫至卿家为客。

⑨兴：起立。

⑩延：导。祭：食时祭奠初造饮食者，祭法是在各种食器中拨些食物，置于食器边上。

⑪辩：遍食。

⑫虚口：指食毕以酒漱口。

译文

凡宴客的礼仪：带骨的熟肉放在左面，切好的肉块放在右面；饭食置于客人左边，汤置于客人的右面；肉丝、烤肉靠外放，醋酱等调味靠里放；蒸葱放置于酱醋的旁边，酒浆等饮料放置于右面。如在席上摆肉脯和炮制的干肉，形状屈曲的放在左面，边沿部位放在右面。如客人地位比主人低一等，客人端起饭食站起来致谢说不敢当，主人立即也站起来致辞请客人安席，然后客人重新坐下。主人先于客人行祭食之礼，行祭食之礼，先端上的食品先祭，各种肉食按照次序一一祭过。吃了三口饭后，主人带头并招呼客人吃肉块，然后将席上所有的肉食一一吃遍，主人如还没有吃完，客人不以酒漱口。

原文

侍食于长者，主人亲馈[①]**，则拜而食。主人不亲馈，则不拜而食。**

注释

①馈：进送食品。

译文

陪侍长辈做客参加饮宴，主人亲自布菜给他，拜谢以后再吃。主人没有亲自布菜给他，不用拜谢就可以吃。

原文

共食不饱，共饭不泽手[①]。毋抟饭[②]，毋放饭[③]，毋流歠[④]。毋咤食[⑤]，毋啮骨，毋反鱼肉，毋投与狗骨，毋固获[⑥]，毋扬饭[⑦]，饭黍毋以箸，毋嚃羹[⑧]，毋絮羹[⑨]，毋刺齿，毋歠醢[⑩]。客絮羹，主人辞不能亨[⑪]。客歠醢，主人辞以窭[⑫]。濡肉齿决[⑬]，干肉不齿决。毋嘬炙[⑭]。

注释

①泽：双手摩搓，古人吃饭用手抓，如临食时双手摩搓，使旁人感到不清洁。

②抟（tuán）：把散碎的东西捏聚成团。

③放饭：将手中剩饭放回饭器中。

④歠（chuò）：饮，啜。

⑤咤（zhà）：舌头在口中作声，似嫌主人的食物。

⑥固获：专吃一种食品叫“固”，与人在食器中争挟食物称“获”。

⑦扬饭：扬去饭上的热气。

⑧嚃（tà）：不嚼菜，大口吞咽。

⑨絮羹：往汤里放盐梅等调味品。絮，调。
⑩醢（hǎi）：肉酱。
⑪亨：同“烹”，煮。
⑫窭（jù）：家贫，备办不够。
⑬濡肉：湿软的肉。决：断。
⑭嘬炙：一口把一大块肉吃到嘴里。

译文

与他人一起用餐，不可光顾自己吃饭；共同在一个食器内取饭吃，临食时，不要搓手。抓饭时，不要把饭抟成饭团，不要将手上粘的饭再放回食器中，菜汤不可大口大口饮。吃饭时，嘴巴不要发出咤咤的声响；不要啃咬骨头；吃过的鱼肉，剩下的不要又放回食器中。不要将骨头扔给狗吃；不要专吃一样菜，或与人争挟菜肴；不要扬去饭的热气；吃黍米饭不用筷子；羹中有菜当细嚼，不要不嚼而大口吞咽；不要往菜汤里放调味品；不要当众剔牙齿，不要大口地啖肉酱。客人往羹里放调味品，主人就抱歉地说，自己不会烹饪；客人大口啖肉酱，主人就抱歉地说备办不够。卤的肉可以用牙齿咬断；干肉不用牙齿咬断，用手将它撕开。吃烤肉时，不要一大块往嘴里塞。

原文

卒食，客自前跪，彻饭齐[①]，以授相者[②]。主人兴辞于客，然后客坐。

注释

①齐（jī）：一本作“齑”，酱一类食品。
②相（xiàng）：辅助主人招待客人的侍者。

译文

吃完饭，客人在席前跪着收拾剩下的饭和酱，交给侍者。主人站起来请客人不要收拾，然后，客人重新坐下。

原文

侍饮于长者，酒进则起，拜受于尊所[①]。长者辞，少者反席而饮；长者举，未釂[②]，少者不敢饮。

注释

①尊：盛酒器。不同的宴会，放酒樽的地方也不同，如诸侯的宴礼，酒樽放在东楹之西；如乡饮酒及卿大夫宴，放酒樽于房户之间。

②釂（jiào）：饮尽杯中酒。

译文

陪侍长辈饮酒，长辈将赐酒，要立即站起来，到设酒樽的地方跪拜接受。如长辈说不要起立拜受，就回到席上饮所赐的酒；长辈举起酒杯还没有饮尽，晚辈不敢先饮。

原文

长者赐，少者贱者不敢辞。赐果于君前，其有核者，怀其核；御食于君[①]，君赐馀，器之溉者不写[②]，其馀皆写。

注释

①御食：劝侑饮食。

②溉：洗涤。写：由一器倒入另一器。

译文

长辈赏赐东西，晚辈或仆人不敢推辞。国君赐食果品，如果是有核的，要把核放在怀里；给国君伴食劝食，国君把吃剩的赏赐给他，如是可以洗涤的器皿，不必倒到自己的食具中，其他盛器，都要倒到自己的食器中再食。

原文

馂馀不祭[①]，父不祭子，夫不祭妻。

注释

①馂（jùn）：食人之余菜，上顿没有吃完，留到下顿吃的，也叫作馂。对于“祭”字的解释，诸家注释不同，一、郑玄说“祭”指“祭食”，谓食人之余者，在食时一般不行“祭食”之礼，但卑者食尊者之余，行祭食礼；至于父食子之余，夫食妻之余，则不必行祭食之礼。二、顾炎武说“祭”指祭祀，谓食余之者，不能用以祭祀；父不祭祀子，夫不祭祀妻，因尊卑名分不当。三、朱熹说“祭”指祭祀，谓食余之者，不能用以祭祀，即使父之食余，亦不可用以祭子；夫之食余，亦不可用以祭妻。今用朱熹说。

译文

吃剩的菜不能用来祭奠，即使是父亲吃剩的，也不能用来祭奠儿子；丈夫吃剩的，也不能用来祭奠妻子。

原文

御同于长者，虽贰不辞[①]；偶坐不辞[②]。

注释

①贰：重，再一次添菜饭。

②偶坐：与客人并坐在一起，做陪客。

译文

陪伴长辈用餐，即使再给添饭菜，也不必推辞客气。宴席上做陪客，自己不必辞让客气。

原文

羹之有菜者用梜[①]，其无菜者不用梜。

注释

①梜（jiā）：筷子。

译文

有菜的汤，要用筷子；没有菜的汤，不用筷子。

原文

为天子削瓜者副之①，巾以絺②；为国君者华之③，巾以绤④；为大夫累之⑤；士疐之⑥；庶人龁之⑦。

注释

①副（pì）：剖开，分为四瓣。

②絺（chī）：细葛布。

③华：中间划一刀，分为两半。

④绤（xì）：粗葛布。

⑤累：不用巾覆盖。

⑥疐（dì）：除去瓜蒂。

⑦龁（hé）：咬。

译文

替天子削瓜，要分成四瓣，然后用细葛巾盖好；替国君削瓜，一分为二，用粗葛巾盖好；替大夫削瓜，去皮后就整个放置，不用巾盖；士只削断瓜蒂；庶人拿起就咬。

原文

父母有疾，冠者不栉，行不翔，言不惰[①]，琴瑟不御，食肉不至变味，饮酒不至变貌，笑不至矧[②]，怒不至詈[③]，疾止复故。有忧者侧席而坐[④]，有丧者专席而坐[⑤]。

注释

①惰：不正之言。
②矧（shěn）：齿根。
③詈（lì）：骂。
④侧席：独张席不另设侍宾之席。
⑤专席：单层席。

译文

父母亲有了病，成年的儿子不梳头打扮；走路时不甩开双手；不说邪辟不正的言辞；不鼓琴瑟；可以吃肉，但不能吃得口味都变了；饮酒，不要喝到变脸色；不要大笑，露出牙床；发怒，不要气得骂人；等父母的病好了，才恢复平时的生活状态。有忧虑，如父母有病，则坐于单独席位；服丧的人，只坐单层席。

原文

水潦降[①]，不献鱼鳖；献鸟者佛其首[②]，畜鸟者则勿佛也；献车马者执策绥[③]；献甲者执胄；献杖者执末；献民虏者操右袂[④]；献粟者执右契[⑤]；献米者操量鼓[⑥]；

献孰食者操酱齐[7]；献田宅者操书致[8]。凡遗人弓者，张弓尚筋[9]，弛弓尚角[10]；右手执箫[11]，左手承弣[12]；尊卑垂帨[13]。若主人拜，则客还辟辟拜[14]。主人自受，由客之左，接下承弣，乡与客并，然后受。进剑者左首[15]。进戈者前其镈[16]，后其刃。进矛戟者前其錞[17]。

注释

①潦：雨后地面积水。

②佛：一本作“拂”，转向相反方向。

③绥：登车时拉的绳。

④民虏：俘虏。袂：衣袖。

⑤契：契约。

⑥鼓：量米的量器。

⑦孰：通“熟”。齐：通“齑”。

⑧致：通“质”，契券。

⑨筋：弓弦。

⑩角：弓背。

⑪箫：弓头，亦写作“鞘”。

⑫弣（fǔ）：弓把中部。

⑬垂帨：腰间所佩的巾下垂，引申为折腰鞠躬。

⑭还辟：逡巡退却。辟拜：即“避拜”。

⑮首：剑柄有环处。

⑯镈（zūn）：戈柄下端圆锥形的金属套。

⑰錞（duì）：矛戟柄末的平底套。

译文

河枯水浅，不奉献鱼鳖；奉献野禽，要将鸟头扭转向后，如是驯养的禽鸟，就不用将鸟头扭转；奉献车马，手里只拿着马鞭和登车用的绳子；奉献铠甲，手里只拿着头盔；奉献手杖时，执着手杖的末端；奉献俘虏，抓住他右手衣袖；奉献谷物，拿着券契的右半；奉献米，拿着量米的容器；奉献熟食，拿着酱和切好的酱菜；奉献田产房产，拿着房地产转让文书。凡是赠送弓的，装好弓弦的弓，弓弦向上，没有装弓弦的，弓背向上。赠时右手拿着弓的一头，左手托着弓把中部，主客尊卑地位相等，双方都只要微微鞠躬，使佩巾垂下即可，如主人要拜谢，客人就要逡巡后退回避主人的拜谢。主人亲自接受，要从客人的左边，接弓的另一头，然后托着弓弣，主人与客人朝着同一方向站着授受。进奉剑给人，让剑柄歪向左边；进奉戈要把戈柄下端的镈朝前，兵刃朝后；进奉矛戟，要将矛戟下端的镦朝前。

原文

进几杖者拂之。效马效羊者右牵之[①]，效犬者左牵之。执禽者左首。饰羔雁者以缋[②]。受珠玉者以掬[③]。受弓剑者以袂。饮玉爵者弗挥[④]。凡以弓剑、苞苴、箪笥问人者[⑤]，操以受命，如使之容。

注释

①效：呈献。

②缋（huì）：同“绘”，布上画云气。

③掬（jū）：双手捧取。

④玉爵：玉杯。

⑤苞苴（jū）：用茅草或苇包裹的鱼肉。箪（dān）笥（sì）：盛饭食的竹器，圆的叫箪，方的叫笥。问：赠送。

译文

进奉凭几、手杖要擦拭干净。呈献马和羊用右手牵，呈献狗用左手牵。以禽鸟赠人，鸟头朝向左边。羔羊、雁等见面礼，用绘有云气的布覆盖。接受珠玉，要用双手捧。接受弓剑，用手承衣袖去接。用玉杯饮酒，不甩倒剩酒，以防失手。凡是受家长派遣，用弓剑、茅草包着的鱼肉和竹器盛着的饮食去送人的，都要拿着东西听吩咐，像使者奉命出使的仪态。

原文

凡为君使者，已受命，君言不宿于家。君言至，则主人出拜君言之辱[1]；使者归，则必拜送于门外。若使人于君所，则必朝服而命之；使者反，则必下堂而受命。

注释

①辱：古人一种谦逊的客套话，意为他不配受国君的使命。

译文

凡是做国君的使者，接受了命令就不能在家里住宿。凡国君有命令来，主人要出门迎接传令的使者，并说屈驾下临；使者回去，主人亲到门外拜送。如派遣他人到国君的地方去，要穿上朝服郑重吩咐；使者回来，一定要下堂接受国君的回示。

原文

博闻强识而让[1]，敦善行而不怠[2]，谓之君子。君子不尽人之欢，不竭人之忠，以全交也。

注释

①识（zhì）：记。

②敦：厚。

译文

见多识广、记忆力极强而能够谦让的，修身力行而孜孜不倦的，便可称为君子。君子不会尽情接受别人的欢迎款待，也不要求人尽心效力于自己，这样才可以保持交情的长久。

原文

《礼》曰："君子抱孙不抱子。"此言孙可以为王父尸[1]，子不可以为父尸。为君尸者，大夫、士见之，则下之[2]。君知所以为尸者，则自下之；尸必式[3]。乘必以几[4]。齐者不乐不吊[5]。

注释

①王父：死去的祖父。

②下：指下车。

③式：车厢前面用以扶手的横木，即轼。如在车上对人表示敬

意时，低头，两手扶轼。

④几：古代用来登车踏脚的物品。

⑤齐（zhāi）：斋戒。古人在祭祀前，清心洁身，以示庄重。吊：慰问死者家属或遇到不幸的人。

译文

礼书上说："君子抱孙子为尸，不抱儿子为尸。"这句话是说孙子可以做祖父的尸，而儿子不可以做父亲的尸。做国君尸的人，大夫、士等见到后都要下车；当国君知道某人将为尸，也要亲自下车；为尸者，如在车上，也要行轼礼回敬。尸乘车时，一定用几踏着登车。斋戒的人不听音乐，不去吊丧。

原文

居丧之礼：毁瘠不形，视听不衰，升降不由阼阶①，出入不当门隧②。居丧之礼：头有创则沐，身有疡则浴③，有疾则饮酒食肉，疾止复初。不胜丧，乃比于不慈不孝。五十不致毁，六十不毁，七十唯衰麻在身④，饮酒食肉，处于内⑤。

注释

①阼阶：主人上下的台阶。

②门隧（suì）：门外当中的路。

③疡（yáng）：疮。

④衰（cuī）麻：丧服。古代丧服，胸前当心处缀有长六寸、广四寸的麻布，名为"衰"。麻，丧服用粗麻布制作，故连称衰麻。

⑤处于内：古代守丧时，筑草庐于门外居住。"处于内"即不到门外草屋居住。

译文

服丧期间的礼：身体因悲痛而消瘦，但不能至于形毁骨立，视力听力也不要因悲痛而减退，上下不由阼阶，进出门时，不走在门外的路中央。服丧期间的礼：头上长了疮，可以洗头；身上有了疮，可以洗澡；有了病可以喝酒吃肉，病好了就要恢复当初服丧时的生活。如果因居丧而毁了身体，其过错相当于不孝不慈。年龄到五十岁的，要节哀，不可过分消瘦；六十岁的，不要使自己身体消瘦；七十岁的，只穿丧服，照常饮酒吃肉，仍住在内屋。

原文

生与来日①，死与往日。知生者吊②；知死者伤③。知生而不知死，吊而不伤；知死而不知生，伤而不吊。

注释

①与：以。

②吊：对死者家属的慰问。

③伤：对死者的哀伤。在表示吊和伤时，都要致辞。

译文

凡计算生人服丧日期，从死者死的第二天算起；死者殡殓之事，从死之日算起。与死者家属是朋友的，致慰问之辞；与死者本人是朋友的，致哀伤之辞。只和死者的家属是朋友，而和死者本人无交谊的，仅对家属致辞表示吊问，不对死者致辞表示哀伤；如仅与死者本人是朋友，而与家属无交谊的，仅向死者致辞表示哀伤，不向家属致辞表示慰问。

原文

吊丧弗能赙[1]，不问其所费。问疾弗能遗[2]，不问其所欲。见人弗能馆[3]，不问其所舍。赐人者不曰“来取”；与人者不问其所欲。

注释

①赙（fù）：以财物助人办丧事。
②遗（wèi）：馈赠。
③馆：住宿之处。

译文

对死者家属吊问，而无力提供经济帮助的，就不要问丧事需要多少花费。探望病人，如果没有什么礼物相赠，就不要问他想要什么。见行人，如不能提供客馆居住的，就不问他住宿的地方。给人礼物，不能说“来拿”；给人东西，不要问对方要不要。

原文

适墓不登垄[1]，助葬必执绋[2]。临丧不笑。揖人必违其位[3]。望柩不歌。入临不翔。当食不叹。邻有丧，舂不相[4]；里有殡[5]，不巷歌。适墓不歌，哭日不歌。送丧不由径，送葬不辟涂潦[6]。临丧则必有哀色，执绋不笑。临乐不叹。介胄则有不可犯之色。故君子戒慎，不失色于人。

注释

①垄：墓上堆起的封土。

②绋（fú）：下葬时拉棺的绳索。

③违：变更。

④相（xiàng）：舂米时配合劳动节奏唱的歌谣。

⑤殡（bīn）：死后成殓尚未安葬。

⑥辟：通“避”。潦：积水。

译文

到墓地不登坟头，帮助办丧葬，在安葬时一定执绋。参加丧事，不能笑。拜揖尊者，一定要离开原位。看到棺柩不唱歌。进入灵堂，不能甩起胳膊走路。面对饮食，不应叹气。邻居有丧事，舂米时不唱歌；乡里中有死者尚未安葬，不在闾巷中唱歌。到墓地不唱歌，去吊丧这一天不唱歌。送葬不走小道，送葬执绋不避开路中的积水。参加丧葬一定要有哀痛的表情，执绋时不嬉笑。面对快乐之事不叹气。戴上头盔、披上甲衣，就要显示出不可侵犯的姿态。君子要严肃谨慎，不要在人前有不适宜的神色。

原文

国君抚式[①]，大夫下之[②]；大夫抚式，士下之。礼不下庶人[③]，刑不上大夫[④]。刑人不在君侧。

注释

①抚式：两手放在车轼上，身体稍稍下俯，是一种略示敬意的礼节。

②下之：下车表示敬意，较抚轼礼重。

③礼不下庶人：不为庶人制礼，庶人有事，以士礼行之，但有所降杀。

④刑不上大夫：大夫犯法，不以一般刑法议罪，而另有“官刑”议罪。

译文

国君行“抚轼”之礼时，大夫就要下车致敬；大夫行“抚轼”之礼时，士就要下车致敬。不为庶人专门制定礼仪，大夫不按一般刑法议罪，而另有官刑。凡受过刑罚的人不能在国君的左右。

原文

兵车不式，武车绥旌[1]，德车结旌[2]。

注释

①武车：即兵车。绥：舒展。

②德车：除武车以外的车。结：收敛。

译文

乘兵车不行轼礼，兵车上的旌旗舒展开来，兵车以外的其他车，则将旌旗收拢缠在竿上。

原文

史载笔[①]，士载言[②]。前有水，则载青旌[③]；前有尘埃，则载鸣鸢[④]；前有车骑[⑤]，则载飞鸿；前有士师[⑥]，则载虎皮；前有挚兽[⑦]，则载貔貅[⑧]。行，前朱鸟而后玄武[⑨]，左青龙而右白虎[⑩]，招摇在上[⑪]，急缮其怒[⑫]。进退有度，左右有局，各司其局。

注释

①史：指太史、内史。据《周礼》，在朝觐会等典礼上，有太史、内史参加。

②士：指参加盟会的士。言：盟会缔约的言辞档案。

③青：青雀，一种水鸟，此指画着青雀的旗。

④鸣鸢（yuān）：鸟名，即老鹰，此指画着老鹰的旗。

⑤骑（jì）：骑兵。

⑥士师：兵众。

⑦挚兽：猛兽。

⑧貔（pí）貅（xiū）：猛兽名，此指画有貔貅的旗。

⑨朱鸟、玄武：朱鸟，一本作“朱雀”，应改“朱雀”。朱雀、玄武，皆天上星宿名。玄武即龟。此言在前面开道的队伍打着画有朱雀形的旗帜，殿后的队伍打着画有龟形的旗帜。

⑩青龙、白虎：天上星宿名。此亦指画青龙、白虎形于旗帜。

⑪招摇：北斗第七星，又名摇光，此以第七星代表整个北斗七星。

⑫急缮：坚定加强。

译文

如随国君参加诸侯的会盟，太史、内史等随车带着笔等文具，士随车带着有关盟誓的档案。军队前进中，前方有大水挡道，前导就树立画有青雀的旗；前方有大风尘土，就树立画有老鹰的旗；前方有车骑，就树立画有飞鸿的旗；前方发现有队伍，就树立画有虎皮的旗；前方有猛兽，就树立画有貔貅的旗帜。军队出行，先头部队打着画有朱雀的旗，殿后部队打着画有玄武的旗，左翼部队打着画有青龙的旗，右翼部队打着画有白虎的旗，画有北斗七星的旗帜在队伍中间的上空飘扬，用以加强和激励士气。军队的前进后退都有一定的法则，左翼右翼下又分若干部分，各个部分都有军官主管。

原文

父之雠，弗与共戴天；兄弟之雠，不反兵；交游之雠，不同国。四郊多垒①，此卿大夫之辱也；地广大，荒而不治②，此亦士之辱也③。

注释

①垒：军壁，即防御工事。此言四境不靖。

②荒：抛荒，未加耕耘整治。

③士：一般的官吏。

译文

对杀死父亲的仇人，不和他共存于天下；对杀死兄弟的仇人，随身带着武器准备报仇；对杀死朋友的仇人，不共处于一国之中。王城四郊修筑了很多防御工事，这对执政的卿大夫来说，应看作自己的耻辱；土地辽阔，却荒芜不耕，这也是做官吏的耻辱。

原文

临祭不惰。祭服敝则焚之，祭器敝则埋之，龟筴策敝则埋之[1]，牲死则埋之。凡祭于公者，必自彻其俎[2]。

注释

①龟筴策：即龟策，占卜的用具。龟是龟甲，卜时所用；策是蓍草，筮时所用。

②俎（zǔ）：盛载牲的器。

译文

祭祀时不要怠慢疏忽。祭服破了就烧掉它，祭祀的用具坏了就埋掉它，占卜用的龟甲蓍草，坏了就埋掉它，祭祀所用的牛羊猪等牲口，未用前死了就埋掉它。凡是在国君处助祭的，祭祀完毕，一定自己撤去牲俎。

原文

卒哭乃讳[1]。礼，不讳嫌名[2]，二名不偏讳[3]。逮事父母[4]，则讳王父母[5]；不逮事父母，则不讳王父母。君所无私讳[6]，大夫之所有公讳[7]。《诗》《书》不讳[8]，临文不讳[9]，庙中不讳。夫人之讳，虽质君之前，臣不讳也。妇讳不出门。大功小功不讳[10]。入竟而问禁，入国而问俗，入门而问讳。

注释

①卒哭：丧礼，三月而葬，行虞祭，虞祭后卒哭。卒哭者，唯朝夕哭，其间不再哭。讳：避讳，不直称死者的名。

②嫌名：与死者大名声音相同或相近的字。

③二名：大名有两个字的。

④逮：及。

⑤王父母：祖父、祖母。

⑥私讳：家讳。

⑦公讳：国君的讳。

⑧《诗》《书》：指教学时诵读《诗》《书》。

⑨临文：谓起草文诰等写作之事。

⑩大功小功：表示亲疏关系的丧服。堂兄弟、未嫁的堂姊妹等服大功，远房的堂兄弟、堂姊妹穿小功丧服。

译文

等到卒哭以后，才避父母的讳。礼规定，与父母名读音相同或相近的字，不在避讳范围之内；如果父母的名字是两个字，在说话时，说到其中一个字时，可以不避讳。如果父母活着，要避祖父、祖母的讳；如果父母早亡，就不避祖父、祖母的讳。与国君谈话时，不避自己父母的讳；与大夫谈话时，要避国君的讳。诵读《诗经》《尚书》时不避讳，写文诰时不避讳；在祖庙中说祝词时，不避讳。国君夫人的名讳，即使与国君面对面谈话，臣下可不加避讳；妇女的名讳，仅在所居的宫门之内才需要遵守。对服“大功”“小功”丧服的亲属不必避讳。进入别国的国境，就要打听该国有哪些禁令；进入国都就要询问当地的风俗习惯，到别人家里去，就要询问这家的避讳。

原文

外事以刚日[①]，内事以柔日[②]。凡卜筮日，旬之外曰“远某日”[③]，旬之内曰“近某日”。丧事先远日[④]，吉事先近日[⑤]。曰[⑥]：“为日[⑦]，假尔泰龟有常[⑧]；假尔泰筮有常。”卜筮不过三，卜筮不相袭[⑨]。龟为卜，筴为筮[⑩]。卜筮者，先圣王之所以使民信时日、敬鬼神、畏法令也；所以使民决嫌疑、定犹与也[⑪]。故曰：“疑而筮之，则弗非也，日而行事[⑫]，则必践之[⑬]。”

注释

①外事：指出行、田猎、征伐等事。刚日：奇数的日子，即甲、丙、戊、庚、壬。

②内事：指冠、婚、丧、祭等事。柔日：偶数的日子，即乙、丁、己、辛、癸。

③旬：十天为一旬。

④远日：此处的远日是指下个月的日子，与上文所说的旬之内外有别。如卜丧事，先卜下月下旬之日，如不吉，再卜中旬、上旬。

⑤近日：则先卜上旬，不吉，再卜中旬、下旬之日。

⑥曰：“曰”以下，为卜筮日时的命辞。

⑦为日：为办事求吉日。

⑧假：借。泰：表示尊敬的称呼。有常：无差错，可凭信。

⑨袭：重复。

⑩筴：一本作“著”，著草是一种蒿类多年生植物。

⑪犹与：一本作“犹豫”。

⑫日：指卜吉日。

⑬践：履行、实施。

译文

从事外事，要选择奇数的日子；从事内事，要选择偶数的日子。以卜筮选择吉日，如选旬外的，命辞就说“远某日”；如选旬内的，命辞就说“近某日”。办丧事，要先卜筮远日；办冠、婚娶等吉事，要先卜筮近日。在卜筮时的命辞说：“为了择日，借重你的灵龟，卜个可信的日子；借重你的灵蓍，择个可信的日子。”卜和筮都不能超过三次，卜过了就不要再筮，筮过了不要再卜。用龟甲来决定吉凶称为卜，用蓍草来定吉凶称为筮。之所以要卜筮，这是先圣明君让人民相信选定的日子，崇敬鬼神，畏惧法令；使人民能决断疑惑的事，确定犹豫的事。所以说：“有了疑惑的事才去卜筮，对卜筮的结果不要否定。卜筮已择定的日子，就必定按时实施。”

原文

君车将驾，则仆执策立于马前①；已驾，仆展軨②；效驾③，奋衣由右上④，取贰绥⑤；跪乘，执策分辔，驱之，五步而立。君出就车，则仆并辔授绥，左右攘辟⑥，车驱而驺⑦，至于大门，君抚仆之手，而顾命车右就车⑧，门闾沟渠必步。凡仆人之礼：必授人绥。若仆者降等，则受，不然则否；若仆者降等，则抚仆之手，不然，则自下拘之⑨。客车不入大门，妇人不立乘。犬马不上于堂。

注释

①仆：指御者。

②展：视。軨（líng）：车厢前面左右的栏木。

③效驾：效，考验。言考验驾具之完善。

④奋：振去尘土。

⑤贰：副。车上有两根拉着登车的绳子，一为正绥，供国君登用；一为副绥，供车右御者登车时使用。

⑥辟：通“避”。

⑦驺（qū）：通“趋”，急行。

⑧车右：负责保卫的卫士，立于车之右，故称车右。

⑨自下拘之：从御者手之下方取绥，示不用仆授。

译文

国君出行套车时，御者拿着赶马杖，立在马的前面，马已经套好，御者要检查车厢的四周栏木；检验驾具已完备，然后抖去衣上的灰尘由右面拉着副绥登车，跪在车上，拿起马鞭，并把马缰绳分开，左右手各握三根，赶马往前走五步，再停住。国君出来准备上车，御者将马缰绳并到一只手，腾出一只手把正绥交给国君，国君登车，左右诸臣退避让道。车子奔驰，到了大门，国君按住御者的手，回头叫车右上车。车行经过里门、沟渠时，车右都要下车步行。御者的礼节：一定要给人递登车的绥。如果御者的身份比乘车的人低，登车者就可以接绥登车；如果不是这种情况，就不能这么做。具体说来，如果御者身份低，乘车者就用一只手按住御者的手，另一只手接绥；如果御者身份与乘车者相同，乘车者就从御者手之下方拿过绥。宾客的车子，不能驶进主人家大门，妇人乘车不站着。客人送给主人犬马，不能牵到堂上。

原文

故君子式黄发[①]，下卿位[②]；入国不驰，入里必式[③]。君命召，虽贱人，大夫、士必自御之[④]。介者不拜，为其拜而蓌拜[⑤]。祥车旷左[⑥]。乘君之乘车，不敢

旷左；左必式。仆御妇人，则进左手，后右手；御国君，则进右手，后左手而俯。国君不乘奇车[7]。车上不广欬[8]，不妄指，立视五巂[9]，式视马尾，顾不过毂[10]。国中以策彗卹勿驱[11]，尘不出轨。

注释

①黄发：指老年人。

②卿位：上朝时卿所立的位置。

③里：古制二十五家为一里，里巷前有里门。

④御（yà）：迎接。

⑤萲（cuò）拜：身略下蹲，不跪。穿盔甲者，下跪不便。

⑥祥车：平日乘用的车子，主人死后作为送葬时的魂车，虚其左位，以为神位。旷：空。

⑦奇车：一乘，无从车。国君出必有从车。

⑧广欬：大声欬。

⑨巂（guī）：指车轮外周的长度。按，车轮外周为古尺一丈九尺八寸。

⑩毂（gǔ）：车轮中心的圆木，周围与车辐的一端相接，中有圆孔，用以插轴。

⑪策彗（huì）：以竹帚为马鞭。卹（suō）勿（mó）：搔摩。

译文

国君看到老者，要行轼礼；经过卿的朝位，一定下车；进入城市，车子不奔驰；进入里巷，一定行轼礼。国君有命令召见，即使传命的使者是地位低下的人，大夫、士也要亲自去迎接他。穿上铠甲的武士，不行跪拜礼，只是身子略蹲下。祥车左面的位置一定要空着。所以乘国君的车，不能空着左面的位置，位于车左的乘者，要一直凭轼行轼礼。为妇女赶车，御者要左手在前执马缰，右手在后执鞭；替国君赶车，御者要右手在前，左手在后，而且身子下俯。

国君出行，不能只一辆车，要有从车。乘于车上不大声咳嗽，不指东指西，站在车上眼睛要看着正前方十丈远的地方；行轼礼时，看着车前的马尾；回头看，不能超过车毂。车子行驶于城市中，只用策彗在马身上搔摩，不让马奔驰，使车行扬起的尘土，不超出车轮的印迹。

原文

国君下齐牛、式宗庙[1]；大夫、士下公门，式路马[2]。乘路马，必朝服，载鞭策，不敢授绥，左必式。步路马，必中道。以足蹙路马刍[3]，有诛[4]；齿路马[5]，有诛。

注释

①国君下齐（zhāi）牛、式宗庙：《周礼》“齐右职”下郑注引《曲礼》作“国君下宗庙、式齐牛”。今本有误，当以《周礼》注所引为是。宗庙比牛为重，当下车。齐牛，将作为祭祀牺牲的牛。

②路马：给国君驾车的马。“路”亦写作“辂”。

③蹙（cù）：踢、踩。马刍：马的草料。

④诛：责罚。

⑤齿：看马的牙齿以估计马的年龄。

译文

国君经过宗庙要下车，看到祭祀用的牲牛，要行轼礼；大夫、士经过国君的门，一定要下车，看到国君用的车马，要行轼礼。乘用国君的车马，一定穿着朝服，马鞭载在一旁不用，不敢将绥授人，站在车的左位，一定要凭轼行轼礼。牵着国君的马步行，一定走在道路的中央；如果脚踢路马的草料，要受到责罚；看国君驾车马的牙齿，也要受到责罚。

原文

凡奉者当心[1]，提者当带。执天子之器，则上衡[2]；国君，则平衡；大夫，则绥之[3]；士，则提之。凡执主器[4]，执轻如不克[5]。执主器，操币圭璧[6]，则尚左手[7]。行不举足，车轮曳踵[8]，立则磬折垂佩[9]。主佩倚[10]，则臣佩垂；主佩垂，则臣佩委[11]。执玉，其有藉者则裼[12]，无藉者则袭[13]。

注释

①奉：通“捧”。一本作“捧”。

②衡：平。这里指与人心胸部位相平。

③绥（tuǒ）：下。

④主：指天子、诸侯、大夫等。

⑤克：胜任。

⑥币：互相赠送的皮帛、锦等礼物称币。圭璧：朝聘时所用的礼器。圭，长条形，顶端呈三角状。璧，平圆形，正中有孔。

⑦尚：通“上”。

⑧车轮曳踵：此指行走时脚后跟不离地的走法，如车轮不离地不断前进。

⑨磬折：磬为古代石制乐器，其形成折角。磬折，指鞠躬如磬之弯曲。垂佩：身体微屈，本来贴着身体的玉佩下垂在身前，称垂佩。佩，指玉佩。

⑩倚：身体直立，玉佩附着于身。

⑪委：指身体屈曲角度大，玉佩着地。

⑫藉：衬垫。贵重的玉器用衬垫，衬垫大小与玉器相等，衬垫

上绘各种颜色，衬垫的两边又附有五色丝绳。裼（xī）：袒开外衣的左袖，露出裼衣。

⑬袭：外衣不袒，掩盖裼衣。

译文

凡捧东西，一般要对着心胸；提东西，要在腰带部位。如捧天子的东西，要高于自己的心胸；捧国君的东西，与心胸相平；捧大夫的东西，低于自己的心胸；捧士的东西，只要齐腰带。凡给君主拿器物，器物虽轻，而表现得好像很重，不能胜任的样子；拿君主的币帛圭璧等，要左手略高，行走时不提腿，脚后跟如车轮不离地，拖着走。站立时，要像磬一样弯着身子，让身上挂的玉佩垂于身前。如果君主站立时，玉佩贴身，臣下就要身子弯曲，玉佩垂于身前；如果君主身子弯着，玉佩垂于身前，臣下就要深深弯腰，达到玉佩垂地。捧玉器，如果玉器放在衬垫上，就要袒外衣左袖，露出裼衣；如果玉器不用衬垫，就不袒外衣。

原文

天子视不上于袷①，不下于带。国君绥视②。大夫衡视③。士视五步。凡视，上于面则敖，下于带则忧，倾则奸④。

注释

①袷（jié）：衣领。

②绥（tuǒ）视："绥"通"妥"，指视线在脸面稍下。

③衡视：平视，面对面看。

④倾：一本作"侧"，这里指斜眼看人。

译文

臣下看天子，视线不超过天子胸前的衣领，也不低于腰带。臣下看国君，视线在脸面稍下。看大夫可以面对面平视。属吏看士，视线可以及于五步之内。凡看人，高于人之脸面，则显得骄傲；如低于人之腰带，则显得心事重重；如斜着眼看人，则显得心术不正。

原文

君命，大夫与士肄①。在官言官②，在府言府③，在库言库④，在朝言朝⑤。朝言不及犬马。辍朝而顾⑥，不有异事，必有异虑。故辍朝而顾，君子谓之固⑦。在朝言礼，问礼，对以礼。

注释

①肄：研习。
②官（第一个）：指官府。
③府（第一个）：收藏钱财的府库。
④库（第一个）：放置车马兵甲等物品的地方。
⑤朝（第一个）：国家议论政务的地方。
⑥辍：止。
⑦固：鄙陋无礼。

译文

国君的指示命令，大夫和士就要学习。命之在官府的，就研习官府的事；命之在府库的，就研习府库的事；命之在仓库的，就研习车马兵器甲事；命之在朝廷的，就研习政事。在朝廷上说话，不能涉及犬马等私人玩乐的事。散朝以后，还不断回头看，不是有不正常事情，就是有不正常的想法。所以散朝以后，还不断回头看的人，君子称之为鄙陋无礼的人。在朝廷之上一切都要讲究礼，发问要合于礼，回答也要合于礼。

原文

大飨不问卜[①]，不饶富。

注释

①大飨：祭祀五帝于明堂的典礼。

译文

天子祭祀五帝，不占卜吉日，物品上也不追求富饶完备。

原文

凡挚[①]，天子鬯[②]，诸侯圭，卿羔，大夫雁[③]，士雉，庶人之挚匹[④]。童子委挚而退。野外军中无挚，以缨、拾、矢可也[⑤]。妇人之挚，椇、榛、脯、脩、枣、栗[⑥]。

注释

①挚：一本作“贽”，古人见面时的礼物。

②鬯（chàng）：古时用郁金草酿黑黍而成的酒，是敬神用的。天子以鬯为贽。

③雁：鹅。

④匹：通"鸥"，家养的鸭子。

⑤缨：套在马颈上的革带，驾车时用。拾：射耩，古代射箭时用的皮制护袖。

⑥椇（jǔ）：枳类，有果实。榛（zhēn）：果实叫榛子。

译文

凡是见面的礼物，天子用鬯酒，诸侯用圭，卿用羔羊，大夫用鹅，士用野鸡，老百姓用鸭。童子放下礼物就走了。如果在野外军中，找不到见面的礼物，用驾马的皮带、射耩、箭等都可以。用于妇女的见面礼物有椇、榛子、脯、脩、枣、栗等。

原文

纳女于天子[①]，曰"备百姓"[②]。于国君，曰"备酒浆"[③]，于大夫，曰"备埽洒"。

注释

①纳女：嫁女儿。

②备百姓：天子后宫，除皇后外，有百二十人。备百姓，谓嫁女充实此数，是谦辞。

③备酒浆：充当侍候国君饮酒的侍女，也是谦辞。

译文

嫁女儿给天子，称作"备百姓"。嫁女儿给国君，称作"备酒浆"。嫁女儿给大夫，称作"备扫洒"。

檀 弓

原文

公仪仲子之丧，檀弓免焉[1]。仲子舍其孙而立其子。檀弓曰："何居？我未之前闻也。"趋而就子服伯子于门右[2]，曰："仲子舍其孙而立其子，何也？"伯子曰："仲子亦犹行古之道也。昔者文王舍伯邑考而立武王[3]，微子舍其孙腯而立衍也[4]。夫仲子亦犹行古之道也。"子游问诸孔子[5]，孔子曰："否！立孙。"

注释

①檀弓：姓檀，名弓，鲁国人，精通礼。免（wèn）：也作"娩"，一种丧服，袒而不冠，比缌麻轻。只有同姓五世的亲人及朋友都不在本地，临时替人做丧主的，才穿这种丧服。周礼，嫡子死，立嫡孙。而今仲子的长子过世，却立庶子，所以檀弓故意穿"免"服，讥讽其失礼。

②子服伯子：即子服景伯，景是谥，伯是字。

③伯邑考：周文王嫡长子，在商做人质，被纣王所烹。事见《淮南子·氾论训》。

④微子：商纣王庶兄，名启。曾数次劝谏纣王，纣王不从，微子出逃别地。周灭商后，微子被封在宋。事见《史记·宋微子世

家》。衍：微子启弟，名衍，字仲思，一名泄。微子之后继其位为宋公。

⑤子游：孔子弟子，姓言，名偃，字子游，春秋时吴人。

译文

公仪仲子的嫡长子去世办理丧事，檀弓穿着“免”服去吊丧。仲子舍弃嫡孙而立庶子为继承人，檀弓说：“这是什么道理？我从来没听说过这样的做法。”于是快步走到门的右边问子服伯子：“仲子舍弃嫡孙而立庶子，这是为什么？”伯子说：“仲子也是在沿袭古人之道啊！从前周文王舍弃嫡子伯邑考而立周武王，宋微子舍弃嫡孙腯而立自己的弟弟衍。所以仲子这是在沿袭古人的惯例啊。”后来，子游就这件事请教孔子，孔子说：“仲子的做法不对！应该立嫡孙继承。”

原文

事亲有隐而无犯，左右就养无方，服勤至死，致丧三年①。事君有犯而无隐，左右就养有方，服勤至死，方丧三年②。事师无犯无隐，左右就养无方，服勤至死，心丧三年。

注释

①三年：据《仪礼·丧服》，为父、父卒为母，应守丧三年。

②三年：《礼记·丧服四制》：“资于事父以事君而敬同，……故为君亦斩衰三年，……”

译文

侍奉父母，如果父母有过失，应该和颜劝说，不可脸色难看、语言顶撞，在父母左右伺候，事事躬亲，这样尽力服侍直到老人过世，尽哀为老人守丧三年。事奉国君，如果国君有过失，就应直接规劝，不应遮遮掩掩，在国君左右事奉，诸事各有自己的职责，竭诚侍奉到国君去世，按照为父母守丧的哀痛为国君守丧三年。事奉老师，如果老师有过失，既不要脸色难看、言语顶撞也不要遮遮掩掩，在老师左右事候，事事躬亲，没有界限，竭力事候到他去世，不用为老师穿丧服守孝，但应心里惋伤三年。

原文

季武子成寝[①]，杜氏之葬在西阶之下，请合葬焉[②]。许之。入宫而不敢哭。武子曰："合葬，非古也，自周公以来，未之有改也。吾许其大而不许其细，何居？"命之哭。

注释

①季武子：即鲁国公子季友的曾孙季孙夙，谥武，鲁大夫。

②合葬：指祔葬，把后死的人葬在先死的人的墓穴中。

译文

季武子新建一座住宅，而杜家的墓葬就在住宅的西阶下，因此杜家就请求季武子准许他们把先人的遗骸移出，祔葬在别的地方。季武子答应了他们的请求。可是，他们进入季武子的新住宅，却不敢依礼哀哭。武子说："合葬本不是古代的礼俗，但自周公以来，就有合葬，至今不曾改变这种做法。我既然答应他们可以合葬，怎么会不允许他们依礼哀哭呢？”于是让杜家的人依礼哀哭。

原文

子上之母死而不丧[①]。门人问诸子思曰：“昔者子之先君子丧出母乎[②]？”曰：“然。”“子之不使白也丧之，何也？”子思曰：“昔者吾先君子无所失道，道隆则从而隆，道污则从而污。伋则安能？为伋也妻者，是为白也母；不为伋也妻者，是不为白也母。”故孔氏之不丧出母，自子思始也。

注释

①子上：孔子曾孙，子思之子，名白，字子上。

②子之先君子：旧说指子思之父，即孔子之子伯鱼。如依此说，则孔子曾经出妻。清江永云：“子之先君子丧出母，殆指孔子之于施氏（孔子父叔梁之妻），而非伯鱼之于开官也。施氏非有他故，不幸无子而出，实为可伤，故从其隆而为之服。”《檀弓》此节及同篇“伯鱼之母死”节，解者纷纭，江永说似合理，今用其说。出母：母之已与父离婚者。据《仪礼·丧服》，凡出母未嫁，己为出母亲生，而非嫡长子者，为出母服丧一年。

译文

子上的母亲离婚后死了，子上没有为她戴孝。子思的学生向子思请教说：“从前老师的祖上不是也为已离婚的母亲戴孝守丧吗？”子思回答：“是的。”“那么老师不叫子上为他母亲戴孝守丧，这是为什么呢？”子思回答：“从前，我祖上并没有失礼的地方。依照礼该隆重的就随着隆重，该降等的就随着降等。而我又怎么能做到这一点呢？做我的妻子，也就是孔白的母亲；不做我的妻子，当然也就不是孔白的母亲了。”因此孔氏不为已离婚的母亲戴孝守丧，大概就是从子思开始的吧。

原文

孔子曰：“拜而后稽颡[1]，颓乎其顺也；稽颡而后拜，颀乎其至也[2]。三年之丧，吾从其至者。”

注释

①拜：双膝跪地，两手拱合，俯首至手而与身平。稽颡（sǎng）：即叩头。双膝跪地，两手着地，然后俯首以额着地。

②颀（kěn）：通“恳”，切至，恻隐之貌。

译文

孔子说：“先跪拜，然后再叩头，这是很恭敬的。先叩头，然后再拱手拜，这是极为诚恳而悲痛的。父丧三年，我以为要遵从后者。”

原文

孔子既得合葬于防[1]，曰：“吾闻之：‘古也墓而不坟。’今丘也，东西南北之人也，不可以弗识也[2]。”于是封之，崇四尺。孔子先反，门人后。雨甚，至。孔子问焉，曰：“尔来何迟也?”曰：“防墓崩。”孔子不应。三，孔子泫然流涕曰：“吾闻之：‘古不修墓[3]。’”

注释

①合葬：夫妇同葬一个墓穴。防：山名，春秋时鲁国都城近郊，在今山东曲阜东。

②识（zhì）：通“帜”，标识。

③修：修治。

译文

孔子已经把父母在防地合葬，说：“我听说过：‘古代只有墓，不加土起坟。’现在我是个四方奔走的人，不可以不加上标识。”因此在墓上加土，高有四尺。修墓工作还没有完成，孔子先回去了，弟子们还在那里料理。一阵大雨后，弟子们回来了。孔子问他们：“你们怎么回来得这样迟？”他们回答：“防地的坟墓坍了。”孔子没作声。弟子们连说了三次，孔子才流着泪说：“我听说过：‘古人是不在墓上加积土的。’”

原文

孔子哭子路于中庭[①]。有人吊者，而夫子拜之。既哭，进使者而问故。使者曰：“醢之矣[②]。”遂命覆醢。

注释

①子路：孔子弟子，名仲由，字子路，一字季路，春秋卞人。有勇力，仕卫，为卫大夫孔悝邑宰，因不愿跟随孔悝迎立蒉喷为卫公，被杀。事见《左传·哀公十五年》。哭于……中庭：这是表示和死者有亲密的关系。一般当哭于寝门外，与朋友同。

②醢（hǎi）：肉酱，这里作动词用。

译文

孔子在正室的前庭哭子路。有使者来吊丧，孔子就以主人的身份答拜。哭过之后，召见来报丧的使者，问子路被杀的情形。使者说："已经被剁成肉酱了。"孔子就叫人把吃的肉酱倒掉。

原文

曾子曰[①]："朋友之墓有宿草，而不哭焉。"

注释

①曾子：孔子的弟子，名参，字子舆，春秋鲁南武城人。

译文

曾子说："朋友的坟墓上有了隔年的草，就不应该再哭了。"

原文

子思曰："丧三日而殡[①]，凡附于身者，必诚必信，勿之有悔焉耳矣。三月而葬，凡附于棺者，必诚必信，勿之有悔焉耳矣。丧三年以为极，亡则弗之忘矣[②]。故君子有终身之忧，而无一朝之患。故忌日不乐[③]。"

注释

①殡：停柩。因灵柩是暂时停放在家里，三个月后就要抬出去埋葬，所以称为“殡”。

②忘：有本作“亡”。王引之《经义述闻》以为“亡”借作“忘”。孔颖达《礼记正义》：“服亲之丧，已经三年，以为极，可以弃忘，而孝子有终身之痛，曾不暂忘于心也。”

③忌日：父母死亡之日禁饮酒作乐，叫忌日。

译文

子思说：“人死了三天之后就行殡礼，凡是要随尸体入殓的衣衾等物，一定要按照殡礼的规定尽心合礼地去办理，不要让自己以后有所悔恨才行。三个月以后下葬，凡要随葬的东西，一定要按照葬礼的要求尽心合礼地去办理，不要让自己以后有所悔恨才行。守丧三年虽是丧礼的极限，但孝子永远不会忘记亡故的双亲。所以君子一辈子都怀有对亲人哀思的感情，但没有一天因哀思而毁灭自己的本性。所以只有在父母忌日这一天才不奏乐。”

原文

孔子少孤，不知其墓殡于五父之衢[①]。人之见之者，皆以为葬也。其慎也，盖殡也，问于郰曼父之母[②]。然后得合葬于防。

注释

①殡：指浅葬，以备以后深葬。五父（fǔ）：衢名。衢：四通八达的大道。

②郰（zōu）：地名，春秋鲁地，在今山东曲阜东南。曼父：人名。

译文

孔子年幼时就没有父亲，不知道父亲在五父衢的墓是浅葬还是深葬。当时见到的人都以为是深葬。孔子为慎重起见，其实是浅葬，这是问郰曼父的母亲才得知的。然后让母亲与父亲合葬在防这个地方。

原文

邻有丧，舂不相[1]；里有殡，不巷歌。丧冠不緌[2]。

注释

①相：送杵声。

②緌（ruí）：帽带的末梢部分。古时冠两边有带子，叫作缨；把缨结在下巴，所余的部分垂着，叫作緌。

译文

邻居有丧事，舂米时不唱歌；邻里在出殡，巷子里就没有歌声。戴丧冠，不应该让帽带的末梢垂着。

原文

有虞氏瓦棺，夏后氏堲周[1]，殷人棺椁，周人墙置翣[2]。周人以殷人之棺椁葬长殇，以夏后氏之堲周葬中殇、下殇，以有虞氏之瓦棺葬无服之殇[3]。

注释

①塈（jí）周：烧土为砖，放在棺材的四周。

②翣（shà）：棺柩的装饰物。用木做框，宽三尺，高二尺四寸，罩上白布，上面画着黼黻云气一类的图形。

③殇：未成年而死叫殇。十六至十九为长殇，十二至十五为中殇，八岁至十一为下殇，七岁以下为无服之殇，生未三月不为殇。

译文

虞舜时，用陶器做棺材；夏代烧砖，砌在瓦棺的周围；殷代才开始有棺和椁；周代则在棺材外面竖立屏障，并在屏障上装饰翣。周代的人用殷代的棺葬长殇，用夏代的棺葬中殇和下殇，用虞舜时代的棺葬无服之殇。

原文

夏后氏尚黑：大事敛用昏[1]，戎事乘骊，牲用玄。殷人尚白：大事敛用日中，戎事乘翰，牲用白。周人尚赤：大事敛用日出，戎事乘騵[2]，牲用骍。

注释

①大事：指丧事。

②騵（yuán）：赤毛白腹的马。

译文

夏代崇尚黑色：办丧事、入殓都在黄昏的时候，军队作战时也驾着黑马，就连祭祀用的牺牲也用黑色的。殷代崇尚白色：办丧事、入殓都在正午的时候进行，军队作战时也驾着白马，就连祭祀用的牺牲也选用白色的。周代崇尚赤色：办丧事、入殓都在日出的时候进行，军队作战时也驾着赤色的马，就连祭祀用的牺牲也要选用赤色的。

原文

穆公之母卒①，使人问于曾子曰②："如之何?"对曰："申也闻诸申之父曰：'哭泣之哀，齐斩之情③，饘粥之食，自天子达。布幕，卫也；縿幕④，鲁也。'"

注释

①穆公：鲁国国君，名不衍，鲁哀公的曾孙。

②曾子：名申，字子西，春秋鲁人，是曾参的儿子。

③齐（zī）斩：指齐衰（cuī）和斩衰。古时丧服有五种：斩衰、齐衰、大功、小功、缌麻。斩衰和齐衰是其中最重的。不缉边的为斩衰，父殁，穿这种丧服三年；缉边的为齐衰，父卒为母，穿这种丧服三年，父在为母服一年。

④縿（xiāo）：素色的帛。

译文

穆公的母亲去世，就派人去向曾申请教说："你看应该怎样办理丧事?"曾申回答说："我曾听我父亲这样说过：'用哭泣来抒发心中的悲哀，穿着齐衰、斩衰以报答父母的养育之恩，每天只喝点稀粥以表达思念父母的忧伤感情，从天子到百姓都是如此。用麻布做幕，是卫国的习俗；而用绸布做幕，那是鲁国的习俗。’”

原文

晋献公将杀其世子申生[1]，公子重耳谓之曰[2]：“子盖言子之志于公乎[3]？”世子曰：“不可，君安骊姬，是我伤公之心也。”曰：“然则盖行乎？”世子曰：“不可，君谓我欲弑君也，天下岂有无父之国哉！吾何行如之？”使人辞于狐突曰[4]：“申生有罪，不念伯氏之言也[5]，以至于死。申生不敢爱其死，虽然，吾君老矣，子少，国家多难，伯氏不出而图吾君，伯氏苟出而图吾君，申生受赐而死。”再拜稽首[6]，乃卒。是以为“恭世子”也[7]。

注释

①晋献公：春秋时晋国国君，名诡诸，申生、重耳的父亲。世子：天子和诸侯正妻所生的长子。也称太子。申生：晋献公的长子。献公的宠姬骊姬想使亲生儿子奚齐继承君位，于是先让申生居曲沃，然后诬陷申生阴谋弑父，所以献公要杀申生。事见《左传》庄公二十八年、闵公二年、僖公四年及《国语·晋语》。

②重耳：晋献公之子，申生的异母弟，即后来春秋五霸之一的晋文公。

③盖：通“盍”，何不。下同。

④狐突：狐氏，名突，字伯行。晋国大夫，申生的师父，重耳的外祖父。

⑤伯氏：指狐突。古人常以字称人，狐突字伯行，所以称他伯氏。

⑥稽首：一种极恭敬的跪拜礼。

⑦恭：恭是谥号，含有敬顺事上的意思。

译文

晋献公要杀太子申生，公子重耳对申生说："你怎么不向父亲申诉自己的冤屈呢？"太子说："不行！父亲有了骊姬在身边才快活，我要是这样做，那就太伤他老人家的心了。"重耳又说："那么为什么不逃走呢？"太子回答说："不行！父亲说我想谋害他，天下难道还有国家愿意接纳我这个背着弑父罪名的人吗？我还能逃到什么地方去呢？"申生派人转告狐突："申生背了弑父的罪名，就是因为没能听从您的话，这才落到杀头的地步。申生不敢贪生怕死，然而，我父亲年纪大了，别的儿子年纪又小，再加上国家正处在多难之秋，而您又不愿出来为国君谋划。您如果肯出来替他谋划，申生就等于受到恩惠而死了。"申生行完再拜叩头之礼，就自杀了。因此谥为"恭世子"。

原文

鲁人有朝祥而莫歌者[①]，子路笑之。夫子曰："由，尔责于人，终无已夫！三年之丧，亦已久矣夫。"子路出，夫子曰："又多乎哉？逾月则其善也。"

注释

①祥：除丧的祭礼。守丧十三个月，孝子除首服，换练冠，叫小祥。守丧二十五个月，除丧服，叫大祥。这里指大祥。

译文

鲁国有人在早上才行过大祥祭，脱掉丧服，到了晚上就唱起歌来，子路就讥笑他。孔子说："由，你责备别人，总是没完没了！三年的丧期，也够久了。"子路走了以后，孔子又说："那个人又哪里需要等多久呢？只要过一个月再唱歌，就很好了。"

原文

鲁庄公及宋人战于乘丘①。县贲父御，卜国为右。②马惊，败绩，公队，佐车授绥③。公曰："末之卜也。"县贲父曰："他日不败绩，而今败绩，是无勇也。"遂死之。圉人浴马，有流矢在白肉④。公曰："非其罪也。"遂诔之⑤。士之有诔，自此始也。

注释

①鲁庄公：鲁国国君。名同，桓公之子。乘丘：鲁地，在今山东省曲阜市西北。鲁庄公十年（公元前684年）夏六月，齐、宋联军伐鲁，鲁在乘丘大败宋军，齐不得不撤军。

②县、卜：都是氏。贲父、国：是名。右：即车右。古时，在主帅所乘的战车上，站在左边驾车的叫御，站在右边保护主帅的叫车右。车右一般挑选有勇力的战士担任。

③佐：战车的副车。绥：用来拉着上车的绳索。

④白肉：马股内侧的肉，比较隐蔽，所以中箭后不易被发现。

⑤诔：文体的一种。人死后，别人称颂他的德行及功绩的文字叫诔。一般尊者可以诔贱者。

译文

鲁庄公与宋国在乘丘作战。县贲父驾车，卜国做车右。拉车的马突然受惊，搅乱了作战的队列，庄公也被摔下车来，幸亏副车抛给他一根绳索，才把他拉上车来。庄公说："也许是事先没有占卜的缘故。"县贲父说："平常驾车从来没有乱了队列，而偏偏今天在战场上就乱了队列，这是我缺乏勇气的缘故。"于是自杀了。后来养马的马夫给马洗刷的时候，发现有支飞箭插在马股内侧的肉上。庄公说："这次事故不是县贲父的罪过！"于是为他作诔。士死后有人为他们作诔，就是从这时开始的。

原文

曾子寝疾①，病。乐正子春坐于床下②，曾元、曾申坐于足③，童子隅坐而执烛。童子曰："华而睆，大夫之箦与④？"子春曰："止！"曾子闻之，瞿然曰："呼⑤！"曰："华而睆，大夫之箦与？"曾子曰："然，斯季孙之赐也⑥，我未之能易也。元，起易箦。"曾元曰："夫子之病革矣，不可以变。幸而至于旦，请敬易之。"曾子曰："尔之爱我也不如彼。君子之爱人也以德，细人之爱人也以姑息。吾何求哉？吾得正而毙焉，斯已矣。"举扶而易之，反席未安而没。

注释

①疾：较轻的病。寝疾，犹卧病。

②乐正子春：曾参的学生。乐正氏，字子春，春秋鲁人。

③曾元、曾申：曾参的儿子。

④睆（huàn）：光泽貌。箦（zé）：竹席。与：语气词，同“欤”。

⑤瞿然：惊起貌。

⑥季孙：鲁公子季友之后。季孙氏，春秋鲁三桓之一。文公以后世代为鲁大夫，执掌国政。

译文

曾子卧病不起，病得十分沉重。乐正子春坐在他的床下，曾元、曾申坐在他的脚旁，一个小孩子坐在角落里，手上端着蜡烛。小孩子说：“多么华丽光润呀！这是大夫才能用的席子吧？”子春说：“别作声！”曾子听见了，忽然惊醒过来，发出嘘气之声。小孩子又说：“多么华丽光润呀！这是大夫才能用的席子吧？”曾子说：“是的，那是季孙氏送的，我身体虚弱，没能及时换掉它。元，起来把席子换掉！”曾元说：“您老人家的病已经很危急了，不能移动。希望能等到天亮，再恭谨小心地调换。”曾子说：“你对我的爱还比不上那个小孩子。一个有德行的人，他爱别人，就要成全别人的美德；只有小人爱别人，才会苟且讨人喜欢。我现在还企求什么呢？我只盼望端端正正地死了，就这样罢了。”于是，他们扶起曾子，给他更换席子，等到再把他放回席子，还没安定下来，他就死了。

原文

始死，充充如有穷[①]；既殡，瞿瞿如有求而弗得[②]；既葬，皇皇如有望而弗至[③]。练而慨然[④]，祥而廓然。

注释

①充充：悲戚貌。

②瞿瞿：眼珠迅速转动、精神不安。

③皇皇：栖栖惶惶无所依托。

④练：经涑治的白色布，守丧十三个月后始戴练冠，所以称小祥之祭叫练。

译文

亲人刚去世的时候，真是痛不欲生，好像一切都已到尽头。出殡以后，神情不安，好像在寻找什么，却又什么都没找到的样子；下葬以后，栖栖惶惶若有所失，好像在等待亲人，而又没等到的样子。小祥过后，就感慨时间过得太快。大祥过后，还觉得空虚失落。

原文

邾娄复之以矢[①]，盖自战于升陉始也[②]。鲁妇人之髽而吊也[③]，自败于台鲐始也[④]。

注释

①邾（zhū）娄：即邾，古国名，曹姓，子爵。鲁穆公时改为邹，后为楚宣王所灭。在今山东省邹县一带。复：招魂。

②升陉：鲁地。鲁僖公二十二年鲁伐邾，两国在升陉交战，邾国军队获胜。招魂通常是用衣服的，但是邾娄用矢招魂，这是从升陉之战以后开始的。

③髽（zhuā）：妇女的丧髻。不用发巾，而以麻发合结叫髽。

④台鲐（tái）：郑玄注："台当为壶字之误也。"壶鲐，山名，春秋邾地，一名目台，《左传》作"狐鲐"。在今山东省滕县东南。鲁襄公四年，鲁侵邾，在壶鲐被邾国军队打败。鲁国妇女平常都用发巾裹着发髻，有丧服时才去掉发巾。壶鲐战败以后，几乎家家都有人战死。于是，妇女们只好去掉发巾，穿着丧服去别人家吊丧。这样一来，就成了一种惯例。以后就是自家没有丧事，去别人家吊丧时，也都去掉发巾，露着发髻。

译文

邾娄国的人用箭来招魂，是从升陉之战以后开始的。鲁国的妇女去掉发巾、露着发髻去吊丧，是从壶鲐战败以后开始的。

原文

南宫縚之妻之姑之丧[1]，夫子诲之髽，曰："尔毋从从尔，尔毋扈扈尔[2]，盖榛以为笄，长尺，而緫八寸[3]。"

注释

①南宫縚（tāo）：字子容，孔子的弟子。也叫南容，据《论语·先进》："南容三复白圭，孔子以其兄之子妻之。"则南宫縚的妻子就是孔子的侄女。姑：古人称丈夫之母为姑。

②扈扈：广大，宽大。

③緫：束发的带子。

译文

南宫縚的妻子死了婆婆，孔子就教她做丧髻的样式，说："你不要做得过高，你也不要做得过大，要用榛木做一尺长的簪子，而束发的带子只能垂下八寸。"

原文

孟献子禫[1]，县而不乐[2]，比御而不入[3]。夫子曰："献子加于人一等矣！"

注释

①孟献子：即鲁大夫仲孙蔑，公子庆父之后，以贤大夫著称。禫（dàn）：祭名。除服的祭礼。《仪礼·士虞礼》："期而小祥，又期而大祥，中月而禫。"郑玄注："中犹间也，禫，祭名也，与大祥间一月，自丧至此，凡二十七月。禫之言澹，澹然平安意也。"

②县（xián）："悬"的本字。

③御：让妻妾陪伴、服侍着休息。丧主在守丧期间，都住在门外的倚庐或垩室里。

译文

孟献子行过禫祭后，将乐器挂着，而不愿奏乐；到能够让妻妾陪侍时，他仍然不肯进房门。孔子说："献子确实超过别人一等啊！"

原文

孔子既祥，五日弹琴而不成声[①]，十日而成笙歌。

注释

①不成声：是指声调不和谐。这是因为还没有摆脱悲痛的情感。

译文

孔子在祥祭五天以后弹琴，声调还不和谐。但十天以后吹笙，就把曲子吹得十分和谐了。

原文

有子盖既祥而丝屦、组缨①。

注释

①有子：孔子的弟子有若，字子有，春秋鲁人。丝屦（jù）：指前头用丝做装饰的鞋子。组缨：结冠的丝带。丝屦、组缨是吉服，祥祭之后不宜马上穿戴。这是讥讽有子用之过早，失礼。

译文

有子在大祥刚结束，就马上穿起有丝饰的鞋子，戴起有组缨的帽子来。

原文

死而不吊者三：畏、厌、溺①。

注释

①畏：指轻身自杀者。厌（yā）：通“压”，指在危险处行走，被崩坠的重物压死。溺：指涉水淹死。这三种情形都是轻身忘孝，是失礼的行为，不值得同情，所以不必去吊丧。

译文

人死了可以不去吊丧的有三种情形：受了冤屈而轻生自杀的，不当心被压死的，涉水被淹死的。

原文

子路有姊之丧，可以除之矣，而弗除也。孔子曰：“何弗除也?”子路曰：“吾寡兄弟而弗忍也[①]。”孔子曰：“先王制礼，行道之人，皆弗忍也。”子路闻之，遂除之。

注释

①吾寡兄弟而弗忍：对已出嫁的姊妹，应该着大功服，服九个月的丧。子路因为兄弟少，想为姊服十三个月的丧。所以到了九个月还不忍心除掉丧服。

译文

子路为姐姐服丧，（到九个月期满的时候）可以除掉丧服，可是他却不肯除掉。孔子就问他：“为什么还不除掉丧服呢?”子路说：“我兄弟少，所以不忍心很早就除掉它啊。”孔子说：“这是先王制定的礼仪，凡是仁义之人都有不忍之心。”子路听了，就除掉了丧服。

原文

大公封于营丘[①]，比及五世，皆反葬于周[②]。君子曰：“乐[③]，乐其所自生[④]，礼，不忘其本。古之人有言曰：‘狐死正丘首。’仁也。”

注释

①大公：即太公望吕尚。姜姓，吕氏，名尚，号太公望，俗称姜太公。营丘：齐地，在今山东省临淄一带。

②周：指周地，周天子直接控制的地区，都城镐附近。

③乐（yuè）：音乐。

④乐（yào）：喜爱；合意。

译文

太公封在营丘，可是直到五世的子孙，死后都还送回周地埋葬。君子说："音乐，是表现人们发自内心的情感；礼的基本精神，也就在于不忘根本。古人有句俗话说：'狐狸死了，它的头必定正对着狐穴的方向。'这也是仁的表现。"

原文

伯鱼之母死[①]，期而犹哭[②]。夫子闻之曰："谁与哭者[③]？"门人曰："鲤也。"夫子曰："嘻[④]！其甚也。"伯鱼闻之，遂除之。

注释

①伯鱼：孔子的儿子，名鲤，字伯鱼。旧说伯鱼之母，为孔子之出妻，伯鱼为出母服丧。不可信，说见前注。此为伯鱼父在为母服丧。

②期（jī）：一周年。父在为母服齐衰期，十三月祥，祥祭之后，不应该再哭。

③与：语气词，同"欤"。

④嘻：悲恨的声音。

译文

伯鱼的母亲去世了，已经满了周年，可是他还在哭泣。孔子听见了就问道："是谁在哭呀？"他的弟子说："是鲤。"孔子嘻了一声说："那太过分了。"伯鱼听到这话以后，就除掉丧服不再哭了。

原文

舜葬于苍梧之野[①]，盖三妃未之从也[②]。季武子曰："周公盖附[③]。"

注释

①舜：即虞舜，传说中的五帝之一。苍梧：山名，又名九嶷。在今湖南宁远。对于舜是否葬于苍梧，前人说法很不一致。

②三妃：指舜的三个妃子娥皇、女英、癸比。但杭世骏、梁玉绳等人认为舜只有二妃，即娥皇、女英，"三妃"是"二妃"的讹误。见杭世骏《礼经质疑》、梁玉绳《檀弓剩义》。

③周公：即姬旦，周文王的儿子。

译文

舜葬在苍梧山中，大概他的三位妃子都没有跟去合葬。季武子说："大概从周公开始才有夫妇合葬的事。"

原文

曾子之丧，浴于爨室[①]。

注释

①爨（cuàn）室：厨房。按《士丧礼》，应该在正寝之室浴尸，没有在爨室浴尸的礼节。或说在厨房浴尸，是表示谦俭。

译文

曾子家办丧事，是在厨房浴尸的。

原文

大功废业[①]。或曰："大功，诵可也。"

注释

①大功：丧服名。是为堂兄弟服丧的丧服。业：指学业，包括礼、乐、射、御、书、数等科目。

译文

服大功丧服的，就得中止学业。可是也有人说："服大功的，还可以诵读。"

原文

子张病[①]，召申祥而语之曰[②]："君子曰终[③]，小人曰死[④]，吾今日其庶几乎？"

注释

①子张：孔子弟子。姓颛孙，名师，字子张，春秋陈阳城人。

②申祥：子张的儿子。

③终：完成了功业。君子虽死，但功名长存。

④死：形骸消尽。小人的死，不仅形骸消尽，而且什么功名也没有流传下来。

译文

子张病得很厉害，把申祥叫到跟前，对他说："德行高尚的君子去世叫'终'，而普通的人只能叫'死'，我现在差不多可以说'终'了吧？"

原文

曾子曰："始死之奠[①]，其馀阁也与[②]？"

注释

①奠：设酒食以祭。

②馀阁：阁是庋阁，置放物品的架子。馀阁，是病中放在庋阁上而没有吃完的食品，如脯醢醴酒之类。

译文

曾子说："刚死时所设的奠，或可以用庋阁上所剩的现成食品。"

原文

曾子曰："小功不为位也者[1]，是委巷之礼也。子思之哭嫂也为位[2]，妇人倡踊[3]。申祥之哭言思也亦然[4]。"

注释

①小功：丧服名。是再从昆弟、外祖父母的丧服，服期五个月。为位：这里是指丧礼中按照亲疏之位而号哭。

②子思：姓原，名宪，字子思，又叫原思，孔子的弟子。春秋鲁人，一说宋人。

③倡踊：率先跳跃顿足号哭。在丧礼中的踊，以跳跃顿足来表示悲哀感情。

④申祥：子张的儿子。言思：子游的儿子，申祥妻子的兄弟。嫂、妻兄弟均无服，但为位。

译文

曾子说："小功的丧服，不按序列亲疏之位而号哭，这是小巷里不备礼的老百姓所行的。子思哭他的嫂子就在规定的位上，而且是由妇女领头跳跃顿足号哭的。申祥哭言思也是这样。"

原文

古者冠缩缝，今也衡缝。故丧冠之反吉[1]，非古也。

注释

①反吉：与吉冠相反。殷代以前，吉冠、丧冠都是直缝的，后世认为古代直缝的冠质朴，于是只作为丧冠，因此就与横缝的吉冠不同。

译文

古代的冠都是直缝的，现在却是横缝的。而把直缝的作为丧冠，所以丧冠就与吉冠相反，那并不是古制。

原文

曾子谓子思曰："伋，吾执亲之丧也，水浆不入于口者七日。"子思曰："先王之制礼也，过之者，俯而就之，不至焉者，跂而及之。故君子之执亲之丧也，水浆不入于口者三日，杖而后能起。"

译文

曾子对子思说："伋，我为父亲守丧，七天没喝一口水和米汤。"子思说："先王制定礼仪，就是要让做得过分的人委屈自己来迁就它，勉励那些做不到的人来达到它。所以君子在为亲人守丧的时候，只是三天不喝水和米汤，扶着丧杖能站起来。"

原文

曾子曰："小功不税[①]，则是远兄弟终无服也，而可乎?"

注释

①税（tuì）：补行服丧之礼。

译文

曾子说："小功的丧服，在丧期已过才听到，就不用补服丧服。那么，凡远道的从祖兄弟最后就没有丧服了，这样行吗？"

原文

伯高之丧[①]，孔氏之使者未至，冉子摄束帛乘马而将之[②]。孔子曰："异哉，徒使我不诚于伯高。"

注释

①伯高：子贡的朋友，曾由子贡介绍与孔子见过面。死在卫国。

②冉子：孔子的弟子。名求，字子有，也称冉有，春秋鲁人。束帛：十卷帛。每卷长二丈。乘（shèng）：四。古代的战车一乘四马，因以"乘"作"四"的代称。将之：奉命前往。

译文

伯高家办丧事，孔家吊丧的使者还没有到，于是冉子就代为准备了十卷帛、四匹马，装作是奉了孔子的命令前去吊丧的。孔子说："这不一样啊！那样做徒然使我失去了对伯高的诚意。"

原文

伯高死于卫，赴于孔子，孔子曰：“吾恶乎哭诸[1]？兄弟，吾哭诸庙；父之友，吾哭诸庙门之外；师，吾哭诸寝；朋友，吾哭诸寝门之外；所知，吾哭诸野。[2]于野，则已疏；于寝，则已重。夫由赐也见我[3]，吾哭诸赐氏。”遂命子贡为之主，曰：“为尔哭也来者，拜之；知伯高而来者[4]，勿拜也。”

注释

①恶（wū）：疑问代词，哪里。哭丧应该有位，由于和死者的关系无法确定，所以哭丧的地点难以选择。

②以上各种哭丧的处所，都是指在异地闻讣告以后而哭的地方。

③赐：即子贡，孔子的弟子。姓端木，名赐，字子贡，也作子赣，春秋卫人。

④知：俞樾《群经平议》说：“知犹为也。”

译文

伯高死在卫国，向孔子报丧，孔子说：“我在哪里哭他呢？如果是兄弟，我在祖庙里哭他；如果是父亲的朋友，我就在庙门外面哭他；如果是老师，我就在自己住的正室里哭他；如果是朋友，我就在正室的门外哭他；如果只是泛泛之交，我就在郊外哭他。至于我和伯高的关系，在郊外哭他，嫌太疏远；在正室又嫌太重。他只是由子贡介绍和我见过面，我还是到子贡家去哭他吧！”于是叫子贡做丧主，并说：“来吊丧的人，如果是为了你的关系而来哭的，你就拜谢；为了和伯高有交情而来哭的，就不用你来拜谢。”

原文

曾子曰："丧有疾，食肉饮酒，必有草木之滋焉。"以为姜桂之谓也。

译文

曾子说："居丧的时候如果生病了，可以吃肉喝酒，但一定要加草木的味道。"这里说的是用姜、桂等香料来调味。

原文

子夏丧其子而丧其明[①]。曾子吊之，曰："吾闻之也，朋友丧明则哭之。"曾子哭。子夏亦哭，曰："天乎！予之无罪也。"曾子怒，曰："商！女何无罪也？吾与女事夫子于洙、泗之间[②]，退而老于西河之上[③]，使西河之民疑女于夫子[④]，尔罪一也；丧尔亲，使民未有闻焉[⑤]，尔罪二也；丧尔子，丧尔明，尔罪三也。而曰女何无罪与？"子夏投其杖而拜，曰："吾过矣！吾过矣！吾离群而索居亦已久矣。"

注释

①子夏：孔子的弟子。姓卜，名商，字子夏，春秋卫人。

②洙、泗：洙水、泗水。在山东泗水。孔子住在洙、泗之间，教授弟子。

③西河：古地区名，今陕西东部黄河西岸地区。子夏居住的地

点就在龙门附近。

④疑：通“拟”。

⑤闻：好名声。

译文

子夏因为死了儿子而哭瞎了眼睛。曾子去慰问他，并说：“我听说过，朋友丧失了视力，就应该去安慰他，替他难过。”说着说着，曾子就哭了。子夏也跟着哭了起来。子夏说：“天啊！我是没有什么罪过的啊！”曾子生气地说：“商！你怎么没有罪过呢？我和你曾一起在洙水和泗水之间侍奉老师，后来你回到西河之畔度晚年，却让西河人民以为你比得上老师，这是你的第一件罪过；过去你为亲长守丧期间，在百姓中并没有好名声，这是你的第二件罪过；现在你又因为死了儿子而哭瞎了眼睛，这是你的第三件罪过。你还要说你没有什么罪过吗？”子夏丢开手杖拜谢说：“我错了！我错了！我离开同道好友，独自居住的时间已经太长久了。”

原文

夫昼居于内[①]，问其疾可也；夜居于外[②]，吊之可也。是故君子非有大故，不宿于外；非致齐也[③]，非疾也，不昼夜居于内。

注释

①昼居于内：这里指生病才白天睡在屋里。

②夜居于外：这里指服丧期间，夜里睡在门外倚庐里。

③致齐（zhāi）：“齐”通“斋”。致齐是祭祀以前的斋戒。

译文

如果大白天还睡在屋里，亲朋好友就可以去探望他的病；如果夜里睡在中门外，亲朋好友就可以前去吊丧。因此，君子非遭到大的变故，不夜宿于中门之外；除非祭祀前的戒斋，或者是生病，否则也不会日夜都睡在屋里。

原文

高子皋之执亲之丧也①，泣血三年②，未尝见齿。君子以为难。

注释

①高子皋（gāo）：孔子的弟子。姓高，名柴，字“子皋”，《论语》作“子羔”，春秋卫人。

②泣血：无声而泣，形容眼泪像血一样淌出来。

译文

高子皋在为父亲守丧的时候，暗暗地落了三年泪，从来没有笑过。君子都认为这是很难做到的。

原文

衰①，与其不当物也②，宁无衰。齐衰不以边坐，大功不以服勤。

注释

①衰（cuī）：这里统指五种丧服。

②不当物：言丧服的精粗、尺寸不合礼的规定，或者表情、举止同丧服不一致。

译文

至于穿丧服，如果丧服的规格，或者孝子的心情举止和穿的丧服不一致，那就不如不穿丧服。穿着齐衰，就不能偏倚而坐；穿着大功，就不能出来办事。

原文

孔子之卫[1]，遇旧馆人之丧，入而哭之哀。出，使子贡说骖而赙之[2]。子贡曰：“于门人之丧，未有所说骖，说骖于旧馆，无乃已重乎？”夫子曰：“予乡者入而哭之，遇于一哀而出涕。予恶夫涕之无从也[3]。小子行之。”

注释

①之：路过的意思。

②说（tuō）：通“脱”，解脱。骖：古代的马车有四匹马，在两边拉车的马叫骖。赙（fù）：用财物助丧事。

③无从：无以为继的意思。

译文

孔子路过卫国，刚巧碰上过去的馆舍主人的丧事，便进去吊丧，哭得很伤心。出来后，就叫子贡解下马车的骖马赠送给丧家。子贡说："对于门人的丧事，就从来没有解下马来助丧的事，现在倒要解下马匹来为馆舍主人助丧，这不是太过分了吗？"孔子说："我刚才进去吊丧，正好触动了心里的悲哀而流下泪来。我不愿意光流泪而没有别的表示。你还是照我的话去做吧！"

原文

孔子在卫，有送葬者，而夫子观之，曰："善哉为丧乎！足以为法矣，小子识之①。"子贡曰："夫子何善尔也？"曰："其往也如慕，其反也如疑。"子贡曰："岂若速反而虞乎②？"子曰："小子识之，我未之能行也。"

注释

①识（zhì）：通"志"，记住。

②虞：下葬后在殡宫举行的安神之事。

译文

孔子在卫国的时候，碰到有人送葬，孔子就在一旁观看，并且说："这丧事办得太好了，可以作为榜样了。你们要好好记着。"子贡说："老师为什么称赞这件丧事办得好呢？"孔子说："那孝子在送柩时，就像小孩子追随父母一样哭叫着；下葬回来时，又像在哀痛亲人的魂灵还在墓穴，没有跟他回家，因而迟疑不前。"子贡说：

“这还不如赶快回家举行安神的虞祭吧?”孔子说:“你们要好好记着这好榜样,我还未必能做到呢?”

原文

颜渊之丧[1],馈祥肉,孔子出受之。入,弹琴而后食之[2]。

注释

①颜渊:孔子的弟子。姓颜,名回,字子渊,春秋鲁人。

②弹琴:孔子为颜渊之丧废乐及祥,乃弹琴以散哀思之情。

译文

为颜渊办丧事的时候,丧家送来大祥的祭肉,孔子到门外去接受了祭肉。他回到屋里,弹过琴以后才吃祭肉。

原文

孔子与门人立,拱而尚右[1],二三子亦皆尚右。孔子曰:“二三子之嗜学也,我则有姊之丧故也。”二三子皆尚左。

注释

①拱:两手抱拳于胸前。尚右:拱手时,右手在外掩左手叫尚右,是凶礼;左手在外掩右手叫尚左,是吉礼。妇女与此相反。

译文

孔子和门人一起站在那里，他拱手的样子是用右手掩着左手，弟子们也都跟着用右手掩着左手。孔子说："你们真是太喜欢学我了，我是有姊姊的丧事的缘故才这样的。"于是弟子们都改过来，用左手掩着右手。

原文

孔子蚤作①，负手曳杖，消摇于门②，歌曰："泰山其颓乎③？梁木其坏乎④？哲人其萎乎⑤？"既歌而入，当户而坐。子贡闻之曰："泰山其颓，则吾将安仰？梁木其坏，哲人其萎，则吾将安放？夫子殆将病也。"遂趋而入。

注释

①蚤：通"早"。

②消摇：同"逍遥"，和适貌。

③泰山：是五岳之首，为众山所仰。

④梁木：栋梁之材。

⑤哲人：明达而有才智之人。萎：王引之《经义述闻》认为两处"哲人其萎"都是后人据《孔子家语》增入的。

译文

孔子一大早就起来了，背着手，拖着手杖，一边自由自在地在门口散步，一边唱着歌："泰山要坍了吧？梁木要坏了吧？哲人要凋落了吧？"唱完歌就回到屋里，对着门坐下。子贡听到歌声说："如果泰山崩坍了，那我们将要仰望什么呢？如果梁木坏了，哲人凋落了，那我们将要仿效谁呢？老师大概要生病了吧！”于是快步走了进去。

原文

夫子曰：“赐！尔来何迟也？夏后氏殡于东阶之上，则犹在阼也[①]；殷人殡于两楹之间[②]，则与宾主夹之也；周人殡于西阶之上[③]，则犹宾之也。而丘也，殷人也[④]。予畴昔之夜，梦坐奠于两楹之间[⑤]。夫明王不兴，而天下其孰能宗予？予殆将死也。”盖寝疾七日而没。

注释

①阼：东阶。阼阶为主人的位置。

②楹（yíng）：厅堂的前柱。两楹之间，即处在宾主之位之间，这是堂上最尊贵的位置。

③西阶：宾的位置。以西为尊。

④殷人：孔子的祖先正考父是宋国的贵族，宋是殷的后裔，所以孔子自称殷人。

⑤坐奠：安坐。

译文

孔子说：“赐！你为什么来得这样迟呢？夏代停柩在东阶上，那还是在主位上；殷人停柩在东西两楹之间，那是处在宾主位之间；周人停柩在西阶上，那就像把它当作宾客一样。而我是殷人，前日夜里我梦到自己安坐在东西两楹之间。既然没有圣明的王者出世，天下又有谁会尊崇我坐在两楹之间的尊位上呢？这样看来，我大概是快要死了吧！”孔子卧病七天以后就去世了。

原文

孔子之丧，门人疑所服[①]。子贡曰："昔者夫子之丧颜渊，若丧子而无服；丧子路亦然。请丧夫子，若丧父而无服[②]。"

注释

①疑所服：依礼，丧师无服，然而弟子以孔子不同于一般的老师，但不知道应服哪一等丧服。

②无服：不穿丧服，而是在头上和腰间系上麻带，悲痛之情犹如亲人去世。

译文

给孔子办丧事时，弟子们都不知道应该穿哪一等丧服。子贡说："过去老师在处理颜渊的丧事时，就像死了儿子一样，但不穿丧服。处理子路的丧事也是这样。现在请大家对老师的丧事，就像对父亲的丧事一样悲哀痛悼，但不必穿戴丧服，只需在头上和腰间系上麻带就行了。"

原文

孔子之丧，公西赤为志焉[①]。饰棺墙，置翣，设披[②]，周也；设崇[③]，殷也；绸练设旐[④]，夏也。

注释

①公西赤：孔子的弟子。公西氏，名赤，字子华，春秋鲁人。志：通“识”。主办的意思。

②披：用两条帛带拴在棺木和柩车上，用来牵挽柩车，防止倾倒。

③崇：后缺“牙”字。崇牙，是旌旗上端用来张旌旗的横木，刻成龃龉高出的笋牙。

④绸练：用白色的绸绕旗杆。旐（zhào）：魂幡。出丧时为棺柩引路的旗。

译文

孔子的丧事，是公西赤主办的。他用三代样式装饰棺柩：在柩帷外设置了翣和披，这是周人的样式；设置崇牙旌旗，这是殷人的样式；设置了用素绸缠绕旗杆的魂幡，这是夏人的样式。

原文

子张之丧，公明仪为志焉[①]。褚幕丹质[②]，蚁结于四隅，殷士也。

注释

①公明仪：子张的弟子，春秋鲁南武城人。

②褚幕：覆盖棺柩的布幕。丹质：指红色的布。

译文

子张的丧事，是公明仪主办的。用红布做成覆棺的帐幕，并在四角画上像蚁行往来交错的纹路，这是殷代的士礼。

原文

子夏问于孔子曰："居父母之仇，如之何？"夫子曰："寝苫，枕干，不仕，弗与共天下也。遇诸市朝，不反兵而斗[①]。"曰："请问居昆弟之仇，如之何？"曰："仕，弗与共国，衔君命而使，虽遇之不斗。"曰："请问居从父昆弟之仇，如之何？"曰："不为魁[②]，主人能，则执兵而陪其后。"

注释

①不反兵而斗：不用回去取武器，而是随时携带着武器，时刻准备杀死仇敌。

②魁：魁首，这里是带头的意思。

译文

子夏问孔子："对于杀害父母的仇人，应该怎么办？"孔子说："夜里睡在草垫上，枕着盾牌，不去做官，和仇人不共戴天。如果在市上或公门遇到了，立即取出随身携带的兵器和他决斗。"子夏又问："请问对于杀害兄弟的仇人，应该怎么办？"孔子说："不和仇人在同一个国家做官，如果身负君命出使他国时，遇上了仇人，也不可以和他决斗。"子夏又问："请问对于杀害堂兄弟的仇人，应该怎么办呢？"孔子说："不必自己带头去报仇，但如果死者的亲人能去报仇的话，那么自己就拿着武器，跟在后面协助。"

原文

孔子之丧，二三子皆绖而出[①]。群[②]，居则绖，出则否。

注释

①绖（dié）：居丧期间扎在头上及腰间的麻带。

②群：这里指孔子弟子相为之服。

译文

孔子之丧，弟子们在家在外，都在头上和腰间扎上麻绖。弟子之间有丧，在家里则扎麻绖，出门就不扎了。

原文

易墓[①]，非古也。

注释

①易墓：是芟（shān）治草木，不使墓地荒芜。

译文

芟治墓地，并不是古来就有的习俗。

原文

子路曰："吾闻诸夫子：'丧礼，与其哀不足而礼有馀也，不若礼不足而哀有馀也。祭礼，与其敬不足而礼有馀也，不若礼不足而敬有馀也。'"

译文

子路说："我听老师说过：'举办丧礼，与其内心缺少悲哀的感情而过分地去讲究礼仪的完备，还不如让礼仪欠缺些而使内心充满悲哀的感情；举行祭礼，与其内心缺少敬意而过分地去讲求礼仪的完备，还不如让礼仪欠缺些而使内心充满敬意。'"

原文

曾子吊于负夏[①]，主人既祖[②]，填池，推柩而反之[③]，降妇人而后行礼[④]。从者曰："礼与?"曾子曰："夫祖者且也，且，胡为其不可以反宿也?"从者又问诸子游曰："礼与?"子游曰："饭于牖下[⑤]，小殓于户内，大敛于阼[⑥]，殡于客位[⑦]，祖于庭，葬于墓，所以即远也。故丧事有进而无退[⑧]。"曾子闻之，曰："多矣乎！予出祖者。"

注释

①负夏：古地名，卫地。故城在今山东兖州西。

②祖：祭名。古人出行以前要祭祀路神，称为祖。孝子侍奉死

者如侍奉生者，所以在迁柩朝祖庙以后，设“祖”奠为死者送行，然后再下葬。

③推柩而反之：祖奠时柩已向外，因曾子来吊，所以将柩车推回。这是不合于礼的做法。

④降妇人而后行礼：柩车既复位，那么主人也回到未祖以前的位置，让妇人退到阶下，然后行礼。这也是不合于礼的做法。

⑤饭：指饭含。把珠、玉、贝、米之类放在死者口中。

⑥敛：即殓。给尸体穿上衣服，叫小殓；给尸体再穿上衣服，然后入棺，叫大殓。

⑦客位：指西阶。

⑧有进而无退：丧礼的过程是死者逐步远去，不能回头，所以说是有进而无退。

译文

曾子到负夏吊丧，主人已经行过祖奠，在柩上也设置了池，见曾子来吊丧，就把柩车推回原位，让妇人退到阶下，然后行礼。随从的人问曾子：“这合乎礼吗？”曾子说：“祖奠是一种暂时的程序，既然是暂时的，为什么不可以把柩车推回原位呢？”随从的人又去问子游：“这合乎礼吗？”子游说：“在室内窗下填饭，在室内对着门的地方小殓，在堂上主位大殓，在客位停柩，在庙前庭里祖奠，最后葬于墓，这种过程是为了表示逐渐远去。所以丧事只能是有进而无退的。”曾子听见了这话以后，说：“他说的出祖的礼，比我说的好多了。”

原文

曾子袭裘而吊，子游裼裘而吊。①曾子指子游而示人曰：“夫夫也②，为习于礼者，如之何其裼裘而吊也？”主人既小敛，袒、括发③。子游趋而出，袭裘带绖而入④。曾子曰：“我过矣，我过矣，夫夫是也。⑤”

注释

①袭裘：掩着外衣而不露出裼衣，称为袭裘。这是凶礼的装束。裼（tì）裘：敞开外衣露出裼衣，称为裼裘。这是吉礼的装束。古人皮裘上必着裼衣，裼衣外面又有正服。

②夫夫：犹言此人。

③袒：解开内外衣，露出左臂。括发：束发。去掉平常蒙在发髻上的网巾，而用麻束发。

④带：葛做的腰带。绖：扎在头上的葛带。

⑤凡主人未变服以前，吊者仍然穿裼裘吉服；等主人变服以后，吊者才换成袭裘凶服。曾子看到子游改换装束以后，才知道自己比不上子游对礼仪的精神。

译文

曾子以袭裘的装束去吊丧，而子游却以裼裘的装束去吊丧。于是曾子指着子游给别人看，并说："这个人是讲求礼仪的人，怎么却敞开外衣来吊丧呢？"小殓以后，主人袒露左臂，用麻束发。子游这才快步出去，改换成袭裘的装束，在头上和腰间扎上葛带，然后进来。曾子见到后，连忙说："是我错了，是我错了，这个人的做法是对的。"

原文

子夏既除丧而见，予之琴，和之而不和，弹之而不成声。作而曰："哀未忘也。先王制礼，而弗敢过也。"子张既除丧而见，予之琴，和之而和，弹之而成声。作而曰："先王制礼，不敢不至焉。"

译文

子夏服满除丧后去见孔子，孔子递给他一张琴，他却没有办法调整好琴柱，使五音和谐，而且弹起来也不成声调。他站起来说："虽然我内心悲哀的感情还没有忘掉，但先王既然制定了礼仪，我便不敢超过规定的期限，只得除掉丧服。"子张居丧期满后去见孔子，孔子递给他一张琴，他一调整弦柱，五音就和谐了，而且一弹就成乐调。他站起来说："虽然我心中的悲哀已经淡薄了，但先王既然已制定了礼仪，那么我也不敢不依照礼的规定去做。"

原文

司寇惠子之丧①，子游为之麻衰、牡麻绖②。文子辞曰③："子辱与弥牟之弟游，又辱为之服，敢辞④。"子游曰："礼也。"文子退，反哭。子游趋而就诸臣之位，文子又辞曰："子辱与弥牟之弟游，又辱为之服，又辱临其丧，敢辞。⑤"子游曰："固以请。"文子退，扶适子南面而立⑥，曰："子辱与弥牟之弟游，又辱为之服，又辱临其丧，虎也敢不复位⑦。"子游趋而就客位。

注释

①司寇惠子：即惠叔兰，司寇是职官名。惠叔兰，卫公子郢之子，灵公之孙。

②麻衰：用做吉服的十五尺布做的衰。牡麻绖：牡麻，即枲麻，是大麻的雄株。牡麻绖，是齐衰的绖。为朋友吊丧应服疑衰，用麻衰过轻，用牡麻绖又过重。子游因为惠子原将废嫡立庶，嫡子虎没

有做丧主，子游故意不用一般吊丧的服饰去吊丧，含有讥讽的意思。

③文子：即公孙弥牟。惠子的哥哥。

④敢辞：是客气地推让，这里含有提醒子游的意思。文子认为子游的服饰不合常例，而应改用为朋友吊丧的服饰。

⑤文子认为为朋友吊丧应就客位，而不应就家臣的位置，所以又辞谢。

⑥适（dí）：通“嫡”，正妻所生的长子。南面：古代以坐北朝南为尊位，也是主位。

⑦虎：惠子嫡子的名字。

译文

司寇惠子家里办丧事，子游穿着麻衰，又加上牡麻绖，前去吊丧。文子辞谢说：“过去蒙您与我弟弟交往，现在又屈尊来为他吊丧，实在不敢当。”子游说：“我只不过是依礼行事罢了。”文子只好退回原位继续哭泣。于是子游快步走向家臣们的位置。文子又来辞谢说：“过去蒙您与我弟弟交往，现在又委屈您为他穿吊服，而且还屈尊来参加他的丧礼，实在不敢当。”子游说：“请务必不要客气。”文子这才退下去，扶出惠子的嫡子虎就主位，南面而立，说：“蒙您和我弟弟交往，又委屈您为他穿吊服，而且还屈尊来参加他的丧礼，虎怎么敢不就主位来拜谢呢！”子游这才快步走向宾客的位置。

原文

将军文子之丧，既除丧，而后越人来吊①，主人深衣练冠②，待于庙③，垂涕洟。子游观之，曰：“将军文氏之子，其庶几乎！亡于礼者之礼也④，其动也中⑤。”

注释

①越人：越国人。越国在今江、浙、闽一带。越国离中原各国路途遥远，所以除丧以后才到达。

②主人：文子的儿子简子瑕。深衣：古代诸侯、大夫、士家居所穿的衣服。衣和裳相连，前后深长。这里是祥祭以后穿的麻衣。练冠：是小祥时戴的帽子，即丧冠去掉上面所系的麻带。

③待于庙：除丧之后神主已经移入祖庙，所以待于庙。待于庙就不能在家中迎接来吊丧的宾客。

④亡：是存亡的“亡”。亡于礼者之礼，就是不在常礼之中的礼节。

⑤中：既不过分，也不欠缺。

译文

将军文子去世的那次丧事，在已经服满除丧以后，又有越人来吊丧。主人穿着麻衣，戴着练冠，在祖庙里受吊，流着眼泪鼻涕。子游见了说：“将军文子的儿子，可算懂得礼了吧！这些常礼所没有的礼，他的举止是那样恰当。”

原文

幼名，冠字，五十以伯仲，死谥，周道也。绖也者，实也。掘中霤而浴[1]，毁灶以缀足[2]；及葬，毁宗躐行[3]，出于大门：殷道也。学者行之。

注释

①中霤（liù）：室的中央。掘中霤而浴，是在室中央挖个坑，然后在坑上架上床，尸体在床上沐浴，洗过尸体的水就流到坑里。周代亦在室中浴尸，但在阶间稍稍靠西的地方挖坑，用盘接浴尸水，倒在坑中。

②缀（chuò）足：拘牵死者的脚。人死后，脚会变得僵硬，为了能给他穿上鞋子，便用灶甓来拘牵他的脚。周代缀足是用燕几。

③宗：宗庙，这里指宗庙的墙。躐（liè）：越过。行：行神。古代五祀，以过道神为行神，神位在庙门西侧。毁宗躐行，殷代的人在祖庙行殡礼，到下葬的时候，毁去庙门西边的墙，然后从庙里拉出柩车。孔颖达认为，这是因为活着的时候出门，要设坛帀，向行神祷告，然后驱车经坛位而过，希望能得到行神的祝福，一路平安。出葬时，毁去西墙，又经过行神的坛位，同样是希望像生前一样，能得到行神的祝福。周代的人出葬和这不一样，在正寝行殡礼，及葬，然后移至祖庙，在前庭祖奠，最后拉到墓地下葬，进出都由门，所以没有毁宗躐行的事。

译文

年幼时称呼名，二十岁行过冠礼之后就称呼字，五十岁以后就按照他的排行，称他为伯为仲，死后称谥号，这是周代的制度。头上和腰间扎上麻绖，是用来表达内心真诚的哀思。在室内中央挖个坑来浴尸，毁掉灶而用灶砖来拘牵死者的脚；到了出葬的时候，毁掉庙墙，越过行神的坛位，不经中门就直接把柩车拉出，这是殷人举行丧礼的方式。而那些向孔子学习的人，也都跟着仿效殷人举行丧礼的方式。

原文

子柳之母死[1]，子硕请具[2]。子柳曰："何以哉?"子硕曰："请粥庶弟之母[3]。"子柳曰："如之何其粥人之母以葬其母也？不可!"既葬，子硕欲以赙布之馀具祭器[4]。子柳曰："不可，吾闻之也，君子不家于丧，请班诸兄弟之贫者[5]。"

注释

①子柳：鲁叔仲皮的儿子，是鲁国的卿。

②子硕：子柳的弟弟。具：指葬具。

③粥（yù）：同"鬻"，卖。庶弟之母：就是庶母。妾的地位很低贱，可以买卖。

④赙布：助丧的钱财。

⑤班：通"颁"，分给。

译文

子柳的母亲去世了，子硕请求置办葬具。子柳说："拿什么钱去置办葬具呢?"子硕说："把庶弟的母亲卖了。"子柳说："怎么能卖别人的母亲来葬自己的母亲呢？不能这样做。"下葬之后，子硕又想要用剩余的赙金置办祭器。子柳说："不能这样做，我听说，君子是不愿意靠丧事来谋取私利的，还是把剩余的赙金分给兄弟中贫困的人吧。"

原文

君子曰："谋人之军师，败则死之；谋人之邦邑，危则亡之。"

译文

君子说："指挥军队作战，如果打了败仗，就应该以身殉国。负责治理国家，如果使国家动荡不安，就应该受到斥责，受放逐的惩罚。"

原文

公叔文子升于瑕丘[①]，蘧伯玉从[②]。文子曰："乐哉斯丘也，死则我欲葬焉。"蘧伯玉曰："吾子乐之，则瑗请前[③]。"

注释

①公叔文子：卫献公的孙子，名拔，卫国大夫。瑕丘：古地名，即负瑕，世作负夏，春秋卫地。故城在今山东兖州西。

②蘧（qú）伯玉：名瑗，字伯玉，谥成子，卫国大夫。

③前：郑玄认为，这是讥讽文子想要侵占别人的良田。蘧伯玉以先死而葬，讥讽文子。

译文

公叔文子登上瑕丘，蘧伯玉也跟他一起登上去。文子说：“这座山丘风景真好，我死了，愿意葬在这里。”蘧伯玉说：“您这样喜欢这里，那么我愿死在您前面，抢先葬在这里。”

原文

弁人有其母死而孺子泣者[1]，孔子曰：“哀则哀矣，而难为继也。夫礼，为可传也，为可继也。故哭踊有节。”

译文

①弁：地名，在今山东泗水的下城。孺子泣：像婴儿一样地哭泣。指不依照礼的规定痛哭。

译文

弁地有人死了母亲，像婴儿一样尽情地痛哭。孔子说：“他这样做是尽情地表达他的悲哀感情了，但这不是一般人所能达到的。作为礼，是能普及大众的，是要人人都能做到的。所以说丧礼的哭泣是有一定节度的。”

原文

叔孙武叔之母死[1]，既小敛，举者出户[2]，出户袒[3]，且投其冠，括发。子游曰：“知礼[4]？”

注释

①叔孙武叔：公子牙六世孙，名州仇，谥武，鲁国大夫。

②出户：指出室户至堂上。上“出户”谓举尸者出户，下“出户袒”谓武叔。殓者举尸出户，而武叔犹冠随以出户，忽想到括发，乃投其冠，忽遽失节之甚。

③袒：指叔孙武叔解开衣袖，露出左臂。

④知礼：是讥讽叔孙武叔举止失礼。因为依礼袒及括发应在举尸出户之前。

译文

叔孙武叔的母亲去世了，小殓以后，举尸者把尸体抬出室户，叔孙武叔也跟着出户，急忙袒露左臂，再把戴的帽子甩掉，用麻束发。子游说：“这也算懂得礼吗？”

原文

扶君，卜人师扶右[①]，射人师扶左[②]。君薨以是举[③]。

注释

①卜人：仆人。师：长，首长。

②射人：官名，掌射法、射仪，凡是朝宴及射，掌导引百官坐到规定的位置上。

③君薨以是举：平时由仆人、射人依礼安排国君的服饰及位置，所以国君刚死时仍由他们抬尸体。以后各节的迁尸，都由丧祝一类的人担任。

译文

国君有病，搀扶国君的礼节应该是：仆人扶右边，射人扶左边。国君刚去世时，仍由他们抬尸体。

原文

从母之夫[1]，舅之妻，二夫人相为服[2]，君子未之言也。或曰：同爨缌[3]。

注释

①从母：母亲的姊妹。从母之夫，即姨夫。

②二夫人：应是“夫二人”之误。夫，此。姨夫、舅母的对方为甥。言甥与姨夫，甥与舅母，相互之间，均无服。但如甥寄居于姨母或舅家，同爨而食，则可互服缌服。按“从母之夫”“舅之妻”都是从甥的称呼说的，可见所指为甥与这两种人的“相为服”。旧说以为指姨夫与舅母二人相为服，非是。

③同爨：共同起火。缌：缌麻服，五种丧服中最轻的一种，服期三个月。

译文

甥对姨夫、甥对舅母，对这两种人相互应该服什么丧服，从前知礼的君子，都没有说。有人说：如果在一个锅里吃饭的话，就应该互为对方穿缌麻服。

原文

丧事，欲其纵纵尔[①]；吉事，欲其折折尔[②]。故丧事虽遽不陵节，吉事虽止不怠。故骚骚尔则野[③]，鼎鼎尔则小人[④]。君子盖犹犹尔[⑤]。

注释

①纵（zǒng）纵：急遽。

②折（tí）折：安舒。

③骚骚：急迫。

④鼎鼎：滞重不行。小人：指像小人一样不庄重。

⑤犹犹：缓急适中。

译文

办理丧事，都希望尽快地办好；筹办吉事，都想从从容容地办。所以丧事虽然急迫，却不能凌越节次，草率从事；吉事虽然舒缓，可以稍事停息，但不可以懈怠。因此，过分急迫了，就显得粗鄙失礼；过分拖沓了，就会像不懂礼节的小人一样太不庄重。明达礼仪的君子无论办丧事，还是办吉事，都能适中得体。

原文

丧具[①]，君子耻具[②]。一日二日而可为也者[③]，君子弗为也。

注释

①丧具：棺木、衣物等送丧的器具。

②具：预先全部置办。这里表示不愿意亲人很快离去。孔颖达说：“棺即预造，衣亦渐制，但不一时顿具，故（王制）云：‘六十岁制，七十时制，八十月制，九十日修，惟绞紟衾冒，死而后制。’是也。”

③一日二日而可为也者：指绞紟衾冒等可以在长辈死了以后赶制出来的东西。

译文

送死的棺木、衣物等，君子是不愿意预先置办齐全的。那些一两天内可以赶制出来的送死的东西，君子是绝对不预先置办好的。

原文

丧服：兄弟之子犹子也[①]，盖引而进之也；嫂叔之无服也，盖推而远之也；姑、姊妹之薄也，盖有受我而厚之者也[②]。

注释

①犹子：服期和为众子的一样，并不是比照长子。因为父为长子，要斩衰三年。

②姑、姊妹：姑、姊妹没出嫁时，应该为她们服丧一年。如果嫁了人，就应降等而服大功。因为如果出嫁了就是异姓人家的人，一年的服就移转到夫婿的身上。故夫为妻期。

译文

按丧服的规定：兄弟的儿子就和自己的众子一样，服丧一年，这样是为了加深伯叔侄间的感情而使之更亲近些；嫂叔之间无服，这样是为了避免嫌疑而推得更疏远些；姑、姊妹出嫁以后，降等服大功，这样做是为了让娶她的人一并将深恩重服承受过去。

原文

食于有丧者之侧，未尝饱也。

译文

在有丧服的人旁边用膳，从来就没有吃饱过。

原文

曾子与客立于门侧，其徒趋而出。曾子曰："尔将何之?"曰:"吾父死，将出哭于巷[①]。"曰:"反,哭于尔次[②]。"曾子北面而吊焉[③]。

注释

①哭于巷：弟子在曾子家学习，闻丧后，不能立即奔丧，又不敢在老师家里哭，因此跑到巷里去哭。

②次：指弟子寄宿的房间。

③北面：是宾位。

译文

曾子和客人站在大门旁边，有个弟子快步走出门去。曾子问他：“你要上哪儿去？”弟子说：“我父亲去世了，我正要到巷子里去哭。”曾子说：“回到你自己的房间里去哭吧。”然后曾子北面就宾位向他致吊。

原文

孔子曰：“之死而致死之①，不仁而不可为也；之死而致生之②，不知而不可为也。是故竹不成用，瓦不成味③，木不成斫，琴瑟张而不平，竽笙备而不和，有钟磬而无簨虡④，其曰明器，神明之也。”

注释

①之死：送死者。致死之：看作他无知。

②致生之：看作他是活人。

③味：郑玄注，当作“沬”。沬，洗脸。

④磬（qìng）：一种敲击乐器。用玉、石为材料。簨（sǔn）虡（jù）：悬钟磬的木架。横木称“簨”，木柱称“虡”。

译文

孔子说：“送葬而看作他全无知觉，这太缺乏仁爱之心了，不能这样做；送葬而看作他还像活人那样，那又太缺少理智了，也不能这样做。因此作为陪葬的明器应该是这样的：竹器没边框，不好使用；陶器没有烧过，不能盛水洗脸；木器没有加工过，不好使用；

琴瑟张了弦，但没有调正，不能弹；竽笙齐备了，但音调却不调和，不能吹；有了钟磬，但没有木架，不能敲。这样的器物就称作‘明器’，意思是把死者当作神明来侍奉。”

原文

有子问于曾子曰：“问丧于夫子乎[1]？”曰：“闻之矣：丧欲速贫，死欲速朽。”有子曰：“是非君子之言也。”曾子曰：“参也闻诸夫子也。”有子又曰：“是非君子之言也。”曾子曰：“参也与子游闻之。”有子曰：“然，然则夫子有为言之也。”曾子以斯言告于子游。子游曰：“甚哉，有子之言似夫子也。昔者夫子居于宋，见桓司马自为石椁[2]，三年而不成。夫子曰：‘若是其靡也，死不如速朽之愈也。’死之欲速朽，为桓司马言之也。南宫敬叔反[3]，必载宝而朝。夫子曰：‘若是其货也，丧不如速贫之愈也。’丧之欲速贫，为敬叔言之也。”

注释

①问：《释文》说：“问，或作闻。”丧（sàng）：仕而失去官职。

②桓司马：向魋，一名桓魋，宋大夫。司马，官名。

③南宫敬叔：孟僖子的儿子仲孙阅，一名说，鲁大夫。

译文

有子问曾子：“你听到过老师说失去官职以后该怎么办吗？”曾子说：“我听他提到过这件事，仕而失去了官职，最好要尽快贫困下

来；死了，最好是快点烂掉。”有子说：“这不像德行高尚的君子说的话。”曾子说：“这是我亲耳从老师那里听到的。”有子仍然说：“这不像德行高尚的君子说的话。”曾子说：“我和子游都听到这句话的。”有子说：“是的，但那一定是老师针对什么特定的事情而说的。”曾子把这些话告诉子游，子游说：“真是了不得，有子的口气真像老师。以前，老师在宋国，看到桓司马亲自设计石椁，匠人用了三年时间还没有琢磨成功。老师就说：‘一个人死了，如果要像这样靡费，那还不如快点腐烂。’人死了，最好快点烂掉的话，那是针对桓司马说的。南宫敬叔失去了官职以后，每次回朝，总是带着财物宝货来，谋求官位。老师见了就说：‘如果像他这样用许多财物宝货来谋求官位，那么在失去官职以后，还不如尽快贫困的好。’失去官职，最好尽快贫困的话，是针对南宫敬叔说的。”

原文

曾子以子游之言告于有子，有子曰：“然，吾固曰‘非夫子之言也’。”曾子曰：“子何以知之?”有子曰：“夫子制于中都[①]，四寸之棺，五寸之椁，以斯知不欲速朽也。昔者夫子失鲁司寇，将之荆[②]，盖先之以子夏，又申之以冉有，以斯知不欲速贫也。”

注释

①中都：鲁邑，在今山东汶上西。鲁定公九年（公元前 501 年），孔子五十岁，当时孔子为中都宰。

②荆：即楚国，都城在郢，今湖北江陵西北。

译文

曾子把子游的话告诉了有子，有子说："这就对了，我本来就说'这不是老师的主张'。"曾子说："你是怎么知道的?"有子说："老师曾在中都制定下法度，棺要厚四寸，椁要厚五寸，凭这我知道老师不主张人死了要尽快腐烂。当年老师失去鲁国司寇的职位，将到楚国去之前，先派子夏去楚国观察，紧接着又派冉有去，凭这我知道老师不主张失去官职后就迅速贫困。"

王 制

原文

王者之制禄爵[1]，公、侯、伯、子、男，凡五等。诸侯之上大夫卿、下大夫、上士、中士、下士，凡五等[2]。天子之田方千里[3]，公、侯田方百里，伯七十里，子、男五十里。不能五十里者，不合于天子，附于诸侯，曰附庸[4]。天子之三公之田视公、侯，天子之卿视伯，天子之大夫视子、男，天子之元士视附庸[5]。

注释

①禄：俸禄。爵：爵位。

②上大夫卿：诸侯的卿均为上大夫，故上大夫、卿合为一等。

③田：禄田，指收取租税作为俸禄的土地。

④附庸：禄田不足五十里见方的小诸侯，归附于附近的大诸侯，不直接受命于天子，叫附庸国。

⑤元士：上士。

译文

天子制定臣下的俸禄和爵位，分为公、侯、伯、子、男，共五等。诸侯制定的臣属的俸禄和爵位，分为上大夫即卿、下大夫、上士、中士、下士，共五等。天子的禄田方圆一千里，公、侯的禄田方圆一百里，伯的禄田方圆七十里，子、男的禄田方圆五十里。禄田方圆不足五十里的小诸侯，不直接归属天子统辖，依附于邻近的诸侯，叫附庸。天子的三公的禄田等同于公、侯，天子的卿的禄田等同于伯，天子的大夫的禄田等同于子、男，天子的上士的禄田等同于诸侯的附庸。

原文

制：农田百亩。百亩之分。上农夫食九人[①]，其次食八人，其次食七人[②]，其次食六人，下农夫食五人。庶人在官者[③]，其禄以是为差也。诸侯之下士视上农夫，禄足以代其耕也。中士倍下士，上士倍中士，下大夫倍上士，卿四大夫禄，君十卿禄。次国之卿三大夫禄[④]，君十卿禄。小国之卿倍大夫禄，君十卿禄。次国之上卿，位当大国之中，中当其下，下当其上大夫。小国之上卿，位当大国之下卿，中当其上大夫，下当其下大夫。其有中士、下士者，数各居其上之三分。[⑤]

注释

①上农夫：指耕种上等田地的农夫。以耕种的土地土质肥瘠农夫分成上、中、下三等。

②其次食七人：《孟子·万章下》作“中食七人”。

③庶人在官者：指平民在官府里有公务的。

④次国：指中等诸侯国。

⑤“其有”二句：此为错简，当移至下文“天子三公，九卿”节末。今不译。

译文

国家规定：一百亩农田为一个使用单位。根据各处农田的土质肥瘠分成五等，上等农夫每一百亩田养活九人，稍次一些的养活八人，再次一些的养活七人，更次一些的养活六人，下等农夫每一百亩养活五人。平民在官府做公务的，他们的俸禄也参照这五个等级的田地。大诸侯国的下士的俸禄比照上等农夫，使他们的俸禄能够抵得上耕种所得的收获。中士的俸禄是下士的两倍，上士是中士的两倍，下大夫是上士的两倍，大国的卿的俸禄是大夫的四倍，国君的俸禄是卿的十倍。中等诸侯国的卿的俸禄是大夫的三倍，国君的俸禄是卿的十倍。小国的卿的俸禄是大夫的两倍，国君的俸禄是卿的十倍。中等诸侯国的上卿，地位相当于大国的中卿；中卿相当于大国的下卿；下卿相当于大国的上大夫，小国的上卿，地位相当于大国的下卿；中卿相当于大国的上大夫；下卿相当于大国的下大夫。

原文

凡四海之内九州[①]，州方千里。州建百里之国三十，七十里之国六十，五十里之国百有二十，凡二百一十国。名山大泽不以封。其馀以为附庸闲田[②]。八州[③]，州二百一十国。天子之县内[④]，方百里之国九，七十里之国二十有一，五十里之国六十有三，凡九十三国。名山大泽不以朌[⑤]。其馀以禄士，以为闲田。凡九州，千七百七十三国，天子之元士、诸侯之附庸不与[⑥]。

注释

①四海之内：古人意念中的陆地为方形，四周有海，故以四海之内指天下。

②闲田：留作备用的土地。

③八州：天下共九州，除去中央一州为天子王畿，故云八州。

④天子之县内：指天子王畿所在的一州。

⑤朌：犹分封。但封地可以世袭，而朌地不能世袭。

⑥不与：不计算在内。

译文

天下一共有九个州，每个州一千里见方。每州之内分封一百里见方的大诸侯国三十个，七十里见方的中等诸侯国六十个，五十里见方的小诸侯国一百二十个，一共二百一十个诸侯国。名山大泽不分封给诸侯。剩余之地就作为附庸，或者闲置备用。这样的州一共八个，每个州都是二百一十个诸侯国。天子王畿所在的州，只分封一百里见方的大诸侯国九个，七十里见方的中等诸侯国二十一个，五十里见方的小诸侯国六十三个，一共是九十三个国。名山大泽不分给诸侯。剩余的地作为士的禄田或闲置备用。九个州一共有一千七百七十三个国，而天子的上士的封地、诸侯的附庸都不算在里边。

原文

天子百里之内以共官[①]，千里之内以为御[②]。千里之外设方伯[③]。五国以为属，属有长；十国以为连，连有帅；三十国以为卒，卒有正；二百一十国以为州，州有伯。八州，八伯，五十六正，百六十八帅，三百三十六长。八伯各以其属属于天子之老二人，分天下以为左右，曰二伯[④]。千里之内曰甸[⑤]，千里之外曰采、曰流[⑥]。

注释

①百里之内：天子的王城百里见方。共官：指天子所设官府的各种开销。

②御：指王宫中的各项开销。

③方伯：管理一州的行政长官，即州牧。

④二伯：管理四州的行政长官，位在方伯之上。

⑤甸：此据《禹贡》"五百里曰甸"而称，由王城向外五百里，则是千里见方。

⑥采、流：均指王畿之外的地域。距王畿较近处为采，赋税不入于天子，只进贡土特产；距王畿遥远之地为流，进贡与否无定数。

译文

天子百里见方的王城之内，所入赋税用作官府的各项开销。王城之外的千里见方之地，所入赋税用作王宫的日用开销。千里见方的王畿以外的各个州，每州设一长，称为方伯。一州之中，五个诸侯国为一属，设一属长；十个诸侯国为一连，设一连帅；三十个诸侯国为一卒，设一卒正；二百一十个诸侯国为一州，设一方伯。八州有八个方伯，五十六个卒正，一百六十个连帅，三百三十六个属长。八个方伯各自统辖自己州内的诸侯又受天子的二老统领。二老分管左右各四州，称作二伯。千里见方的王畿也可统称为甸；王畿以外的地方，近的叫作采，远的叫作流。

原文

天子三公，九卿，二十七大夫，八十一元士。大国三卿皆命于天子，下大夫五人，上士二十七人。次国三卿，二卿命于天子，一卿命于其君，下大夫五人，上士

二十七人。小国二卿皆命于其君[1]，下大夫五人，上士二十七人[2]。

注释

①小国二卿皆命于其君：郑玄注："小国亦三卿，一卿命于天子，二卿命于其君。此文似有误。"揣文句之例，当依郑注改正。

②此句下应有"其有中士、下士者，数各居其上之三分"。原错在上文，今移于此，并依改正后译。孙希旦说，天子、诸侯的中士之数均为上士的三倍，下士又为中士的三倍。如天子有八十一元士，则有二百四十三中士，七百二十九下士。依孙说，则"分"为"倍"字之误。

译文

天子的官属，有三公，九卿，二十七大夫，八十一上士。大诸侯国的官属，有三卿，都由天子直接任命，五个下大夫，二十七个上士。中等诸侯国的官属，有三卿，其中两个是由天子直接任命的，一个是国君任命的，五个下大夫，二十七个上士。小诸侯国的官属，有三卿，其中一个是由天子直接任命的，其余两个是国君任命的，五个下大夫，二十七个上士。至于天子、诸侯的中士和下士，其数量各为上级官员的三倍。

原文

天子使其大夫为三监[1]，监于方伯之国[2]，国三人。天子之县内诸侯，禄也；外诸侯，嗣也。[3]制：三公一命卷[4]，若有加，则赐也[5]，不过九命。次国之君不过七命，小国之君不过五命，大国之卿不过三命，下卿再命，小国之卿与下大夫一命。

注释

①监：监察。监察方伯治理一州的政务，每个方伯的封地派遣三人，故称“三监”。

②方伯之国：担任方伯的诸侯的封地。

③“天子之县”四句：这段文字似为上文的解释。禄，禄田，在官时作为俸禄，退职后须缴还。嗣，指可以世袭的封地。

④三公一命卷：三公本为八命，加赐一命则为九命，可以穿衮龙衣。卷，卷冕，即衮龙衣。

⑤若有加，则赐也：三公以九命为限，若再加恩赐，只特赐器物，而不加命数。

译文

天子任命他的大夫做三监，到各个方伯的封地去监察方伯的政务。每个方伯的封地派遣三人。天子王畿内的诸侯封地，是作为禄田分给的，不能世袭；而王畿外的诸侯封地是可以世袭的。命服的规定：三公加赐一命可以穿衮龙衣，如再遇恩宠，只特赐器物而不加命数，因为不能超过九命。中等诸侯的国君不得超过七命，小诸侯国的国君不得超过五命。大诸侯国的卿，不得超过三命；下卿不得超过二命；小诸侯国的卿和下大夫都是一命。

原文

凡官民材[①]，必先论之[②]，论辨然后使之[③]，任事然后爵之，位定然后禄之。爵人于朝，与士共之；刑人于市，与众弃之。是故公家不畜刑人[④]，大夫弗养，士遇之涂弗与言也。屏之四方[⑤]，唯其所之，不及以政[⑥]，亦弗故生也[⑦]。

注释

①民材：平民中有才能的人。

②论：考察。

③辨：明白，清楚。

④畜：养育。此指收留为家仆。

⑤屏：摒弃，即流放的意思。

⑥政：指征役。

⑦故：王引之《经义述闻》云，“故”当作“欲”。

译文

凡是选用平民中有才能的人做官，必定要先考察他，考察明白之后再试用；若能胜任其事，再授予相应的爵位；爵位既定，然后给予相应的俸禄。在朝廷上确定一个人的爵位，让士卿等共同参加，以示公正无私；在闹市上处决犯人，让众人都厌弃他，以示刑法严明。所以公卿的家里不使用受过刑的人，大夫也不收留受过刑的人，士在路上碰到受过刑的人也不和他说话。把受过刑的人流放到边远地区，随便他们到哪儿去，国家也不向他们征役，就是不要他们活在世上的意思。

原文

诸侯之于天子也，比年一小聘[①]，三年一大聘，五年一朝[②]。

注释

①小聘：诸侯派大夫为使节聘问天子。派卿为使节则为大聘。

②朝：诸侯亲自朝见天子。

译文

诸侯对天子，每年派大夫去聘问一次，每三年派卿去聘问一次，每五年诸侯亲自朝见一次。

原文

天子五年一巡守[①]。岁二月东巡守，至于岱宗[②]，柴而望祀山川[③]，觐诸侯[④]，问百年者就见之[⑤]。命大师陈诗[⑥]，以观民风；命市纳贾[⑦]，以观民之所好恶，志淫好辟[⑧]；命典礼考时、月，定日，同律、礼乐、制度、衣服[⑨]，正之。山川神祇有不举者为不敬，不敬者君削以地；宗庙有不顺者为不孝[⑩]，不孝者君绌以爵；变礼易乐者为不从，不从者君流；革制度衣服者为畔[⑪]，畔者君讨。有功德于民者，加地进律[⑫]。

注释

①巡守：天子出外巡视。

②岱宗：指东岳泰山。泰山为五岳之首，故称岱宗。

③柴：加玉帛牛牲于柴堆上焚烧，以祭祀上帝。望祀山川：面对着大山大川的方向祭祀，不到山川之上祭祀。

④觐：接受诸侯朝见。

⑤问百年者：拜访年近百岁的老人，以示尊老。

⑥大师：即太师，诸侯国掌管音乐的官。诗：指民歌民谣。

⑦贾：通“价”，物价。

⑧志淫好辟：如果民风不正，所喜爱的都是不实用的邪辟之物。

⑨同律：指音乐的声调音高。十二律中阴声为同，阳声为律。

⑩宗庙有不顺者：指宗庙左昭右穆排列不当或祭祀不依顺序或时节。

⑪畔：通“叛”。

⑫进律：犹言进级。

译文

天子每隔五年出外巡察一次。巡察的那一年二月出发，先到东岳泰山，在山上用柴祭天，又望祀当地的大山大川，接受东方各诸侯的觐见，登门拜访问候当地年近百岁的老人。命令诸侯国掌管音乐的太师进呈当地的民歌民谣，从而考察人民的风化习俗。命令管理市场的官员进呈当地的物价，从而了解人民所喜爱和嫌弃的物品，如果民风不正，那么人民喜欢的都是邪辟之物。命令掌管礼典的官员，校订当地的季节、月份、日期，并对音律、五礼六乐、各种制度和衣服式样等进行订正。山川及各种神灵没有全部祭祀就是不敬，有不敬的，国君就被削减封地。宗庙排列和祭祀不按顺序就是不孝，有不孝的，国君就被降低爵位。随便改换礼乐就是不服从，有不服从的，国君就要被流放驱逐。擅自变革制度服饰就是反叛，有反叛的，国君就要被讨伐。对人民有功德的国君，就给他加封土地或进级。

原文

五月南巡守，至于南岳，如东巡守之礼。八月西巡守，至于西岳，如南巡守之礼。十有一月北巡守，至于北岳，如西巡守之礼。归假于祖祢①，用特②。

注释

①假：至。祖：指太祖庙、高祖庙、曾祖庙、祖父庙。祢：父庙。

②特：特牲，即牺牲。

译文

五月向南巡察，到达南岳衡山，所行礼节与在东岳一样。八月向西巡察，到达西岳华山，所行礼节与在南岳一样。十一月向北巡察，到达北岳恒山，所行礼节与在西岳一样。巡察结束回宫后，到各祖庙和父庙祭祀告归，用特牲。

原文

天子将出①，类乎上帝，宜乎社，造乎祢。②诸侯将出，宜乎社，造乎祢。天子无事③，与诸侯相见曰朝。考礼、正刑、一德④，以尊于天子。天子赐诸侯乐⑤，则以柷将之⑥；赐伯、子、男乐，则以鼗将之⑦。诸侯，赐弓矢然后征，赐铁钺然后杀⑧，赐圭瓒然后为鬯⑨，未赐圭瓒，则资鬯于天子。

注释

①出：指出王畿巡察或率兵征伐。

②类、宜、造：均为祭名，其礼无考。祢：泛指宗庙。

③无事：指无征伐之事。

④一德：统一道德规范。

⑤乐：指成套的乐器。

⑥柷（zhù）：古乐器，形如方漆桶，边长二尺四寸，深一尺八寸，中有椎，以椎击底而有声。开始奏乐时先击柷。将：执物以致辞。古代以多件物品送人，不一一授给，而以其中之一物作为代表物授予。

⑦鼗（táo）：有柄的小鼓，两旁有耳坠，形如拨浪鼓。乐曲终了时，摇之以止乐。

⑧铁（fū）钺（yuè）：军法用以刑杀的斧子。

⑨圭瓒（zàn）：祭祀时用来酌郁鬯的勺子，以玉圭为柄，黄金为勺身。鬯：用秬黍酿成的香酒。

译文

天子将外出，要祭祀上帝、社稷、宗庙。诸侯将外出，要祭祀社稷和宗庙。天子不是为了征伐之事而与诸侯相见统称为"朝"。朝，可以考校礼仪，订正刑法，统一道德规范，使诸侯尊崇天子。天子把成套的乐器赏赐给诸侯时，用柷作为代表物授予诸侯。天子赏给伯、子、男乐器时，用鼗鼓为代表物授予被赐者。诸侯被天子赏赐了弓矢后，才有权力征伐；被赏赐了铁钺，才有权力刑杀；被赏赐了圭瓒，才能自己酿造鬯酒；如果没有被赏赐圭瓒，就等待天子资助鬯酒。

原文

天子命之教，然后为学。小学在公宫南之左，大学在郊。天子曰辟廱[①]，诸侯曰頖宫[②]。

注释

①辟廱：周代天子为世子及贵族子弟设立的大学，四周有水环绕，形如璧，故称。

②頖（pàn）宫：诸侯为世子及贵族子弟设立的大学，东西两门以南有水半环，故称。頖，同“泮”。

译文

天子命令办教育，然后才设立学校。小学设在王宫的东南，大学设在郊外。天子的大学叫辟廱，诸侯的大学叫頖宫。

原文

天子将出征，类乎上帝，宜乎社，造乎祢，祃于所征之地[1]；受命于祖，受成于学[2]。出征执有罪，反，释奠于学[3]，以讯馘告[4]。

注释

①祃：战前祭祀始造军法者，以壮军威。

②成：指战术计谋。

③释奠：学宫中祭祀先师之礼，设荐馔而酌奠。

④讯：指俘虏。馘（guó）：割取被杀死的敌兵的左耳。

译文

天子将出征，先祭祀上帝、社稷、宗庙；开战前在阵地上祭祀造军法的人，以壮军威；出发前在祖庙中接受祖先的征伐命令，到大学里听取先师的计谋。出征就是要捉拿那些有罪的人。征伐回来后，再到大学里设奠祭祀先师，报告捕获的俘虏和杀死敌人的数目。

原文

天子、诸侯无事，则岁三田。一为干豆①，二为宾客，三为充君之庖。无事而不田曰不敬，田不以礼曰暴天物。天子不合围，诸侯不掩群。天子杀则下大绥②，诸侯杀则下小绥③，大夫杀则止佐车④，佐车止则百姓田猎。獭祭鱼⑤，然后虞人入泽梁⑥。豺祭兽⑦，然后田猎。鸠化为鹰⑧，然后设罻罗⑨。草木零落⑩，然后入山林。昆虫未蛰，不以火田⑪。不麛⑫，不卵，不杀胎，不殀夭⑬，不覆巢。

注释

①干豆：泛指祭祀所用的干湿肉物。

②大绥：天子田猎时的指挥旗。

③小绥：诸侯田猎时的指挥旗。

④佐车：协助驱赶野兽的车。

⑤獭祭鱼：正月解冻后，水獭开始捕食鱼类，古人因以代指正月。见《礼记·月令》及《大戴礼记·夏小正》。

⑥虞人：掌管川泽政令的官。梁：为捕鱼而筑的水坝。

⑦豺祭兽：指九月底至十月初。

⑧鸠化为鹰：《礼记·月令》二月有“鹰化为鸠”之文，前人多据此推算“鸠化为鹰”在八月。

⑨罻：捕取飞鸟的网。罗：捕取走兽的网。

⑩草木零落：指十月。

⑪火田：放火焚烧枯草将野兽驱赶出来再捕猎。

⑫麛：幼鹿。泛指幼兽。

⑬殀（yāo）：杀。夭：指未成年的小兽。

译文

天子、诸侯在没有战争的时候，每年田猎三次。首先为祭祀准备供品，再次为招待宾客准备菜肴，第三才是为充实天子、诸侯日常膳食所用。没有特殊的情况而不举行田猎就是不敬；田猎时不按规定杀戮野兽就是损害天物。田猎的规定：天子不能把四面都包围起来打猎，诸侯不能把整群的野兽杀光。天子猎取后便放下指挥的大旗，诸侯猎取后放下指挥的小旗，大夫猎取后就命令副车停止追赶，副车停下后，百姓开始打猎。正月以后，渔人才可到川泽里捕鱼。九月以后，才能举行田猎。八月以后，才能张网捕飞鸟。秋后草木黄落，才能进入山林采伐。昆虫未蛰居地下之前，不能放火烧野草而猎取野兽。田猎时不能捕杀幼兽，不取鸟卵，不杀怀胎的母兽，不杀小兽，不掀翻鸟巢。

原文

冢宰制国用①，必于岁之杪②。五谷皆入，然后制国用。用地小大，视年之丰秏③。以三十年之通制国用④，量入以为出。祭用数之仂⑤。丧三年不祭，唯祭天地社稷，为越绋而行事⑥，丧用三年之仂。丧祭，用不足曰暴，有馀曰浩。祭，丰年不奢，凶年不俭。

注释

①冢宰：即太宰，总理政务之官，位仅次于天子。

②岁之杪：年终。

③秏：荒年。

④三十年之通：三十年收入的平均数。这样每年的总预算就不受当年收成的影响。

⑤仂：十分之一。

⑥绋：牵引柩车的绳索。未葬以前，系于輴车，以备火灾。此处泛指丧事。越绋，指不受丧事的限制。

译文

太宰编制下一年的国家开支总预算，必定在年终进行。因为要等五谷入库之后才能编制预算。根据国土大小和年成好坏，用三十年收入的平均数作依据制定预算，根据收入的多少预算开支。祭祀所用，占每年收入的十分之一。遇有父母之丧，服丧的三年中不祭宗庙，只有祭天地、社稷不受丧事的限制，照常举行，所以丧事的开支也可以用三年收入的平均数的十分之一。丧事和祭祀的开支超出预算的就叫“暴”，用后有余叫作“浩”。祭祀不能因丰年而奢华，不能因荒年而节俭。

原文

国无九年之蓄曰不足①，无六年之蓄曰急，无三年之蓄曰国非其国也。三年耕，必有一年之食。九年耕，必有三年之食。以三十年之通，虽有凶旱水溢，民无菜色②，然后天子食，日举以乐③。

注释

①九年之蓄：耕种九年而积余的粮食。

②菜色：因挨饿而面黄肌瘦。

③举：杀牲为盛馔。

译文

一个国家没有九年的积蓄，可以说是不富足；没有六年的积蓄，可以说是拮据；没有三年的积蓄，就不像个国家了。耕种三年，必定有一年的余粮；耕种九年，必定有三年的余粮。以三十年的平均收入来制定预算，即使遇到饥荒水旱等灾害，老百姓也不会挨饿。达到这样的水平后，天子的膳食，可以每天宰杀牲畜，吃饭时也可以奏乐了。

原文

天子七日而殡[①]，七月而葬[②]。诸侯五日而殡，五月而葬。大夫、士、庶人三日而殡，三月而葬。三年之丧，自天子达。庶人县封[③]，葬不为雨止，不封不树[④]。丧不贰事[⑤]，自天子达于庶人。丧从死者，祭从生者。支子不祭[⑥]。

注释

①殡：将棺柩暂时浅埋在正寝堂西。

②葬：将棺柩埋于墓地。

③县封："县"通"悬"，"封"当作"窆"。悬窆，用绳索将棺柩悬坠入墓坑中，不用碑。

④封：堆土为坟丘。

⑤贰事：做别的事情，此指做官、当差等。

⑥支子：嫡长子之外的儿子。

译文

天子死后七天入殡，第七个月入葬。诸侯死后五天入殡，第五个月入葬。大夫、士及平民死后三天入殡，第三个月入葬。为父母守丧三年，从天子到平民都是一样。平民下葬时，用绳索把棺柩悬吊入坑内，埋葬之事不因下雨而停止，墓穴之上不堆土为坟，也不种树。服丧期间不做别的事情，从天子到平民都一样。丧事的规格根据死者的爵位而定，而祭祀的规格要根据主持祭祀者的爵位而定。不是嫡长子就不能主持祭祀。

原文

天子七庙：三昭三穆①，与大祖之庙而七②。诸侯五庙：二昭二穆，与大祖之庙而五。大夫三庙：一昭一穆，与大祖之庙而三。士一庙③。庶人祭于寝。

注释

①昭、穆：古代宗庙排列法，左为昭庙，右为穆庙，太祖庙居中。若父为昭则子为穆，父为穆则子为昭。

②大祖之庙：即太祖之庙，远祖庙，始祖庙。周代天子以后稷为始祖，诸侯、大夫则以始封之君为太祖，无庙的祖宗亦入太祖庙。

③士一庙：士合远祖及高祖以下祖宗于一庙。

译文

天子设立七庙：文王世室、高祖、祖父三个昭庙，武王世室、曾祖、父三个穆庙，加上一个太祖庙，共七庙。诸侯为祖宗立五庙：高祖、祖父二个昭庙，曾祖、父二个穆庙，加上太祖庙，共五庙。

大夫为祖宗立三庙：一个昭庙，一个穆庙，加上太祖庙，共三庙。士只设一庙。平民无庙，祭祀祖宗就在居室内进行。

原文

天子、诸侯宗庙之祭，春曰礿，夏曰禘[①]，秋曰尝，冬曰烝。天子祭天地，诸侯祭社稷，大夫祭五祀[②]。天子祭天下名山大川，五岳视三公[③]，四渎视诸侯[④]。诸侯祭名山大川之在其地者。天子、诸侯祭因国之在其地而无主后者[⑤]。天子犆礿[⑥]，祫禘[⑦]，祫尝，祫烝。诸侯礿则不禘，禘则不尝，尝则不烝，烝则不礿。[⑧]诸侯礿犆，禘，一犆一祫，[⑨]尝祫，烝祫。

注释

①春曰礿，夏曰禘：郑玄认为这是夏、殷两代四时祭的名称，周代改为春禘、夏礿，而汉改为大祭宗庙的名称，又为郊禘祭天之礼的名称。

②五祀：五种小祭祀。即祭门神、灶神、行神、户神、中雷神。

③视三公：指用享三公的九献之礼及牲牢礼器之数。

④四渎：长江、黄河、淮河、济河。古时这四条河都独自流入海。视诸侯：指用七献之礼。

⑤因国：已经覆亡的古国。

⑥犆：同特。各庙分别祭祀。与合祭之“祫”相对。犆祫，春时遍祭各庙。

⑦祫：合祭。将各庙的神主集中到太祖庙中一起祭祀。这一段里的“祫”，均指祭祀方式。祫禘，言夏祭时各庙合于太祖庙同祭，可以节省劳力及物力。下文“尝祫”“烝祫”，文虽倒，义则同。

⑧“诸侯”四句：诸侯每年须参加一次天子的宗庙祭祀，所以四时祭只举行三次。

⑨禘，一犆一祫：诸侯夏时祭，一年遍祭各庙，一年合祭，轮换进行。

译文

天子、诸侯宗庙四时祭：春祭叫礿，夏祭叫禘，秋祭叫尝，冬祭叫烝。天子祭祀天神、地祇及其他大小神灵；诸侯祭祀土神、谷神及其他神灵；大夫祭祀门神、灶神、行神、户神、中霤神等五种小神。天子祭祀天下的名山大川，祭祀五岳用享三公的九献礼，祭祀四渎用享诸侯的七献礼。诸侯只祭祀在自己封地内的名山大川。天子、诸侯都要祭祀境内已经灭亡又没有后嗣的古国先君。天子的春祭是分别遍祭各庙，夏祭、秋祭、冬祭都是合祭。诸侯每年只举行三次时祭，如举行春礿，就不举行夏禘；举行夏禘就不举行秋尝；举行秋尝就不举行冬烝；举行冬烝就不举行春礿。诸侯的春礿是分别遍祭各庙，夏祭则一年分别遍祭各庙，一年合祭群庙，秋祭和冬祭都是合祭群庙。

原文

天子社稷皆大牢，诸侯社稷皆少牢。大夫、士宗庙之祭，有田则祭，无田则荐[①]。庶人春荐韭，夏荐麦，秋荐黍，冬荐稻。韭以卵，麦以鱼，黍以豚，稻以雁[②]。祭天地之牛角茧栗，宗庙之牛角握，宾客之牛角尺。诸侯无故不杀牛[③]，大夫无故不杀羊，士无故不杀犬豕，庶人无故不食珍[④]。庶羞不逾牲，燕衣不逾祭服，寝不逾庙。

注释

①无田：指失去官职而无禄田。荐：供献时鲜祭品，其礼称荐新，不如四时祭隆重。

②雁：鹅。

③无故：指没有祭祀活动。

④珍：时鲜物品。

译文

天子祭祀土神和谷神用牛、羊、猪三牲，诸侯祭祀土神和谷神用羊、猪二牲。大夫和士祭祀宗庙，有封地的用祭礼，没有封地的用荐礼。平民一般祭祀祖宗，春天荐祭韭菜，夏天荐祭麦，秋天荐祭黍，冬天荐祭稻。韭菜配以鸡蛋，麦配以鱼，黍配以小猪，稻配以鹅。祭祀天神地祇用小牛，牛角只能有蚕茧或栗子大小；祭祀宗庙用中牛，牛角可以有一握粗；宴享宾客用大牛，牛角一尺多长也行。如果不是为了祭祀，诸侯不能杀牛做膳食，大夫不能杀羊做膳食，士不能杀狗或猪做膳食，平民不能吃时鲜美味。平常吃的菜肴不能比祭祀用的牲宰好，平常穿的衣服不能比祭祀的礼服好，平常居住的房屋不能比宗庙好。

原文

古者公田藉而不税[①]，市廛而不税，关讥而不征[②]，林麓川泽以时入而不禁。夫圭田无征[③]。用民之力，岁不过三日。田里不粥[④]，墓地不请[⑤]。

注释

①公田藉而不税：夏、殷二代实行劳役地租，租种者须耕种公田，公田的收获归土地所有者。

②讥：稽查。

③夫：余夫。每个农家以一人为正夫，其余的劳动力为余夫。圭田：卿大夫禄田以外的田，其收获作为祭祀专用。

④粥（yù）：变卖。

⑤墓地不请：周代有公共墓地，以族为单位安葬。

译文

古时候，农夫都锄耕公田，不另缴田租；市场上，商贩缴纳地皮税后，不再缴所得税；物品出入关口，只稽查是否违禁，而不抽关税。在规定的时限内进入山林川泽采伐渔猎，就不加禁止。余夫耕种卿大夫的圭田也不必缴税。分派平民服劳役，每人每年不超过三天。公家分配的农田和宅地不准买卖。国家有公共墓地，不得申请别处安葬。

原文

司空执度[①]，度地居民，山川沮泽[②]，时四时，量地远近，兴事任力。凡使民，任老者之事，食壮者之食。凡居民材，必因天地寒暖燥湿。广谷大川异制，民生其间者异俗：刚柔、轻重、迟速异齐[③]，五味异和，器械异制，衣服异宜。修其教，不易其俗；齐其政，不易其宜。

注释

①司空：管理百工，负责营造等事的官。度：指测量土地的工具。

②沮：低洼潮湿之地。

③齐：等同。

译文

司空掌管用度，测量土地安置人民，观测山陵、河川、低湿地、沼泽的地势，测定四季的气候寒暖，测量土地的远近，建造都邑，分派劳役。凡役使人民，按老年人能担任的标准分派任务，而按青壮年的标准分发给养。凡是储备用以安置人民的物品，必须根据居住地的气候寒暖和地势高下决定。如大峡谷两边与大河两岸的气候和地势不一样，两地人民的风俗就不同：性格的刚柔、身体的轻重、行动的快慢都不一样，口味各有偏爱，器具形制各异，衣服式样质料各有所宜。对人民重在教化，不必改变他们的风俗；重在统一刑政，不必改变他们原有的习俗。

原文

中国戎夷五方之民[①]，皆有性也，不可推移。东方曰夷，被发文身[②]，有不火食者矣。南方曰蛮，雕题交趾[③]，有不火食者矣。西方曰戎，被发衣皮，有不粒食者矣[④]。北方曰狄，衣羽毛穴居，有不粒食者矣。中国、夷、蛮、戎、狄，皆有安居、和味、宜服、利用、备器。五方之民，言语不通，嗜欲不同。达其志，通其欲，东方曰寄，南方曰象，西方曰狄鞮，北方曰译。[⑤]

注释

①中国：指中原地区。

②被发文身：《汉书·地理志》作"断发文身"。

③雕题：额头上刺有花纹图案。交趾：两足趾相向而行。《山海经》说南方有交趾国，其人两胫相交，此系神话，未必有其实。

④不粒食：西方、北方的少数民族以畜牧业为生，无谷物。

⑤寄、象、狄鞮、译：均指通译中原与少数民族语言的翻译人员。

译文

中原和四周边远地区的人民，各有不同的生活习性，而且不能改变。住在东方的叫夷人，他们把头发剪短，身上刺着花纹，其中有不吃熟食的人。住在南方的叫蛮人，他们额头上刺着花纹，走路时两脚拇趾相对而行，其中有不吃熟食的人。住在西方的叫戎人，他们披散着头发，用兽皮做衣服，其中有不以五谷为食的人。住在北方的叫狄人，他们用羽毛连缀成衣，住在洞穴中，其中有不以五谷为食的人。中原、东夷、南蛮、西戎、北狄的人民，都有安逸的住处、偏爱的口味、舒适的服饰、便利的工具、完备的器物。东西南北中五方的人民，虽然言语不通，嗜好不同，但当他们要表达心意、互相交流的时候，有懂得双方语言的人帮助沟通。这种人，在东夷叫寄，在南蛮叫象，在西戎叫狄鞮，在北狄叫译。

原文

凡三王养老皆引年①。八十者，一子不从政②。九十者，其家不从政。废疾非人不养者，一人不从政。父母之丧，三年不从政。齐衰、大功之丧，三月不从政。将徙于诸侯，三月不从政。自诸侯来徙家，期不从政。

注释

①引年：引户校年。指根据户籍核定年龄。

②政：通“征”，指力役征召。下文之“政”与此同。

译文

夏、殷、周三代的天子，都根据户籍核定年龄，确定参加养老会的人员。家有八十岁的老人，可以有一人不应力役之征。家有九十岁的老人，全家都可不应力役征召。家中有需要人照顾的残疾人，可以有一人不应力役征召。父母死丧，服丧三年间不应力役征召。遇到齐衰、大功丧服，三个月不应征召。将从天子王畿移居诸侯国的家庭，临行前三个月不应征召。从诸侯国迁居王畿的家庭，来后一年内不应征召。

原文

少而无父者谓之孤，老而无子者谓之独，老而无妻者谓之矜[①]，老而无夫者谓之寡。此四者，天民之穷而无告者也，皆有常饩[②]。瘖、聋、跛、躃、断者、侏儒[③]。百工各以其器食之[④]。

注释

①矜（guān）：亦作“鳏”。

②饩：粮饷。

③“瘖……侏儒”：此句下似有脱文。这六种人无以自养，也在抚恤之列。

④百工：各种工匠。

译文

年幼而无父的人叫作孤，年老而无子孙的人叫作独，老而无妻的人叫作鳏，老而无夫的人叫作寡。这四种人是世上生活困难又无处告求的人，要经常分发粮饷。哑巴、聋子、瘸子、不能走路的人、四肢断残的人、特别矮小的人，也在抚恤的范围内。各种工匠都凭自己制造器物的技艺而取得粮饷。

原文

道路，男子由右，妇人由左，车从中央。父之齿随行[①]，兄之齿雁行[②]，朋友不相逾。轻任并，重任分，班白不提挈[③]。君子耆老不徒行，庶人耆老不徒食。大夫祭器不假[④]，祭器未成，不造燕器。

注释

①齿：年龄。父之齿，与父亲年龄相仿的人。

②雁行：像大雁飞行时的有序排列。

③班：通“斑”。斑白，头发花白的老人。

④祭器：祭祀宗庙的器具。

译文

在道路上，男子靠右走，妇女靠左走，车辆在路中央行驶。遇到与自己父亲年龄差不多的行人，就跟在他后面走；遇到比自己年龄略大的行人，可以稍后一些并排而行；与朋友同行，不能超越争先。老人挑着轻担子，年轻人应把他的担子并到自己的担子上；老少都是重担，年轻人应帮老人分担一些；不要让头发花白的老人提着东西走路。有官爵的老人出行必有车，不徒步行走；年老的平民吃饭必有肉。大夫以上都自备祭器，不向别人借用，所以祭器没有备齐之前，就不造日常用器。

原文

方一里者，为田九百亩。方十里者，为方一里者百，为田九万亩。方百里者，为方十里者百，为田九十亿亩[①]。方千里者，为方百里者百，为田九万亿亩。自恒山至于南河[②]，千里而近。自南河至于江，千里而近。自江至于衡山，千里而遥。自东河至于东海[③]，千里而遥。自东河至于西河[④]，千里而近。自西河至于流沙[⑤]，千里而遥。西不尽流沙，南不尽衡山，东不尽东海，北不尽恒山，凡四海之内，断长补短，方三千里，为田八十万亿一万亿亩。方百里者，为田九十亿亩。山陵、林麓、川泽、沟渎、城郭、宫室、涂巷，三分去一，其馀六十亿亩。

注释

①九十亿亩：此为上古计数单位，其一亿相当于今天的十万。

②南河：指今河南境内的黄河段。自恒山至南河不满千里，故曰“千里而近”。

③东河：指河南东部黄河古道向北行入河北的一段。自此至东海的距离为一千里以上，故曰“千里而遥”。

④西河：指黄河在山西与陕西交界处的一段。

⑤流沙：沙漠。

译文

一里见方的土地，折合为九百亩。十里见方的土地，有一百个一里见方，折合为九万亩。百里见方的土地，有一百个十里见方，折合为九百万亩。千里见方的土地，有一百个百里见方，折合为九亿亩。从北面的恒山向南到黄河，有将近千里。从黄河向南到长江，有将近千里。从长江向南到衡山，有一千多里。从东黄河向东到东海，有一千多里。从东黄河向西到西黄河，不足千里。从西黄河向西到西域沙漠地带，有一千多里。西域沙漠不是西边的尽头，衡山不是南边的尽头，东海不是东边的尽头，恒山不是北边的尽头。这样，把多出来的地方填补不足的地方，四海之内的土地，有三千里见方，折合为八百一十亿亩。百里见方的土地本应有田九百万亩，而山脉、森林、江河湖泊、沟渠水道、城镇乡村、纵横道路等约占三分之一，所以只剩下六百万亩可耕地。

原文

古者以周尺八尺为步①，今以周尺六尺四寸为步。古者百亩，当今东田百四十六亩三十步②。古者百里，当今百二十一里六十步四尺二寸二分。

注释

①古者：指周以前。下文“今”指汉代。据《史记·封禅书》：汉文帝“令博士刺六经作《王制》”，则《王制》为汉人所作，故称今。

②东田：指齐鲁一带的田制。

译文

古时候的一步是周尺八尺，现在（汉代）的一步是周尺六尺四寸，所以古时候的一百亩相当于现在东方齐鲁的一百四十六亩余三十平方步；古时候的一百里相当于汉代的一百二十里余六十步四尺二寸二分。

原文

方千里者[1]，为方百里者百。封方百里者三十国，其馀方百里者七十[2]。又封方七十里者六十，为方百里者二十九，方十里者四十，其馀方百里者四十，方十里者六十。又封方五十里者百二十，为方百里者三十，其馀方百里者十，方十里者六十。名山大泽不以封。其馀以为附庸、闲田。诸侯之有功者，取于闲田以禄之；其有削地者，归之闲田。

注释

①此节文字似为前文“九州，州方千里，建百里之国三十，七十里之国六十……”一段的疏解。

②其馀：指剩下的土地。

译文

千里见方的州，有一百个一百里见方的区域。分封出三十个百里见方的诸侯国，余下七十个百里见方的地方。再分封出六十个七十里见方的诸侯国，折合为二十九个方百里又四十个方十里，剩下四十个方百里又六十个方十里。又分封出一百二十个五十里见方的诸侯国，折合为三十个百里见方之地，还剩下十个方百里又六十个方十里的土地。名山大泽不分封给诸侯。剩下的土地或者作为附庸小国，或者作为闲田。诸侯有功，就从闲田中拿出土地作为奖赏；诸侯有罪，被削减的土地则并入闲田。

原文

天子之县内方千里者，为方百里者百。封方百里者九，其馀方百里者九十一。又封方七十里者二十一，为方百里者十，方十里者二十九，其馀方百里者八十，方十里者七十一。又封方五十里者六十三，为方百里者十五，方十里者七十五，其馀方百里者六十四，方十里者九十六。

译文

天子的王畿千里见方，也就是一百个百里见方。分封出九个百里见方的诸侯国，余下九十一个百里见方的土地。再分封出二十一个七十里见方的诸侯国，折合为十个方百里又二十九个方十里，剩下八十个方百里又七十一个方十里的土地。再分封出六十三个五十里见方的诸侯国，折合为十五个方百里又七十五个方十里，最后剩下六十四个方百里又九十六个方十里的土地。

原文

诸侯之下士，禄食九人[1]，中士食十八人，上士食三十六人，下大夫食七十二人，卿食二百八十八人，君食二千八百八十人。次国之卿食二百一十六人，君食二

千一百六十人。小国之卿食百四十四人，君食千四百四十人。次国之卿，命于其君者[2]，如小国之卿。

注释

①食：养活的意思。

②命于其君者：诸侯国的卿，有天子任命的，也有国君任命的，见前文。

译文

诸侯的下士所得俸禄可以养活九人，中士的俸禄可以养活十八人，上士的俸禄可以养活三十六人，下大夫的俸禄可以养活七十二人。大诸侯国的卿，所得俸禄可以养活二百八十八人，国君的俸禄可以养活二千八百八十人。中等诸侯国的卿，所得俸禄可以养活二百一十六人，国君的俸禄可以养活二千一百六十人。小诸侯国的卿，所得俸禄可以养活一百四十四人，国君的俸禄可以养活一千四百四十人。中等诸侯国的由国君所任命的卿，所得俸禄与小诸侯国中由天子任命的卿一样多。

原文

天子之大夫为三监，监于诸侯之国者，其禄视诸侯之卿，其爵视次国之君，其禄取之于方伯之地。方伯为朝天子，皆有汤沐之邑于天子之县内[1]，视元士。诸侯世子世国[2]，大夫不世爵[3]，使以德，爵以功。未赐爵，视天子之元士，以君其国。诸侯之大夫，不世爵禄。

注释

①汤沐之邑：天子在王畿内赐给大国诸侯一块土地，供其朝见之前斋戒沐浴用。

②诸侯：指上文的“外诸侯”。世子：将来继位的儿子。世国：世袭其父的封地。

③大夫：指天子的大夫。

译文

天子的大夫作为三监，被派到诸侯国监察的，他们的俸禄等同大国的卿，他们的爵位等同中等诸侯国的国君，俸禄从各诸侯国领取。各方的诸侯为了朝见天子，在天子的王畿内有专供斋戒沐浴的土地。其大小与天子上士的禄地一样。诸侯的世子可以世袭诸侯的爵位。天子的大夫的爵位不能世袭，有德行才让他们当大夫，有功劳才赐给爵位。诸侯的世子继位为诸侯时如果没有被赐爵位，地位相当于天子的上士，他以这种身份统治他的国家。诸侯的大夫的爵位和俸禄都不能世袭。

原文

六礼：冠、昏、丧、祭、乡、相见①。七教：父子、兄弟、夫妇、君臣、长幼、朋友、宾客。八政：饮食、衣服、事为、异别、度、量、数、制。

注释

①乡：指乡饮酒礼。相见：相见礼，古人初次相见所用礼节，《仪礼》中有“士相见礼”。

译文

六礼：冠礼、婚礼、丧礼、祭祀礼、乡饮酒礼和相见礼。七教：父子、兄弟、夫妇、君臣、长幼、朋友、宾客之间的关系。八政：饮食的等级，衣服的制度，工艺的法式，器物的品类，以及长度、重量的标准，数码的进位制，器用、布帛的规格。

曾子问

原文

曾子问曰："君薨而世子生[①]，如之何?"孔子曰："卿、大夫、士从摄主[②]，北面于西阶南。大祝裨冕[③]，执束帛[④]，升自西阶，尽等[⑤]，不升堂，命毋哭。祝声三，告曰：'某之子生[⑥]，敢告。'升，奠币于殡东几上，哭，降。众主人、卿、大夫、士、房中[⑦]，皆哭，不踊。尽一哀，反位。遂朝奠[⑧]。小宰升，举币。

注释

①世子生：世子，继承君位的儿子。世子生，指国君死后还未葬，停柩于殡宫之时，而世子始生。

②摄主：代替主持丧事的人。古时丧事一般由死者的嫡长子主持，如果死者无嫡长子或嫡长子无法主持丧事，就请他人代替主持，叫作摄主。这里是以太宰为摄主。

③裨冕：祭祀所用服、冠。

④束帛：祭祀所用供神礼物，五匹丝绸。

⑤等：台阶。

⑥某：指国君夫人某氏。

⑦众主人：死者的亲属。房中：指房中的妇女。

⑧朝奠：早晨供奉死者。灵柩未葬时，每天早晚均需供奉。

译文

曾子问道："国君死后，世子才出生，怎样行礼呢？"孔子说："世子出生的那天，卿、大夫、士都跟着摄主到殡宫，脸朝北方，站在西阶的南面。太祝身穿裨冕，双手端着束帛，登上西阶最高处，但不跨入堂内，让在场的人都不要哭泣，然后太祝长喊三声，向灵柩报告：'夫人某氏已生世子，敢以禀告。'说完入堂，把束帛放在灵柩东边的供几上，接着哭泣一阵，然后下堂。众主人、卿、大夫、士以及房中的妇女都一齐哭泣，但不顿足。众人尽情哭泣之后，都回到平常朝夕哭泣的位置。于是举行朝奠。礼毕，小宰走上堂，把放在供几上的束帛等供物取下，埋在东西两阶之间。

原文

"三日，众主人、卿、大夫、士，如初位，北面。大宰、大宗、大祝皆裨冕。少师奉子以衰①，祝先，子从，宰、宗人从。入门，哭者止。子升自西阶，殡前北面。祝立于殡东南隅。祝声三，曰：'某子之某，从执事，敢见。'子拜稽颡哭②。祝、宰、宗人、众主人、卿、大夫、士，哭踊，三者三。③降，东反位，皆袒。子踊，房中亦踊，三者三。袭衰，杖。奠出，大宰命祝史④，以名徧告于五祀山川⑤。"

注释

①少师：世子的老师，负责教养世子。衰（cuī）：孝服。

②稽颡：丧事中所行的重礼。即叩头至地。

③哭踊，三者三：三哭三踊的动作重复三遍。踊，顿足，表示

极度悲哀。

④大宰命祝史：世子出生那天由太宰为摄主，到第三天行礼结束时，世子穿上孝服就亲自做丧主，不再用摄主，所以仍称太宰。

⑤五祀：据下文，五祀即指宗庙社稷诸神。

译文

“第三天，众主人和卿、大夫、士又都来到殡宫，站在前天站的位置，面向北。太宰、太宗和太祝都穿裨冕，少师抱着世子和世子的孝服。太祝走在最前面，少师抱着世子跟从太祝，太宰和太宗跟着世子。进门后，众人停止哭泣，少师抱着世子从西阶登堂，走到灵柩前，面向北站立。太祝站在殡的东南角，先长喊三声，再向灵柩报告说：‘夫人某氏所生世子，让执事陪同着来拜见。’少师便抱着世子向灵柩稽颡再拜，并哭泣。太祝、太宰、宗人、众主人和卿、大夫、士也跟着哭泣踩脚，三哭三踩脚，如此重复三次。少师抱着世子下堂，回到东面的原定位置上。众人都袒露左臂。少师抱着世子踩脚时，房中的妇女也跟着踩脚，都是三哭三踩脚，重复三次。接着给孝子披上孝服，让他握着哭丧棒，举行朝奠。礼毕退出，太宰命令祝和史，把世子的名字遍告五祀及山川诸神。”

原文

曾子问曰：“如已葬而世子生，则如之何?”孔子曰：“大宰、大宗从大祝而告于祢①。三月，乃名于祢，以名遍告及社稷宗庙山川。”

注释

①祢(mí)：原指父庙。这里指已故国君的神主。此时放在殡宫，尚未入庙。

译文

曾子问道："如果国君的灵柩已入葬而世子出生，怎样行礼呢？"孔子答道："太宰、太宗跟着太祝到殡宫向死者的神主禀告。再过三个月，又去拜见神主，并给世子取名，然后把世子的名字遍告社稷、宗庙及山川诸神。"

原文

孔子曰："诸侯适天子，必告于祖[①]，奠于祢；冕而出视朝，命祝史告于社稷宗庙山川。乃命国家五官而后行[②]，道而出[③]。告者五日而遍，过是，非礼也。凡告，用牲币；反，亦如之。诸侯相见，必告于祢。朝服而出视朝，命祝史告于五庙、所过山川[④]。亦命国家五官，道而出。反，必亲告于祖祢。乃命祝史告至于前所告者，而后听朝而入。"

注释

①告：祭祀的名称。

②五官：诸侯国内治理政务的五大夫。诸侯有三卿、五大夫。

③道：即祖道，祭祀道路之神，祓除不祥，求得旅途平安。

④五庙：诸侯有五庙。

译文

孔子说："诸侯将去朝见天子，必须备礼祭告各祖庙和父庙，穿着冕服出来上朝，命令祝、史向社稷、宗庙、山川诸神祭告，把国中事务托付给五大夫后再出发。出发时，还要举行道祭。各种祭告必须在五天内结束，超过五天，就不合礼。凡是举行告祭，都用牲币，外出返回的告归祭祀也一样。诸侯外出相互聘问，也必须告祭父庙，然后穿着朝服上朝，命令祝、史祭告五庙和所要经过的山川，也把国中事务托付给五大夫。出发时，也举行道祭。返回时的告归祭祀，必须亲祭所有祖庙、父庙，再命祝、史向出发前曾祭告过的山川诸神告归，然后回到朝廷听理政事。”

原文

曾子问曰：“昏礼既纳币①，有吉日②，女之父母死，则如之何?”孔子曰：“壻使人吊。如壻之父母死，则女之家亦使人吊。父丧称父③，母丧称母；父母不在，则称伯父世母。壻，已葬，壻之伯父致命女氏，曰：‘某之子有父母之丧，不得嗣为兄弟④，使某致命。’女氏许诺而弗敢嫁，礼也。壻免丧，女之父母使人请，壻弗取而后嫁之⑤，礼也。女之父母死，壻亦如之。”

注释

①纳币：古代婚礼的六礼之一，亦称纳征，就是送聘礼。

②有吉日：已行过请期礼，确定了迎亲的日期。

③称父：用父亲的名义去吊丧。

④嗣为兄弟：两姓结成婚姻。

⑤取：通“娶”。

译文

曾子问道：“婚礼已经进行到送过聘礼，又有了迎娶的日期，女方的父或母死了，该怎么办呢?”孔子说：“男方要派人去吊丧。假如男方的父或母死了，女方也要派人吊丧。如果是男方的父亲死，女方就以父亲的名义吊丧；如果是母亲死亡，女方就以母亲的名义吊丧。如果女方的父母已亡，就用伯父伯母的名义吊丧。男方在死者埋葬之后，由男方的伯父出面向女方致意，说：‘某人的儿子因为有父（或母）的丧服在身，不能和府上结亲，特地派我来说明。’女家同意，但不把女儿另嫁他人，这是正礼。到了男方除丧以后，女方的父母请人重提婚事。如果男方不准备娶过去了，女家便把女儿另嫁他人，这也是合礼的。如果女方的父或母死亡，男方也要这样。”

原文

曾子问曰：“亲迎，女在涂，而壻之父母死，如之何?”孔子曰.“女改服布深衣，缟緫以趋丧[①]。女在涂，而女之父母死，则女反。”“如壻亲迎，女未至，有齐衰、大功之丧，则如之何?”孔子曰：“男不入，改服于外次[②]；女入，改服于内次，然后即位而哭。”曾子问曰：“除丧则不复昏礼乎?”孔子曰：“祭，过时不祭，礼也；又何反于初?”

注释

①缟緫：用白绢带子束发。

②次：用帐篷搭成的临时休息处。外次在大门外，内次在大门内。

译文

曾子问道：“结婚的那天，新娘已经上路，突然接到新郎的父亲或母亲的讣告，怎么办呢？”孔子说：“新娘就换掉新装改穿深衣去吊丧。如果新娘在半路上听到自己父母的讣告，就返回娘家。”曾子又问："假如新郎亲自去接新娘，新娘未到男家，而新郎有齐衰或大功的亲属之丧，该怎么办呢？"孔子说："新郎不入大门，在外次换上丧服；新娘则进入大门内在内次换上丧服；然后站到哭位上哀哭。"曾子问道："这样的情况到除丧后是否要重新举行婚礼呢？"孔子说："祭祀，过了日期就不补祭，这是合于礼的；婚礼为什么要补办呢？"

原文

孔子曰："嫁女之家，三夜不息烛[①]，思相离也。取妇之家，三日不举乐，思嗣亲也[②]。三月而庙见[③]，称来妇也。择日而祭于祢，成妇之义也。"曾子问曰："女未庙见而死，则如之何？"孔子曰："不迁于祖[④]，不祔于皇姑[⑤]，壻不杖不菲不次[⑥]，归葬于女氏之党，示未成妇也。"

注释

①不息烛：指因思念而不能成寐，所以通夜不灭灯烛。

②嗣亲：接续后代。

③庙见：此指男方父母已亡，新娘婚后三月择日到庙里拜见已亡的公婆，这样才正式成为媳妇。

④迁于祖：把灵柩从殡宫移到祖庙中朝见祖宗。

⑤皇姑：丈夫的祖母。不祔于皇姑，神主不排列在皇姑后面。

⑥菲：服孝所穿的草鞋。

译文

孔子说："嫁女的人家，一连三夜不熄灯就寝，表示想到女儿就要离别了。娶媳妇的人家三天不击鼓奏乐，表示是为了接续后代才娶媳妇的。男方在父母死后成亲的，结婚三个月后，新娘要备礼到庙中拜见公婆的亡灵，祭告时新娘称‘来妇’。选取吉日祭告父庙后，才正式成为这家的媳妇。这就是庙见礼的意义。”曾子问道：“如果新娘未行庙见礼就死去，怎么办呢？”孔子说：“她的灵柩不要移到男方祖庙中去朝拜祖宗，她的神主也不放在皇姑的后面，她的丈夫也不为她执丧杖、穿丧鞋、居丧庐。把她葬在她娘家的墓地，表示她没有成为男家的媳妇。”

原文

曾子问曰：“取女，有吉日而女死，如之何？”孔子曰：“壻齐衰而吊，既葬而除之。夫死亦如之。”

译文

曾子问道：“已经选好迎娶的日期，而女方死了，怎么办呢？”孔子说：“男方要穿齐衰丧服去吊丧，等到她下葬之后就可除去丧服。如果有吉日之后男方死了，女方也应如此。”

原文

曾子问曰：“丧有二孤[1]，庙有二主[2]，礼与？”孔子曰：“天无二日，土无二王，尝禘郊社[3]，尊无二上。未知其为礼也。昔者齐桓公亟举兵[4]，作伪主以行。及反，藏诸祖庙。庙有二主，自桓公始也。丧之二孤，则昔者卫灵公适鲁，遭季桓子之丧[5]，卫君请吊，哀公辞不得命。公为主，客入吊，康子立于门右，北面；公揖让，升自东阶，西乡；客升自西阶吊。公拜，兴哭；康

子拜稽颡于位[6]，有司弗辩也。今之二孤，自季康子之过也。”

注释

①孤：丧主。

②二主：庙中为一个人立两个神主。

③尝禘：都是祭祖宗，以太祖为最尊。郊：祭众天神，以上帝为最尊。社：祭众地神，以后土为最尊。

④亟（qì）：屡次。古时征伐，必载庙主同行。详见下节。

⑤季桓子：鲁国的大夫，名斯，季康子的父亲。卫灵公吊季桓子之事与史实不合。据《左传》载，卫灵公卒于鲁哀公二年夏，而季桓子卒于三年秋。

⑥康子拜稽颡于位：据《丧服小记》有“诸侯吊于异国之臣，则其君为主”的规定。卫君吊季桓子，应由鲁哀公做丧主。丧礼规定只有丧主才拜宾，这里季康子也稽颡而拜，好像有两个丧主。

译文

曾子问道：“丧事有二丧主，庙中同一人有两个神主，符合礼吗？”孔子说：“天上没有两个太阳，地上没有两个天子，尝禘郊社所祭祀的鬼神，也只有一个是最尊贵的。我没听说过这是合礼的。从前齐桓公经常出兵征伐，做了个假神主带着同行。到了征伐回来以后，又把假神主也供在祖庙中。一庙之中有两个神主是从齐桓公开始的。至于丧事有二主的由来，那是先前卫灵公到鲁国来，正好遇上鲁国大夫季桓子的丧事，卫灵公要吊丧，鲁哀公推辞不了。于是哀公做丧主，灵公做客人吊丧。季桓子的儿子康子站在大门西面，面向北；哀公揖请客人升堂，自己从东阶上升堂，面向西站立；客人从西阶升堂吊丧。哀公拜客人后，站起来哭泣，而季康子也站在自己的位置上向客人行稽颡礼，当时司仪也没加纠正。现在丧事有两个丧主，是从季康子那次违礼开始的。”

原文

曾子问曰："古者师行，必以迁庙主行乎[①]？"孔子曰："天子巡守，以迁庙主行，载于齐车[②]，言必有尊也。今也，取七庙之主以行，则失之矣。当七庙五庙无虚主；虚主者，唯天子崩，诸侯薨与去其国，与祫祭于祖，为无主耳。吾闻诸老聃曰：'天子崩，国君薨，则祝取群庙之主而藏诸祖庙，礼也。卒哭成事，而后主各反其庙。君去其国，大宰取群庙之主以从，礼也。祫祭于祖，则祝迎四庙之主。主出庙入庙必跸[③]。'老聃云。"

注释

①迁庙主：太祖庙中辈分最高的神主。天子诸侯的庙数有规定，只有高祖以下有庙。高祖以上的祖先原都有庙，后来因世系繁衍而逐渐迁入太祖庙而变成无庙。所谓迁庙就是无庙。许多无庙的神主都在太祖庙。

②齐：通"斋"。斋车，载迁庙主之车。

③跸：清除道路，禁止通行。

译文

曾子问道："古代天子诸侯出师，必定带着迁庙主同行吗？"孔子说："天子出外巡守，把迁庙主装在斋车上带着同行，表示有所尊崇。而现在呢，却把七个庙主全部带着外出征伐，就错了。天子七庙，诸侯五庙，不该空着没有神主。庙中没有神主的情况，只有在天子驾崩的时候，诸侯死亡或被迫离开自己国家的时候才会出现；

再就是在太祖庙中合祭群庙神主的时候，其他庙中也无神主。我听老聃说过：‘天子驾崩，诸侯死亡，太祝把各庙的神主都集中到太祖庙中，这是礼的规定。等到下葬后举行了卒哭的祭祀，又把各庙神主送回各自庙中。诸侯离开本国，由太宰带着各庙神主跟随同行，这也是礼的规定。在太祖庙中合祭祖先，就让太祝到父庙、祖庙、曾祖庙、高祖庙去迎请神主。神主出庙入庙时，必须清除道路，禁止闲人通行。’这都是老聃说的。”

原文

曾子问曰：“古者师行，无迁主①，则何主？”孔子曰：“主命。”问曰：“何谓也？”孔子曰：“天子、诸侯将出，必以币帛皮圭告于祖祢，遂奉以出，载于齐车以行。每舍，奠焉而后就舍。反必告，设奠卒，敛币玉，藏诸两阶之间，乃出。盖贵命也。”

注释

①无迁主：没有迁庙之主。指建国不到五世的诸侯，每个祖先都有庙。

译文

曾子又问：“古代诸侯出师，如果没有迁庙主，用哪一个神主呢？”孔子说：“那就不用迁庙主而用神主的教令。”曾子问：“什么是神主的教令呢？”孔子说：“天子、诸侯将要出征，必须用币帛、皮玉等礼物祭告祖庙、父庙，祭告完毕，就捧着这些币帛、皮玉出来，装载在斋车上同行。每到一个休息的地方，都要祭奠那些币帛、皮玉之后才休息。回来的时候也要祭祀祖先告归。祭奠完毕，把那些币帛、皮玉埋在东西两台阶之间，然后走出来。这样做大概就是尊重祖先的教令吧！”

原文

子游问曰："丧慈母如母[①]，礼与？"孔子曰："非礼也。古者，男子外有傅，内有慈母，君命所使教子也，何服之有？昔者，鲁昭公少丧其母[②]，有慈母良，及其死也，公弗忍也，欲丧之。有司以闻，曰：'古之礼，慈母无服，今也君为之服，是逆古之礼而乱国法也。若终行之，则有司将书之以遗后世，无乃不可乎？'公曰：'古者天子练冠以燕居[③]。'公弗忍也，遂练冠以丧慈母。丧慈母，自鲁昭公始也。"

注释

①慈母：据《仪礼·丧服》和本书《丧服小记》所说，指妾子无母，其父命另一无子之妾抚养他，这个儿子称抚养他的父妾为慈母。但据下文"外有傅，内有慈母"和《内则》所说，慈母就是保姆。大概是古今同名而异实。

②鲁昭公少丧其母：此与史实不合。昭公生母齐归，死于昭公三十年，其时昭公不能算少。《孔子家语》作"鲁孝公"。译文文中改。

③练冠：按丧服的规定，天子、诸侯的庶子当天子、诸侯以后，不能为生母服丧。为表示哀痛，就穿戴练冠麻衣。练冠麻衣不算丧服。

译文

子游问道："天子、诸侯死了保姆就像死了生母一样示哀，合乎礼吗？"孔子说："不合乎礼。从古到今，君王的儿子在外面有师父，在家有保姆，他们是奉君王命令教育孩子的，孩子与他们哪有什么丧服关系呢？先前，鲁孝公年幼时死了母亲，他的保姆待他很好，等到保姆死，孝公不忍心，要为她服孝。掌管礼典的官员听到后，对孝公说：‘古代礼法，保姆死，不为她服丧，你现在要为保姆服丧，这是违背古礼而扰乱国家法令啊！如果你坚持要这样做，那么礼官就要记载下来流传后世，大概不能这样做吧？’孝公说：‘没有关系，古时候天子为生母服丧平常是戴练冠的。’孝公不忍心不服丧，于是为保姆戴练冠服丧。诸侯为保姆服丧，是从鲁孝公开始的。”

原文

曾子问曰：“诸侯旅见天子①，入门，不得终礼，废者几？”孔子曰：“四。”“请问之。”曰：“大庙火，日食，后之丧，雨霑服失容，则废。如诸侯皆在而日食，则从天子救日，各以其方色与其兵②。大庙火，则从天子救火，不以方色与兵。”

注释

①旅见：众多诸侯一同朝见天子。

②各以其方色：诸侯穿的衣服用自己的国家所在方位的颜色。东方诸侯衣青，南方诸侯衣赤，西方诸侯衣白，北方诸侯衣黑，中央诸侯衣黄。兵：武器。东方诸侯用戟，南方诸侯用矛，西方诸侯用弩，北方诸侯用楯，中央诸侯用鼓。古人以为阳弱阴强会出现日食，所以以正五方之色和兵器来助阳。

译文

曾子问道："众多诸侯一同朝见天子，已经进入行礼的太庙门，但不能行礼完毕，中途而废的情况有几种？"孔子说："共有四种。""请问是哪四种？"孔子说："就是太庙失火，出现日食，王后死亡，大雨淋湿衣服不能保持仪容，这四种情况下就停止行礼。如果所有的诸侯都来朝见天子而遇到日食，那就跟从天子去救太阳，诸侯们要穿上自己国家所在方位的颜色的衣服，拿着相应方位的兵器。如果是太庙失火，就跟着天子去救火，对衣服颜色和兵器没有要求。"

原文

曾子问曰："诸侯相见，揖让入门，不得终礼，废者几？"孔子曰："六。""请问之。"曰："天子崩，大庙火，日食，后、夫人之丧①，雨霑服失容，则废。"

注释

①后：指天子的夫人。夫人：诸侯的夫人。

译文

曾子问："诸侯互相聘问，主国已把来宾请入太庙门，但不能行礼完毕，中途而废的有几种情况？"孔子说："共有六种。""请问是哪六种？"孔子说："就是天子驾崩，诸侯的太庙失火，出现日食，王后或诸侯的夫人突然死亡，大雨淋湿衣服不能保持仪容，遇到这六种情况就中止行礼。"

原文

曾子问曰："天子尝、禘、郊、社、五祀之祭[①]，簠簋既陈[②]，天子崩，后之丧，如之何?"孔子曰："废。"曾子问曰："当祭而日食，大庙火，其祭也如之何?"孔子曰："接祭而已矣[③]。如牲至未杀，则废。天子崩，未殡[④]，五祀之祭不行。既殡而祭，其祭也。尸入，三饭不侑，酳不酢而已矣[⑤]。自启至于反哭[⑥]，五祀之祭不行；已葬而祭，祝毕献而已[⑦]。"

注释

①五祀：指祭祀众小神。天子有七祀，而这里只说五祀，是通指天子、诸侯、大夫而言。

②簠（fǔ）簋（guǐ）：古代盛放祭祀谷物之器。方形叫簠，圆形叫簋。这里泛指祭祀用的所有供器。

③接祭：即捷祭，捷祭比正祭省略好多程序。

④未殡：没有进入殡宫。

⑤酳（yìn）：食后用酒漱口。酢：用酒回敬主人。

⑥启：启殡。反哭：棺柩下葬后，亲属回到庙中哭泣。

⑦祝毕献：古代祭祀程序繁多，这里是说祭礼只到献祝为止。

译文

曾子问道："天子准备举行尝、禘、郊、社、五祀的祭祀，所有的供品都已陈设齐备，忽然听到天子或王后死亡的消息，该怎么办呢?"孔子说："那就停止祭祀。"曾子又问："如果正在祭祀的时候出现了日食，或者太庙失火，又该怎么办呢?"孔子说："那就简捷地祭祀，尽快结束。如果牲口牵来还未杀，就废止祭祀。天子驾崩，灵柩未入殡宫之前，不可以祭五祀；棺柩在殡宫期间，可以祭祀，但祭祀的程序要简省。充作被祭对象的尸被请入座后，享祭时只抓三次饭，祝不再劝食。酳尸后，尸也不回敬主人，祭祀就算结束了。从启殡到葬后反哭期间，不能祭五祀。反哭之后虽可祭祀，但只进行到向太祝敬酒为止。”

原文

曾子问曰：“诸侯之祭社稷，俎豆既陈[①]，闻天子崩，后之丧，君薨，夫人之丧，如之何?”孔子曰：“废。自薨比至于殡，自启至于反哭，奉帅天子[②]。”

注释

①俎豆：祭祀时盛放牲体及食品的器皿。这里泛指祭祀所用供品。

②奉帅天子：指遵循天子遇丧时的祭祀礼法。

译文

曾子问道：“诸侯准备举行祭祀社稷等礼时，供品都已陈设好，忽然听到天子崩驾，或是王后、国君及夫人死亡的讣告，怎么办呢?”孔子说：“那就不举行祭祀。从死日到入殡，从启殡到反哭期间，都遵从天子遇丧时的祭法。”

原文

曾子问曰："大夫之祭[①]，鼎俎既陈，笾豆既设，[②]不得成礼，废者几?"孔子曰："九。""请问之。"曰："天子崩，后之丧，君薨，夫人之丧，君之大庙火，日食，三年之丧[③]，齐衰[④]，大功[⑤]，皆废。外丧自齐衰以下，行也。其齐衰之祭也，尸入，三饭不侑，酳不酢而已矣；大功，酢而已矣；小功、缌，室中之事而已矣[⑥]，士之所以异者，缌不祭[⑦]，所祭，于死者无服，则祭。"

注释

①祭：祭宗庙及三祀，大夫无社稷之祭。

②鼎俎、笾（biān）豆：泛指祭祀的供品。

③三年之丧：子为父服齐衰三年，父卒为母服齐衰三年。

④齐衰：指祖父母、伯父母、叔父母死亡。

⑤大功：指堂兄弟死亡。

⑥室中之事：在室中所行的献尸仪式。

⑦缌不祭：因士的地位比大夫低，所以即使有缌麻之丧，也要停止祭祀。大夫有九种情况停止祭祀，士则再加上小功之丧、缌麻之丧，就有十一种情况停止祭祀。

译文

曾子问道："大夫将要举行宗庙祭祀，鼎俎、笾豆等盛放祭品的祭器都已陈列好的时候，遇到哪几种情况就停止祭祀呢？"孔子说："共有九种。""请问是哪九种呢？"孔子说："那就是天子驾崩，王后死亡，国君逝世，国君夫人死亡，国君的太庙失火，日食，父母死亡，伯叔父母死亡，堂兄弟死亡，这九种情况下都应停止祭祀。

如果遇到的不是同宗庙的外丧，只要是齐衰以下，都可继续祭祀。遇齐衰关系的外丧，而继续举行的祭祀，尸入室以后，三饭告饱，就不再劝饭；献酒酳尸，尸饮完不回敬主人，祭祀即告结束。遇大功关系的外丧而继续举行的祭祀，进行到'尸回敬主人'这一节为止。遇到小功或缌麻关系的亲戚的外丧而继续举行的祭祀，可以把室中进行的节目都行完为止。士与大夫不同的地方是，即使遇到有缌麻丧服关系的丧事，都不能举行祭祀，但是如果所祭祀的祖先与死亡的人没有丧服关系，那就可以照常举行祭祀。"

原文

曾子问曰："三年之丧，吊乎？"孔子曰："三年之丧，练①，不群立，不旅行②。君子礼以饰情，三年之丧而吊哭，不亦虚乎？"

注释

①练：即小祥，见前注。

②旅行：众人一道行走。

译文

曾子问道："自己身上有服期三年的丧服，可以给别人吊丧吗？"孔子说："有三年丧服的人，即使服满一年到举行小祥祭祀的时候，也不与众人立在一起，或一起行路。有地位的人遵从礼仪就是为了表达自己的感情，自己有三年的丧服不守丧，而赶着去为别人吊丧哭泣，那种吊丧哭泣不也是虚假的吗？"

原文

曾子问曰："大夫、士有私丧[1]，可以除之矣，而有君服焉[2]，其除之也如之何?"孔子曰："有君丧服于身，不敢私服，又何除焉？于是乎有过时而弗除也。君之丧服除，而后殷祭[3]，礼也。"曾子问曰："父母之丧，弗除可乎?"孔子曰："先王制礼，过时弗举，礼也；非弗能勿除也，患其过于制也。故君子过时不祭，礼也。"

注释

①私丧：自己宗族内的丧服，与下文"君服"相对而言。

②君服：为国君服丧。

③殷祭：盛祭、大祭，这里指小祥和大祥。

译文

曾子问道："大夫和士为自己亲属服丧，到了可以除丧的时候，又遇到国君死亡，必须为国君服丧，这时怎样除去私丧呢?"孔子说："做臣子的有国君的丧服在身，就不敢再为自己的亲属服丧，还除什么丧呢？所以，在这种情况下有过了丧期而不脱去丧服的，为国君所服丧服除去以后，才能为自己的亲属举行小祥、大祥等盛大的祭祀，这是正礼。"曾子又问："为父母服丧，丧期满而不除丧服可以吗?"孔子说："先王制定的礼仪，过了时限就不举行，这是合礼的；不是说非除不可，而是担心超过礼的规定，所以君子不举行错过了时间的祭祀，这就是遵守礼法。"

原文

曾子问曰："君薨，既殡，而臣有父母之丧，则如之何？"孔子曰："归居于家，有殷事则之君所，朝夕否[①]。"曰："君既启，而臣有父母之丧，则如之何？"孔子曰："归哭而反送君。"曰："君未殡，而臣有父母之丧，则如之何？"孔子曰："归殡，反于君所，有殷事则归，朝夕否。大夫，室老行事[②]；士，则子孙行事。大夫内子[③]，有殷事，亦之君所，朝夕否。"

注释

①殷事：丧期中每月初一、十五的祭奠。朝夕：丧期中每天早、晚的祭奠。初一、十五的祭奠比朝夕奠盛大，所以叫殷事。

②室老：大夫家中的总管。

③内子：大夫的嫡妻。

译文

曾子问道："国君死，灵柩已入殡宫，臣子遇到父母的丧事，该怎么办呢？"孔子说："臣子应该回家料理父母的丧事，并守丧。每逢初一、十五就到国君的殡宫参加祭奠，每天早晚的祭奠可以不去。"曾子又问："国君的灵柩已启殡，准备入葬，这时臣子的父母死了，臣子该怎么办呢？"孔子说："应先回家为父母哭泣致哀，然后再赶去为国君送葬。"曾子又问："如果国君刚死，尚未入殡，而臣子的父母死了，臣子该怎么办呢？"孔子说："应该回家料理丧事，父母入殡后再返回为国君守丧。每逢初一、十五就回家去祭奠，每天早晚不必回去祭奠。早晚的祭奠，大夫家里，由他的总管代祭；士的家里，由子孙代祭。大夫的嫡妻每逢初一、十五也要到国君的殡宫参加祭奠，每天早晚不要去。"

原文

贱不诔贵[1]，幼不诔长，礼也。唯天子，称天以诔之[2]。诸侯相诔，非礼也。

注释

①诔（lěi）：叙述死者生前事迹，表示哀悼的一种文体。

②称天以诔之：天子最尊，无人敢诔。天子死后，臣要祭告上帝，以上帝的名义撰写诔文。

译文

地位低的人不能为尊贵的人写诔文，晚辈不能为长辈作诔文，这是礼法规定的。只有天子死后，臣子祭告上帝，以上帝的名义作诔文。诸侯的地位相等，诸侯为诸侯作诔文是失礼的。

原文

曾子问曰："君出疆以三年之戒[1]，以椑从[2]。君薨，其入如之何？"孔子曰："共殡服[3]。则子麻弁绖[4]，疏衰[5]，菲，杖。入自阙，升自西阶。如小敛[6]，则子免而从柩，入自门，升自阼阶。君、大夫、士，一节也。"

注释

①三年之戒：为防不测而预备丧事。戒，预备。国君的丧期三年，所以叫三年之戒。

②椑（bì）：诸侯的棺木有三重，最内层叫椑。

③殡服：移棺入殡宫时众人穿的衣服。

④弁：布帽。绖：此指结在头上的麻绳。

⑤疏衰：即齐衰。孝子本当为父服齐衰，因父死于外，此时尚未成服，故服疏衰。

⑥小敛：指死时离国不远，尸体小殓之后即运回来。“敛”即“殓”。

译文

曾子问道：“国君到国界外面去都要预备不测的后事，要随带内棺。如果真的死了，棺柩怎样运回来呢？”孔子说：“供应随从人员的殡服，国君的儿子要头戴麻弁加麻绖，身穿齐衰丧服，脚穿草鞋，手拿丧棒，迎接灵柩。灵柩从打坏的墙的豁口进入，从堂的西阶抬上殡宫。如果尸体是小殓后运回来的，他的儿子就用布条结住头发，跟着棺柩从大门进来。灵柩从堂的东阶抬上殡宫。国君、大夫、士，遇到这样的情况，都用一样的仪节。”

原文

曾子问曰：“君之丧既引[1]，闻父母之丧，如之何？”孔子曰：“遂[2]。既封而归[3]，不俟子。”曾子问曰：“父母之丧既引，及涂，闻君薨，如之何？”孔子曰：“遂。既封，改服而往。”

注释

①引：葬日把柩车拉往墓地。

②遂：完成。这里指把柩车送到墓地。

③封：郑玄注，当为“窆”，指把棺柩下到墓圹内。

译文

曾子问道：“国君的灵柩已经从祖庙中拉出，臣子忽然听到父母之丧，该怎么办？”孔子说：“应该把国君的灵柩送到墓地，等到灵柩入土之后再回去料理丧事，不必等国君的儿子同回。”曾子又问：“父母的灵柩已经拉出，在运往墓地的途中，听到国君之丧，该怎么办？”孔子说：“也应把灵柩送到墓地，等入土之后，改换服装去宫中奔丧。”

原文

曾子问曰：“宗子为士[①]，庶子为大夫，其祭也如之何？”孔子曰：“以上牲祭于宗子之家[②]，祝曰：‘孝子某为介子某荐其常事[③]。’若宗子有罪，居于他国，庶子为大夫，其祭也，祝曰：‘孝子某使介子某执其常事。’摄主不厌祭[④]，不旅[⑤]，不假[⑥]，不绥祭[⑦]，不配[⑧]。布奠于宾[⑨]，宾奠而不举[⑩]，不归肉[⑪]。其辞于宾曰：‘宗兄宗弟宗子在他国，使某辞。’”

注释

①宗子：嫡长子，为一宗之主。

②上牲：即少牢，羊、猪各一。庶子无庙，至宗子家祭奠。

③孝子：指宗子。介子：即庶子。常事：平常的祭奠。

④厌：通“餍（yàn）”。餍祭，用食品直接供奉祖先，不用尸。

⑤旅：旅酬。

⑥假：通“嘏”，尸向主人祝福。

⑦绥祭：即堕祭，食祭之礼。堕祭有二：主人以黍稷牢肉祭于豆间；尸则取菹、黍稷和肺祭于豆间。因庶子是代理主人，这里指前者。

⑧配：配食。祭祀开始时，祝先请神，祝词中有“以某妃配某氏”。因庶子不是主人，所以祝在请神时不说上面的话。依祭祀的程序，当言不配，不绥祭，不假，不旅，不厌祭。

⑨布奠：主人酬宾酒时，把酒放在宾俎北面。

⑩宾奠：宾把酒端过来放在俎南面。

⑪归：通“馈”。馈肉，祭奠结束，主人把祭肉分送宾客。

译文

曾子问道：“宗子的爵位是士，而庶子是大夫，庶子祭祀祖先时该用什么等级呢？”孔子说：“用大夫的礼，备少牢到宗子家去祭祀，但祝词要说：‘孝子某某为介子某某向祖先进献通常的祭奠。’如果宗子有罪而避居在别国，庶子是大夫，祭祀的时候，祝词就该说：‘孝子某某让介子某某来代行祭奠。’凡是代理主人的祭祀不用餍祭。不旅酬，尸不向代主人祝福，代主人不绥祭，祝在请神时不说以某妃配某氏。代主人向宾劝酒时，宾不把酒端起来行旅酬，祭祀结束不向来宾分送祭肉，只对宾客说：‘我的宗兄（宗弟）是宗子，如今在别的国家，所以派我代主祭祀，特向众位致意。’”

原文

曾子问曰："宗子去在他国，庶子无爵而居者，可以祭乎?"孔子曰："祭哉!""请问其祭如之何?"孔子曰："望墓而为坛①，以时祭。若宗子死，告于墓而后祭于家。宗子死，称名不言孝②，身没而已。子游之徒，有庶子祭者，以此若义也③。今之祭者，不首其义④，故诬于祭也。"

注释

①望墓而为坛：朝着祖先墓地的方向筑祭坛。

②称名不言孝：减去上节"孝子某使介子某荐其常事"中的"孝"字。

③以：用。此若：同义，即此。

④首其义：推求本来的意义。

译文

曾子问道："宗子离开本国而住在别国，住在本国而没有爵位的庶子，可以代替宗子祭祀祖先吗?"孔子说："可以祭祀。""请问怎么祭祀呢?"孔子说："朝着祖先墓地方向筑祭坛，一年四季按时祭祀。如果宗子已经死了，就要先到祖先墓上去禀告，然后再在家里祭祀。宗子死后，祭祀的祝词中就不用'孝'字而只称宗子的名字，这种称呼沿用到庶子死亡为止。子游的学生中，有人以庶子的身份代祭时，就用这种礼法。如今庶子的祭祀，不推求古礼的义理，所以祭祀时都随意乱来。"

原文

曾子问曰："祭必有尸乎？若厌祭亦可乎[1]？"孔子曰："祭成丧者必有尸[2]。尸必以孙，孙幼，则使人抱之。无孙，则取于同姓可也。祭殇必厌，盖弗成也。祭成丧而无尸，是殇之也。"

注释

①厌：通"餍"。见前注。

②成丧者：成年之后而死亡的人。

译文

曾子问道："祭祀一定要有尸吗？像餍祭那样也可以吗？"孔子说："祭祀成年死者必须有尸。尸一定是死者的孙子辈充当，如果孙子年龄太小，就让人抱着他。假如死者无嫡孙，选一个同姓的孙子辈做尸也可以，祭祀未成年死者，就没有尸，用餍祭，因为他尚未成年。如果祭祀成年死者没有尸，那就是把他当作殇了。"

原文

孔子曰："有阴厌，有阳厌[1]。"曾子问曰："殇不祔祭[2]，何谓阴厌阳厌？"孔子曰："宗子为殇而死，庶子弗为后也[3]。其吉祭[4]，特牲[5]。祭殇不举肺[6]，无肵俎[7]，无玄酒，不告利成[8]，是谓阴厌。凡殇与无后者，祭于宗子之家，当室之白[9]，尊于东房[10]，是谓阳厌。"

注释

①厌：通“餍”。阴餍，尸未入室之前的祭祀叫阴餍。阳餍，尸已出室之后的祭祀叫阳餍。这里的阴餍，指宗子之殇，祭于祖庙之阴暗之处。阳餍指一般庶子之殇，祭于室之明亮之处。

②不祔：郑玄注：“祔，当为备。”不备祭，不完备的祭礼。

③弗为后：不做他的后嗣，即不继承宗子的位置。

④吉祭：未成年而死的人，葬后卒哭祔庙的祭祀属吉礼，不再算丧礼。

⑤特牲：祭祀殇者本当用特豚，因为是宗子，所以升格用特牲（一条牛）。

⑥举肺：举肺脊。尸食之前，必举肺而授予尸。

⑦肵（qí）俎：主人敬献给尸的俎，有食物。肵，恭敬的意思。

⑧告利成：祝向神报告供品已进献完毕。

⑨室之白：室内西北角漏光处。古时房屋的西北角有小窗，较明亮。

⑩尊：这里作动词，设置酒樽。

译文

孔子说：“祭殇有阴餍，也有阳餍。”曾子问道：“祭殇不用尸，是不完备的祭礼，怎么会有阴餍阳餍之分呢？”孔子说：“宗子未成年而死，庶子不能做他的后嗣。举行卒哭祔庙等吉祭时，用一条牛；祭祀不用尸，所以没有举肺脊、献肵俎的节目，也不用玄酒，祝不向神报告供品进献完毕，这就是阴餍。凡是一般未成年而死的，以及死而没有子嗣的人，对他们的祭祀都是在宗子的家庙里。祭品摆在室内西北角透光处，而酒樽设在东房内。这就是阳餍。”

原文

曾子问曰："葬引至于堩[①]，日有食之，则有变乎？且不乎？"孔子曰："昔者，吾从老聃助葬于巷党[②]，及堩，日有食之。老聃曰：'丘！止柩，就道右，止哭以听变。'既明反，而后行。曰：'礼也。'反葬，而丘问之曰：'夫柩，不可以反者也，日有食之，不知其已之迟数[③]，则岂如行哉？'老聃曰：'诸侯朝天子，见日而行，逮日而舍奠[④]。大夫使，见日而行，逮日而舍。夫柩不蚤出[⑤]，不莫宿[⑥]。见星而行者，唯罪人与奔父母之丧者乎！日有食之，安知其不见星也？且君子行礼，不以人之亲痁患[⑦]。'吾闻诸老聃云。"

注释

①堩（gèng）：道路。

②巷党：地名。

③数：通"速"。

④逮日：天未黑。舍奠：止宿前祭奠行主。

⑤蚤：通"早"。

⑥莫：同"暮"。

⑦痁：临近。

译文

曾子问道："灵柩出葬，已在途中，忽然遇到日食，是改变葬礼呢，还是不改变呢？"孔子说："从前我跟着老聃在巷党帮人家出葬，柩车在途中时，碰到日食，老聃喊道：'孔丘，快叫柩车停下来，靠在路右边，叫大家停止哭泣，等待天象变了再向前走。'后来，太阳重新出来之后，柩车才继续前进。老聃说：‘这样做是合乎礼的。’到送葬回来，我问老聃：‘灵柩既已出殡，是不能再返回去的，而日食现象，谁也不知道它结束得是快还是慢，还不如继续前进好吧？’老聃说：‘诸侯去朝见天子，早晨太阳出来才上路，傍晚太阳未下山就歇宿，祭奠行主。大夫出使，也是日出才行，日未落就歇宿。灵柩出葬，不能起早出门，不能天黑才止宿。披星戴月地赶路，只有逃犯和奔父母之丧的人才这样！遇到日食，不见阳光，怎么知道天上没有星星呢？如果继续前进，岂不与夜行一样吗？况且有德行的人行礼，不能让别人的父母遭灾祸。’我听到老聃是这样说的。”

原文

曾子问曰：“为君使而卒于舍①，《礼》曰：‘公馆复②，私馆不复。’凡所使之国，有司所授舍，则公馆已③，何谓‘私馆不复’也？”孔子曰：“善乎，问之也！自卿、大夫、士之家曰私馆。公馆与公所为曰公馆④。‘公馆复’，此之谓也。”

注释

①舍：出使在别国所住的旅舍。即下文的公馆、私馆。

②复：人刚死时的招魂仪式。

③已：通“矣”。

④公所为曰公馆：国君指定的旅舍，即使是卿大夫的家庙，也算公馆。古代使者一般都住在宗庙内。卿出使住在所至国大夫的家庙，大夫住士的家庙，士住工商的家庙，国君住国君的宗庙或卿的家庙。

译文

曾子问道："奉国君的命令出使别国，死在馆舍里，礼书上说：'死在公家的馆舍里可以招魂，死在私人馆舍就不招魂。'凡是出使到别的国家，由负责接待的人安排馆舍，那就都是公家的馆舍。那么礼书所说'死在私人馆舍不招魂'是指什么呢？"孔子说："你这个问题问得好！卿大夫以下的家庙都叫私馆，国君的宗庙和国君指定的馆舍都叫公馆。所谓'死于公馆可以招魂'是指这些馆舍。"

原文

曾子问曰："下殇[1]，土周葬于园[2]，遂舆机而往[3]，涂迩故也。今墓远，则其葬也如之何？"孔子曰："吾闻诸老聃曰：'昔者史佚有子而死，下殇也。墓远，召公谓之曰："何以不棺敛于宫中[4]？"史佚曰："吾敢乎哉？"召公言于周公，周公曰："岂不可？"史佚行之。'下殇用棺衣棺[5]，自史佚始也。"

注释

①下殇：八至十一岁之间死去的人。

②土周：即《檀弓》所云"塈周"。烧土为砖，围于棺外，不用椁。

③舆：用人抬。机：用于抬尸体的工具，状如床而无脚无笫，用绳纵横交结而承尸体，下葬时抽去绳，尸体落下。

④棺敛于宫中：在家里大殓后入棺。依礼，下殇是把尸体抬到墓地后大殓于棺，所以才有这样的问话。

⑤棺衣棺：在家里大殓入棺。

译文

曾子问道："八岁到十一岁的小孩死后，在菜园中挖个坑，坑的四周用砖砌上，再用'机'把尸体抬到那儿大殓入葬，这是因为路途很近。假如离得很远，葬法该怎样呢?"孔子说："我听老聃说过：'从前史佚有个儿子死了，也是下殇，葬得很远，召公对史佚说："为什么不在家里大殓入棺后再入葬呢?"史佚说："我不敢那样做。"召公就去问周公，周公说："那有什么不可以的呢?"于是史佚就照召公的话做了。'下殇在家大殓入棺再出葬的事，是从史佚开始的。"

原文

曾子问曰："卿大夫将为尸于公，受宿矣①，而有齐衰内丧，则如之何?"孔子曰："出，舍于公馆以待事②，礼也。"孔子曰："尸弁冕而出，卿、大夫、士皆下之，尸必式③，必有前驱。"

注释

①宿：邀请的意思。祭祀前三天卜日卜尸，卜吉，则邀请做尸的人到时前往，称为宿尸。

②舍于公馆：祭事属吉礼，丧事属凶礼，吉凶不相混，所以要住到公馆里去。

③式：通"轼"。此指在车上倚着轼作为答礼。

译文

曾子问道："卿大夫即将要做国君祭祀的尸，已经接受了邀请并斋戒了，突然遇到自己家族中有服齐衰的丧事，该怎么办呢？"孔子说："那就离开家，住到国君的馆舍里去等待国君的祭祀，这是合乎礼法的。"孔子又说："做尸的人冠戴而出家门，卿、大夫、士碰见他，都要下车致敬，做尸的人必须倚靠着车轼答礼。做尸的人出门，前面必定要有开道的人。"

原文

子夏问曰："三年之丧卒哭，金革之事无辟也者[①]，礼与？初有司与[②]？"孔子曰："夏后氏三年之丧，既殡而致事[③]，殷人既葬而致事[④]。《记》曰：'君子不夺人之亲，亦不可夺亲也。'此之谓乎！"子夏曰："金革之事无辟也者，非与？"孔子曰："吾闻诸老聃曰：昔者鲁公伯禽有为为之也[⑤]。今以三年之丧从其利者[⑥]，吾弗知也。"

注释

①金革之事：指征战。辟：通"避"。有征召就应征，不敢辞避。

②初有司：以前主管征召的人规定的。

③致事：退还职事。犹今之请假。

④此句后是郑玄注"周人卒哭而致事"，有的版本不作郑注而入正文。译文补入。

⑤伯禽：周公的儿子，封于鲁。有为为之：有特定情况而做某事。伯禽在位时，徐戎作乱，伯禽在卒哭之后，举兵征伐，目的是

为了救国。

⑥从其利：指为着私利而从事战争。

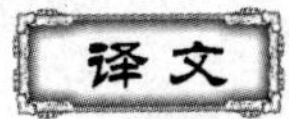

译文

子夏问道："为父母守丧的人，到了卒哭之后，接到参加征战的命令就不能推辞，这是礼的规定呢，还是从前主管的人规定的呢？"孔子说："为父母守丧，在夏代是父母入殡后就告假守丧。在殷代是父母入葬后告假，到周代是卒哭之后告假。古《记》上说'有德行的人不剥夺别人对父母的哀情，也不剥夺自己的哀情'，讲的就是这个吧。"子夏接着问："这么说来，卒哭之后不能辞避战争征召，是不合礼的了？"孔子说："我听老聃说过：从前鲁国的伯禽曾在特定情况下，卒哭之后兴兵讨伐过。但现在许多人在守丧期间，为了私利而从事战争，我就不知道合礼性何在了。"

文王世子

原文

文王之为世子①，朝于王季日三②。鸡初鸣而衣服，至于寝门外，问内竖之御者③，曰："今日安否何如?"内竖曰："安。"文王乃喜。及日中又至，亦如之。及莫又至④，亦如之。其有不安节⑤，则内竖以告文王，文王色忧，行不能正履。王季复膳，然后亦复初。食上，必在视寒煖之节⑥；食下，问所膳。命膳宰曰："未有原⑦。"应曰："诺。"然后退。

注释

①文王：姓姬名昌，是周王朝的开国者。世子：天子、诸侯的嫡长子。

②王季：周文王姬昌之父。

③内竖：宫内小臣，负责内外的传达通报。御者：值日的侍者。

④莫：通"暮"。

⑤节：这里指平日饮食起居。

⑥在：察。节：适度。

⑦未：勿。原：再。

译文

周文王在做太子的时候，向父亲请安，每日三次。鸡叫头遍就穿好衣服，到寝门外，问宫中小臣中的值日者，说："今天父王身体情况怎样？"值日的小臣回答说："身体大安。"文王就高兴。等到中午又来到父王居处，像早上一样向小臣打听父王的身体情况。到了黄昏又一次到父王居处，像早上一样请安。如父王和平日的生活有不同，宫中小臣禀告文王，文王马上露出忧虑的表情，行走时都不能正常地迈步。父王恢复正常的饮食，文王才回复到平时的样子。每当饭菜送上来时，文王一定亲自察看饭菜冷热是否适度；食毕，饭菜撤下，一定问吃了些什么。命令膳宰说："所食之余，不要再进。"膳宰答应说："是。"文王然后才离开。

原文

武王帅而行之①，不敢有加焉②。文王有疾，武王不说冠带而养③。文王一饭，亦一饭；文王再饭，亦再饭。旬有二日乃间④。

注释

①帅：遵循。

②加：增益。意谓文王对王季的孝养已到了顶点，不能再有所增益。

③说：通"脱"。

④间：疾愈，病好。

译文

周武王遵循父亲文王的样子去做，不敢有什么增加。文王有了疾病，武王不脱冠、不解带一直守在身边看护。文王吃一口饭，他也吃一口饭；文王吃两口饭，他也吃两口饭。一直到十二天后，文王病愈为止。

玉　藻

原文

天子玉藻[①]，十有二旒[②]，前后邃延[③]，龙卷以祭[④]。

注释

①玉藻：玉指古代帝王贵族冕前垂旒上所穿的玉，藻是垂旒上穿玉的五彩丝绳，合称玉藻。

②旒（liú）：用五彩丝绳穿起来的玉串。按郑玄注，以为冕前后皆有旒。江永《乡党图考》云："按《大戴记》及东方朔《答客难》皆云'冕而前旒，所以蔽明'，则无后旒可知。后旒何所取义乎？"江氏说是，今从之。

③邃：深。指延前后皆长出于冕而深邃。延：通"綖"，冕的上面覆盖的一层木板，外包麻布，上黑色下红色。旒即由延的前部垂下。

④龙卷：即龙衮，绣龙于衮衣。天子之礼服。

译文

天子戴着有玉旒的冕，前有十二旒，冕上的延前后都长出于冕，身上穿着画龙的衮衣祭祀。

原文

玄端而朝日于东门之外①，听朔于南门之外②，闰月则阖门左扉，立于其中③。

注释

①玄端：郑玄注："端当作冕。"玄冕，指玄衣而冕。朝日，服衮冕；听朔，服玄衣、冕。这里用"玄冕"统言之。朝日：春分之日，天子迎日于东方而祭之。东门：指国门。下文"南门"亦指国门。

②听朔：天子每月之听朔，又称视朔。天子于每月的朔日，在明堂以特牲祭神，并以文王、武王配祭，同时颁布一月之政。

③旧说，每月听朔分别于明堂十二室举行。闰月是非常月，于十二室无所当，故于门中行听朔之礼。

译文

在春分这一天，天子服衮在东门之外行朝日之礼；每月初一，天子着玄衣、玄冕在南门外的明堂里行听朔之礼；如果是闰月，那就把明堂门的左边的门关上，站在门中行听朔之礼。

原文

皮弁以日视朝，遂以食①。日中而馂②。奏而食。日少牢，朔月大牢。五饮，上水、浆、酒、醴、酏③。卒食，玄端而居④。

注释

①食：指朝食。早餐叫“朝食”，下午一顿叫“夕食”。

②馂（jùn）：吃剩下的食物。

③浆：即酢浆，用糟酿成的酒类，味酸。

④玄端：玄冠、缁布衣、玄裳、缁韠。端，正的意思。天子、诸侯燕居之服，亦士之礼服。

译文

天子平日戴着白鹿皮弁上朝，退朝以后吃早饭。到了中午，吃朝食剩下来的东西。每次吃饭都奏乐。天子平日每天是一羊一猪，每月初一这一天则要用牛羊豕三牲。天子的饮料有五种，以水为上，另外还有浆、酒、甜酒和粥汤。中午吃过以后，就换上玄端服休息闲居。

原文

动则左史书之[①]，言则右史书之[②]。御瞽几声之上下[③]。年不顺成，则天子素服，乘素车，食无乐。

注释

①左史：亦称太史。

②右史：亦称内史。

③声之上下：指音乐之声的哀乐。古人认为政治清平则乐声乐，政令昏暴则乐声哀。

译文

天子的一举一动都由左史记下来，他的言论都由右史记下来。天子身旁侍御的乐工察辨音乐之声的高下，以了解政令的得失。年成不好，天子就要穿素服，乘没有油漆的素车，吃饭时也不奏乐。

原文

诸侯玄端以祭①，裨冕以朝②，皮弁以听朔于大庙③，朝服以日视朝于内朝④。

注释

①玄端：郑玄注：“当作玄冕。”

②裨冕：副冕。五等诸侯祭宗庙时都要穿上服：公衮冕、侯伯鷩冕、子男毳冕。次于上服的就叫“裨冕”，即对公而言，鷩冕以下都为裨冕；对侯伯而言，毳冕以下为裨冕；对子男而言，絺衣之冕、玄衣之冕为裨冕。诸侯朝见天子时服裨冕是为了表示在天子面前自降一等。

③听朔：这是诸侯每月初一听朔于太庙。

④朝服：诸侯以玄冠、缁衣、素裳为朝服。内朝：天子、诸侯都有三朝，一为燕朝，在路寝庭；一为治朝，在路门外；一为外朝，在大门之外。此处“内朝”即平日“治朝”之处。

译文

诸侯到宗庙祭祀祖先时，穿着玄冕之服；去朝见天子时，则服裨冕；到太庙行听朔礼时，服皮弁服；平日在内朝上朝时服朝服。

原文

朝，辨色始入。君日出而视之，退适路寝听政。使人视大夫，大夫退，然后适小寝，释服。

译文

群臣在天色微明可以辨色时开始应门上朝。国君在日出时视朝，与群臣相见，然后退到路寝听政。国君派人去看大夫，如果大夫已将政事处理完毕退朝，那么国君就回到自己的燕寝，脱去朝服，换上玄端。

原文

又朝服以食①，特牲三俎②，祭肺。夕深衣，祭牢肉③，朔月少牢，五俎四簋④。子卯稷食菜羹⑤。夫人与君同庖⑥。

注释

①食：此指国君早餐。

②特牲三俎：特牲，猪；三俎，猪、鱼、腊（xī）。腊，干肉。

③祭牢肉：指特牲猪的剩余部分。

④簋（guǐ）：盛饭食之器。

⑤子卯：纣死于甲子，桀死于乙卯，故后世君主以子日、卯日为忌日。

⑥同庖：指与君共牢，不另外杀牲。

译文

国君在朝食时，要换上朝服，吃的是猪、鱼、腊三俎，将食之前先祭肺。夕食时，穿深衣，将食之前先祭牢肉。每月初一则用羊、豕二牲，吃的是羊、豕、鱼、腊、肤五俎和黍、稷各二簋。逢到子卯忌日，不杀牲，只吃饭食和菜羹。国君的夫人和国君同样。

原文

君无故不杀牛[①]，大夫无故不杀羊，士无故不杀犬豕。君子远庖厨，凡有血气之类，弗身践也[②]。

注释

①故：指祭祀及宾客飨食之礼。

②践：郑玄注：“践当作翦。”杀的意思。

译文

没有特别的缘故，国君不杀牛，大夫不杀羊，士不杀犬豕。君子要远离厨房，凡是有生命的动物，决不自己动手宰杀。

原文

至于八月不雨，君不举[①]。年不顺成，君衣布搢本[②]，关梁不租，山泽列而不赋[③]，土功不兴，大夫不得造车马。

注释

①举：国君每日吃饭要杀牲，食前举肺脊以祭，叫作“举”。“不举”指不杀牲。

②本：指士所用的竹笏，用象牙装饰其下端。国君本应用象笏，穿麻布衣、插竹笏都是表示贬损自责的意思。

③列：通“迾”，遮遏的意思。

译文

如果八个月不下雨，国君吃饭就不杀牲。年成不好，国君要穿麻布之衣，插竹笏；在关口和桥梁处不收租税，禁止在山泽采伐渔猎，也不征赋税，不兴土木，大夫也不许造新车。

原文

卜人定龟[①]，史定墨[②]，君定体[③]。

注释

①定龟：占卜选定所用的龟甲。

②定墨：占卜时辨别烧灼龟甲后的裂纹。卜前用墨在龟甲上画线，加以烧灼，如果龟甲顺着墨线开裂，且裂纹较粗，是吉兆。

③定体：占卜时整体判断占卜的吉凶。

译文

凡是占卜，首先由卜师选定龟甲；烧灼以后，太史根据较粗的裂纹是否顺着所画的墨线来判定吉凶；国君则观看整个兆象的形体而判定其吉凶。

原文

君羔幦虎犆[1]；夫齐车，鹿幦豹犆，朝车；士齐车，鹿幦豹犆。

注释

①幦（mì）：亦作“幭”，覆于车轼上的皮。犆（zhí）：缘饰、镶边。

译文

国君的斋车用羔皮覆轼，用虎皮镶边；大夫的斋车朝车、士的斋车都用鹿皮覆轼而用豹皮镶边。

原文

君子之居恒当户，寝恒东首。若有疾风迅雷甚雨，则必变[1]，虽夜必兴，衣服冠而坐。

注释

①变：指整顿仪容、改变姿势之类。

译文

君子居处总是对着门户，睡觉头总是向东。如果有烈风迅雷暴雨，则必庄敬严肃、整顿仪容，改变姿势，即使是夜里也一定起身，穿戴整齐而坐。

原文

日五盥，沐稷而靧粱，栉用椫栉，发晞用象栉。进禨进羞[①]，工乃升歌。浴用二巾，上絺下绤，出杅[②]，履蒯席，连用汤，履蒲席，衣布晞身，乃屦，进饮[③]。

注释

①禨：酒。羞：指笾豆里的食物。古人认为沐后气虚，饮酒进食听音乐可以补气。

②杅（yú）：浴盆。

③进饮：即进禨，饮酒。同时也应“进羞”“升歌”，承上文而省。

译文

每天洗手五次，用淘稷的水洗头发，用淘粱的水洗脸，洗湿了的头发用白木梳梳理。头发干了有些发涩，用象牙梳来梳。沐浴后喝一点酒，吃一点东西，这时乐工就升堂唱歌。洗澡要用两种浴巾，上身用细葛巾，下身用粗葛巾。出了浴盆以后，站在蒯草做的席子上，用热水冲洗双脚，再站到蒲席上，穿上麻布衣服以吸干身上的水，然后穿上鞋，喝酒。

原文

将适公所，宿齐戒，居外寝，沐浴。史进象笏[①]，书思对命。既服，习容观玉声，乃出。揖私朝[②]，辉如也[③]，登车则有光矣。

注释

①史：大夫之史，掌管文史一类事。象笏（hù）：大夫用的笏以象牙为本。

②私朝：大夫自家的朝。

③辉：光。“辉如”及下句“有光”都指容光焕发的样子。

译文

臣子将要去朝见国君，必须前一天就斋戒沐浴，居住于正寝。史呈上象笏，把想要回答国君的话写在上面。朝服穿戴已毕，要练习自己的仪容神态举止，使佩玉之声和行步举止的节拍相合，然后才出发。由于内心恭敬严肃，仪表又修饰整齐，所以在私朝作揖分手时显得精神饱满；到了登车时，就更是容光焕发了。

原文

天子搢珽[①]，方正于天下也；诸侯荼[②]，前诎后直，让于天子也；大夫前诎后诎，无所不让也。

注释

①珽：或称大圭，天子所用，长三尺，上终葵首。终葵，方如锥头。

②荼（shū）：诸侯所用，上圆下方。

译文

天子插的笏叫作珽，这是向天下人表示天子的端方正直；诸侯插的笏叫作荼，上面的两角是圆的，下面两角是方的，这是表示诸侯应让于天子；大夫的笏上下四角都是圆的，表示他处处都必须退让。

原文

侍坐，则必退席[①]；不退，则必引而去君之党[②]。登席不由前，为躐席[③]。徒坐不尽席尺[④]，读书、食则齐。豆，去席尺。

注释

①退：避在旁侧。

②党：处所。这里指国君所坐之处。

③躐（liè）：逾越。

④徒坐：空坐，指没有饮食或读书的时候坐在席上。

译文

臣子陪侍国君坐，一定要把自己的坐席向侧后退一点。如果不好移席后退或者国君不让后退，就一定要向后坐，离开国君所坐之处。登席入座不应该由前面跨上去，而应该由后面上，否则就叫躐席。空坐的时候，身体离开席前缘一尺，在读书、进食时则要坐在靠近席前缘的地方。盛食物的豆放在距席一尺的地方。

原文

若赐之食而君客之，则命之祭然后祭；[1]先饭，辩尝羞，[2]饮而俟[3]。

注释

①“若赐”二句：凡主客共食，都是主人先祭而后客祭。臣侍君食则不祭。但如果国君以客礼待臣，臣就可以祭。

②先饭，辩尝羞：国君进食，都有膳宰先尝食。在国君以客礼待臣时，侍食的臣先遍尝各种食品，是表示代替膳宰做事。

③饮而俟：表示自己尚未进餐，等国君先食。

译文

国君赐臣子吃饭，如果国君以客礼待臣，那么臣子应在得到国君的命令以后才祭；臣子要先遍尝各种食品，然后喝一点饮料，等国君先食。

原文

若有尝羞者[1]，则俟君之食然后食，饭饮而俟。君命之羞，羞近者[2]；命之品尝之，然后唯所欲。凡尝远食，必顺近食。

注释

①尝羞者：指膳宰，先尝食。

②羞近者：食近身的菜肴。

译文

如果有膳宰尝食，则臣既不祭，也不尝，而是先喝一点饮料，等国君先吃，然后自己再吃。国君命令他吃菜，只吃靠近身前的；国君叫他遍尝菜肴，才一一品尝一下，然后根据自己的嗜好进食。凡是尝远处的食物，要从近处的食品顺次吃过去。

原文

君未覆手[①]，不敢飧[②]；君既食，又饭飧，饭飧者，三饭也。君既彻，执饭与酱，乃出授从者。

注释

①覆手：吃饱以后用手抹拭口边。

②飧（sūn）：用饮料浇盛食器中的饭。古人在饭吃好以后，再用饮料浇饭吃三口，意思是让吃饭的人吃饱。“君未覆手，不敢飧”的意思是臣下不能在国君之前先吃饱。

译文

臣子陪侍国君吃饭，国君还未用手抹嘴，臣子不能用汤泡饭。在国君吃好以后，臣子才用汤浇饭吃，但也只吃三口。国君把食器撤下去以后，侍食的臣子才可以拿自己剩下的饭与酱出去给随从带回去。

原文

凡侑食[1]，不尽食。食于人不饱。唯水浆不祭，若祭，为已偞卑[2]。

注释

①侑（yòu）食：这里指侍食于尊者。

②偞：通“压”，降低身份的意思。

译文

凡是陪侍尊者吃饭，不能把食物吃光。凡是做客，都不要吃饱。在地位相当的人家吃饭，凡食物都应该先祭，只有水、浆不祭。如果水、浆也祭的话，那就太降低自己的身份了。

原文

君若赐之爵，则越席再拜稽首受，登席祭之，饮卒爵而俟，君卒爵，然后授虚爵[1]。君子之饮酒也，受一爵而色洒如也，二爵而言言斯，礼已三爵，而油油以退。退则坐取屦，隐辟而后屦，坐左纳右，坐右纳左。

注释

①授虚爵：饮毕之爵，授予侍者。

译文

国君如果赐侍宴的臣子饮酒，臣子就要越过自己的坐席，行再拜稽首礼，恭敬地接过来，然后回到自己的坐席，先祭而后饮。饮干以后，等国君也饮干，然后把空酒杯递给侍者。君子饮酒，饮第一杯时脸色庄重，饮第二杯时意气和悦。按礼，臣子侍君宴饮，饮酒止于三杯，三杯饮过，则和悦恭敬地退席。退的时候要坐着拿起脱下的鞋，到隐僻处穿起来。穿右脚鞋时跪左腿，穿左脚鞋时跪右腿。

原文

凡尊，必上玄酒[①]**，唯君面尊。唯飨野人皆酒。大夫侧尊用棜，士侧尊用禁。**[②]

注释

①玄酒：水。虽不用，设之，示不忘古。或说上古无酒，以水当酒。

②棜（yù）、禁：都是承樽的木制器具。棜是无足的长方形木盘，禁形如方案。

译文

凡是陈设酒樽，必以玄酒为上。在国君宴请臣下的时候，只有国君才能正对着酒樽。只有请乡野平民饮酒时，才全部用酒而不用玄酒。在大夫、士宴客的时候，酒樽不能正对着主人，而要放在旁侧的棜或禁里，以表示主人与客人共有这一樽酒。

原文

始冠缁布冠，自诸侯下达，冠而敝之可也。玄冠朱组缨，天子之冠也；缁布冠缋緌，诸侯之冠也；玄冠丹组缨，诸侯之齐冠也；玄冠綦组缨[①]，士之齐冠也；缟冠玄武[②]，子姓之冠也[③]；缟冠素纰，既祥之冠也。垂緌五寸[④]，惰游之士也[⑤]。玄冠缟武，不齿之服也。居冠属武，自天子下达，有事然后緌。五十不散送[⑥]，亲没不髦。大帛不緌。玄冠紫緌，自鲁桓公始也[⑦]。

注释

①綦：青白色。

②武：亦称冠卷，圈于首。

③子姓：孙。

④垂緌五寸：緌的长度，大约吉冠长一尺二寸，祥冠长一尺，惰游之士则又减半以表示一种耻辱。

⑤惰游之士：罢民。有罪而尚未犯法者。

⑥散送：丧礼，启殡以后送葬人腰间的麻绳散垂，到葬毕才绞起来。五十岁可不行此礼。

⑦鲁桓公：春秋时鲁国的国君。

译文

行冠礼时，第一次加的冠是缁布冠，从诸侯到士都是如此。这种缁布冠在行冠礼后就不再戴，随它敝弃。天子行冠礼时，第一次加的冠则是玄冠，而以朱红色的丝带为缨。诸侯虽是用缁布冠，但是配有杂彩的缨緌。玄冠而用丹红色的丝带做缨，这是诸侯斋戒用的冠；玄冠而用青白色的帛做缨，这是士斋戒用的冠。用白色的生绢制冠而冠圈是玄色，这种上半示凶、下半示吉的冠，是孙子在祖父去世以后父亲丧服未除而自己已经除服时戴的。用白色的生绢制冠，用白绫做冠两边及冠圈下缘的镶边，这是孝子在大祥以后戴的冠。惰游者戴的冠和孝子大祥以后戴的冠一样，只是下垂的緌只有五寸长。那些不服从教化而不再录用的人所戴的冠则是玄冠，而以生绢做冠圈。闲居时戴的冠，把下垂的冠带分别固定在冠圈两侧，上自天子下至平民都如此，到有事时才垂下来。满五十岁的人，有了丧事，不须散麻送葬。父母去世以后，做子女的就不要再戴髦了。用白绢制的素冠没有下垂的冠带。玄冠配上紫色的垂带，这是自鲁桓公开始的。

原文

朝玄端，夕深衣①。深衣三袪，缝齐倍要②，衽当旁，袂可以回肘。长、中继揜尺③。袷二寸，祛尺二寸，缘广寸半。以帛里布④，非礼也。

注释

①深衣：衣裳相连，如长袍。为诸侯、大夫、士燕居之服。

②缝：通“丰”，大的意思。齐：通“齋”，裳的下边。

③长、中：长衣、中衣，皆穿于上服之内者，吉服谓之中衣，丧服谓之长衣。继揜尺：言长衣、中衣之袖较深衣长一尺。

④以帛里布：冕服是丝衣，中衣用布；皮弁服、朝服、玄端服是布衣，中衣亦用布。凡中衣应与外服相称。

译文

大夫、士在家朝食时服玄端，夕食时服深衣。深衣的大小尺寸是：腰的尺寸是袖口的三倍，下摆比腰大一倍。衣襟开在旁边，袖子的宽度是可以让手肘在里面回转自如。长衣、中衣与深衣规格相同，只是袖子再接长一尺。曲领宽二寸，袖口宽一尺二寸，镶边宽一寸半。如果外面的衣服是布的，里面的中衣却用帛制，那就不合于礼。

原文

士不衣织[1]。无君者不贰采[2]。衣正色[3]，裳间色。非列采不入公门，振絺绤不入公门[4]，表裘不入公门[5]，袭裘不入公门[6]。

注释

①织：指先染丝而后织成的衣料。

②无君者：大夫去位者。不贰采：衣裳一色。

③正色：青、赤、黄、白、黑为五方正色，绿、红、碧、紫、流黄为间色。

④振：通“袗”，夏天穿的无里的单衣。絺绤：夏天衣服，露见形体。

⑤裘：冬天的亵衣，不敬。

⑥袭裘：掩上裼衣而不使羔裘露于外。

译文

士不能用先染色而后织制的衣料做衣服。已离位的士大夫穿的衣和裳颜色应该一样。凡衣服的颜色应该用正色，裳的颜色用间色。穿同色的衣裳不可去见国君；外面穿着绖絺、绤夏服，不可以去见国君；外面穿着裘衣不可以去见国君；用礼服遮住了裘衣外面的裼衣，也不能去朝见国君。

原文

纩为茧，缊为袍，禅为絅，帛为褶。

译文

用新丝绵做的夹衣叫作茧，用旧丝绵做的夹衣叫作袍，有面无里的单衣叫作絅，用帛做面和里的夹衣叫作褶。

原文

朝服之以缟也[1]，自季康子始也。孔子曰："朝服而朝，卒朔然后服之[2]。"曰："国家未道，则不充其服焉。"

注释

①朝服：朝服应用十五升麻布。

②卒朔：指视朔结束。诸侯视朔应用皮弁服。

译文

用生绢制朝服，这是从季康子开始的。孔子说：“国君和群臣在上朝时都应穿朝服。国君在听朔时穿皮弁服，听朔结束又换上朝服。”又说：“如果国家未到政治清平的时候，那么国君就不用制备那么多礼服了。”

原文

唯君有黼裘以誓省[1]，大裘非古也[2]。君衣狐白裘，锦衣以裼之[3]。君之右虎裘，厥左狼裘。士不衣狐白。

注释

①黼（fǔ）裘：以黑羊皮与狐白裘相杂制的裘。誓省：郑玄注：“省当作狝。”秋田谓之狝。誓省，谓打猎誓众。

②大裘：黑羊裘，天子祭天之服。

③锦衣：加于裘上之衣。裼时则露锦衣。

译文

只有国君有黼裘，在秋季打猎誓师时用，大裘是不合古制的。国君穿狐白裘的时候，要用锦衣罩在上面作为裼衣。国君右面的卫士穿虎皮裘，左面的卫士穿狼皮裘。士不能穿狐白裘。

原文

君子狐青裘豹褎[①]，玄绡衣以裼之；麛裘青豻褎[②]，绞衣以裼之[③]。羔裘豹饰[④]，缁衣以裼之；狐裘，黄衣以裼之。

注释

①君子：指大夫、士。褎：同“袖”。

②麛：幼鹿。豻（án）：一种野狗，状如狐狸。

③绞：苍黄色。

④饰：犹“袖”。

译文

大夫、士穿着青狐裘，用豹皮为袖口，加黑色绡衣作为裼衣。穿麛裘、用青豻皮为袖口，加苍黄色的裼衣。穿羔皮裘，以豹皮为袖口，加黑色的裼衣。穿狐裘，加黄色的裼衣。

原文

锦衣狐裘，诸侯之服也。犬羊之裘不裼[①]。不文饰也，不裼。裘之裼也，见美也。吊则袭[②]，不尽饰也。君在则裼，尽饰也。服之袭也[③]，充美也[④]。是故尸袭[⑤]，执玉龟袭，无事则裼，弗敢充也。

注释

①犬羊之裘：庶人之服。

②袭：在裼衣外面加上衣不裼，掩盖裼衣的文绣。

③服之袭也：按，行礼时一般以“裼”为敬。“袭”则有各种不同的原因：吊丧时袭，是因为吊丧以悲哀为主，不应当见美；“尸袭”，是因为尸代表鬼神，地位尊贵；“执玉龟袭”表示内心恭敬严肃，无须见美。

④充：覆盖。

⑤尸：代表死者受祭的人。

译文

狐裘外加锦衣为裼衣，这是诸侯之服。犬羊之裘不加裼衣。凡不须文饰的情况下，都不需要露裼衣。在裘衣外面加裼衣，并且解开上服，把裼衣露出一部分来，是为了表现它的华美。在吊丧的时候要袭，这是因为吊丧不能表现文饰。在国君面前则要袒露裼衣，这是为了尽量表现文饰。裘是为了掩盖裼衣的华美。所以尸要袭，手中执玉或龟甲行礼时要袭。在行礼结束以后则要袒露出裼衣来，不能掩盖它的华美。

原文

笏：天子以球玉[①]，诸侯以象，大夫以鱼须文竹[②]，士竹本象可也[③]。

注释

①球：美玉。

②鱼须文竹：“须”当为“颁”之误。“颁”通“斑”，鱼斑。

鲛鱼皮有斑纹，用以饰笏。文，饰。大夫之笏以竹为之，而饰以鲛鱼之皮。

③本：下部。

译文

天子的笏用美玉制成，诸侯的笏以象牙制成，大夫的笏用竹制成而饰以鲛鱼之皮，士的笏用竹制成而以象牙镶在下部。

原文

见于天子，与射，无说笏①，入大庙说笏，非古也。小功不说笏②，当事免则说之③。既搢必盥，虽有执于朝，弗有盥矣。

注释

①说：通“脱”。笏或者拿在手上，或者插在大带中。“说笏”指笏既不在手，又不插带。

②此处举见天子、参加射礼及入太庙时不能脱笏，实际是说一般情况下笏都不可离身。有了丧事应脱笏，但小功在五服中是轻丧，所以不脱。

③免（wèn）：丧礼开始时去冠以麻结发。这里泛指殡殓。

译文

诸侯、士大夫在朝见天子的时候，在参加射礼的时候，笏都不可离身；到太庙中祭祀时也应带笏，不带笏是不合古制的。有小功之丧时也不脱笏，只有在进行殡殓时才可以不带笏。臣朝君时，把笏插进大带以后一定要洗手。洗过以后，到了朝廷上拿笏的时候就无须再洗了。

原文

凡有指画于君前，用笏；造受命于君前[1]，则书于笏。笏毕用也[2]，因饰焉。

注释

①造：进。

②毕：尽。言指画、记事尽用笏。

译文

臣子凡有意见在国君面前指画陈说时，要用笏；到国君面前接受命令，也记在笏上。笏不管指画、记事都要用到，所以后来就对它加以装饰，以区别尊卑。

原文

笏度二尺有六寸，其中博三寸，其杀六分而去一。

译文

笏的长度是二尺六寸，中间宽三寸。天子、诸侯的笏上部逐渐削减六分之一。大夫、士的笏则上、下两端都要逐渐削减六分之一。

原文

韠[①]：君朱，大夫素，士爵韦。圜、杀、直[②]：天子直，公侯前后方[③]，大夫前方后挫角，士前后正。韠下广二尺，上广一尺，长三尺，其颈五寸，肩、革带博二寸。

注释

①韠：朝服的蔽膝。韠一般应和裳的颜色一致，天子、诸侯玄端服朱裳，大夫素裳，这里讲的是着玄端服时所用的韠。如果着皮弁服，则都是素韠。

②杀：削减尺寸。

③前后：拌的下端为前，上端为后。

译文

韠的礼制是：国君用朱红色的革，大夫用素色的革，士用赤而微黑色的革。拌的外形在圆、杀、直三方面的规定是：天子的拌四角都是直的，设有圆、杀；公、侯的韠上下是方的；大夫的韠下端是方的、上端则裁成圆角；士的拌与国君相同，上下都是方的。韠下端宽二尺，上端宽一尺，长三尺，中间系带之处的“颈”宽五寸，两角及皮带的宽都是二寸。

原文

一命缊韨幽衡，再命赤韨幽衡，三命赤韨葱衡。[①]

注释

①一命、再命、三命：所据是公、侯、伯之国，卿三命，大夫二命，士一命。

译文

一命之士用赤黄色的韨，黑色的玉衡；二命的大夫用赤色的韨，黑色的玉衡；三命的卿用赤色的拔，赤色的玉衡。

原文

天子素带朱里终辟[①]，而诸侯素带终辟，大夫素带辟垂，士练带率下辟[②]，居士锦带[③]，弟子缟带。

注释

①从这里到“其他则皆从男子”一大部分，因脱简错简，文字错乱严重。孔颖达疏依郑玄注订正。今为便于阅读，依孔颖达疏改正，不再一一出校记。辟：通“裨”，即镶边。

②率：通“繂”，边缘部分用针线像编辫子一样交叉缝纫。

③居士：有道艺而隐居的人。

译文

天子的大带用熟绢制，衬里是朱红色的，而且全部镶边；诸侯的大带也用熟绢制，全部镶边，但没有朱红的衬里；大夫也用熟绢制大带，但只在身体两侧及下垂的绅这些部位加镶边，腰后的部分就不加镶边；士的大带用缯制，两边用针线像编辫子一样交叉缝纫而无镶边，只有下垂的绅加上镶边；居士用锦制的大带，在校的学生用生绢制的大带。

原文

并纽约[1]，用组三寸，长齐于带。绅长制：士三尺，有司二尺有五寸[2]。子游曰："参分带下，绅居二焉[3]。"绅、韠、结三齐[4]。

注释

①纽：大带围腰交结之处。并纽，两纽相合。约：束。

②有司：指府史一类人。

③王夫之《礼记章句》："绅长之制，以人为率。人率七尺，带以上二尺五寸，带以下四尺五寸，故三分四尺五寸而得其二，以三尺为绅。"

④结：指组，即丝带。

译文

大带围腰交结之处两端重合，用三寸宽的丝带把它结起来，丝带下垂的部分与绅相齐。绅长的规定是：士三尺，有司因为要便于趋走，所以只有二尺五寸。子游说："绅带的长度，为带以下的三分之二。"绅、蔽膝以及下垂的丝带三样东西的长度都是三尺，下端相齐。

原文

大夫大带四寸。杂带[①]，君朱绿，大夫玄华[②]。士缁辟，二寸，再缭四寸。凡带有率无箴功[③]。肆束及带[④]，勤者有事则收之；走则拥之。

注释

①杂：犹装饰，指镶边。

②华：黄色。

③凡带：指有司之带及士带。

④肆：通“肄”，剩余部分。束：指束结大带的组。

译文

大夫的大带宽四寸。大带的镶边，国君在腰围部分用朱红色，里面用绿色；大夫外面用玄色，里面用黄色。士的大带在绅的部分内外都用缁色镶边，大带只有二寸宽，在腰部再绕一圈，也成为四寸宽。凡大带用针线交叉缝的部分，针线活都不须考究。遇到有事的时候，要把结大带剩余的丝带和绅握在手中，以便行动做事；遇到要趋走的时候，则要把它们拥在怀里。

原文

王后袆衣[①]，夫人揄狄[②]，君命屈狄[③]。再命袆衣[④]，一命襢衣，士褖衣。唯世妇命于奠茧[⑤]，其他则皆从男子。

注释

①袆：即翚，野鸡。袆衣是以缯刻雉形，加以彩色，缀于衣上。

②揄狄：摇翟，亦野鸡之名。“揄狄”是在衣服上缀摇翟的刻缯。

③君命：君指女君，子、男之妻。屈狄：即“阙翟”，在衣服上缀雉的刻缯，不加颜色。

④再命：国君的爵位是子或男，他的卿则是二命，大夫一命，士不命。这里的“再命”及下文的“一命”“士”指的是子男之国的卿、大夫、士之妻。袆：郑玄注：“袆当作鞠。”鞠衣黄色。

⑤世妇：诸侯的妾，地位相当于大夫之妻。奠茧：献茧。诸侯有公桑蚕室，世妇养蚕，既成则献于君。

译文

王后穿的衣服是袆衣，侯、伯的夫人穿揄狄，子、男的夫人如果得到王后的命令则可以穿屈狄。子男之国的卿的妻子穿黄色的鞠衣，大夫的妻子穿白色的禮衣，士的妻穿黑色的褖衣。只有世妇在献茧给国君时，才可穿上禮衣。其他贵族妇女都根据自己丈夫的地位高低穿她们应穿的服装。

原文

凡侍于君，绅垂，足如履齐[①]，颐霤垂拱[②]，视下而听上，视带以及袷[③]，听乡任左。

注释

①齐（zī）：裳的下边。

②颐霤垂拱：上身前倾时，头微前伸，两颊下垂有似屋檐。霤，屋檐。

③袷：衣领。

译文

凡侍立于国君之旁，上身要前倾，使绅带下垂，脚好像踩着裳的下边一样，头微低，两颊下垂，两手交拱垂在下面，视线向下，而耳朵却注意倾听国君的讲话。视线应在国君的大带以上、交领以下。听国君讲话时，要把头侧过来，用左耳听。

原文

凡君召以三节[①]，二节以走，一节以趋，在官不俟屦[②]，在外不俟车。

注释

①节：符节，以玉制成，作为一种信物。

②官：朝廷办事之处。

译文

凡国君派使者召臣下，共有三符节。用二符节召，表示事情紧急，臣子要奔跑赴命；用一符节去召，表示事情不十分迫切，臣子要快步行走以赴命。臣子接到命令时，如果正在朝廷办事之处，那要不等穿鞋就去；如果不在朝廷办事之处，那就应不等驾车就去。

原文

士于大夫，不敢拜迎而拜送。士于尊者，先拜进面[1]，答之拜则走[2]。

注释

①先拜进面：言往见尊者，当先在门外拜，然后进门相见。

②走：避。

译文

士在大夫来看自己的时候，不能迎出门外而拜，只在大夫走的时候才拜送客。士往见卿大夫时，卿大夫在门内等候。士在门外先拜，然后进门相见。若卿大夫在门内答拜，士要赶紧避门，不敢当礼。

明堂位

原文

崇鼎[①]、贯鼎[②]、大璜[③]、封父龟[④]，天子之器也。越棘大弓[⑤]，天子之戎器也。夏后氏之鼓足[⑥]，殷楹鼓[⑦]，周县鼓[⑧]。垂之和钟[⑨]，叔之离磬[⑩]，女娲之笙簧[⑪]。夏后氏之龙簨虡[⑫]，殷之崇牙[⑬]，周之璧翣[⑭]。

注释

①崇：国名，被周所灭。古将所灭之国的各种贵重器物赏赐给同姓诸侯。

②贯：国名，被周所灭。

③大璜：夏代的璜。璜，古玉器名，形状像璧的一半，为朝聘、祭祀、丧葬时的礼器。

④封父：古国名，被周所灭。龟：指占卜用的龟甲。

⑤越棘：越国的戟。棘，通“戟”。

⑥鼓足：当作“足鼓”，与下“楹鼓”“县鼓”构词方式同。鼓有四足。

⑦楹鼓：中心有柱支撑的鼓。

⑧县鼓：有架悬挂的鼓。县，通“悬”。

⑨垂：人名，舜时为共工之官。和钟：声音和谐的钟。《世本》说，垂是钟的发明者。

⑩叔：人名。《世本》载："无句作磬。"皇侃说："无句，叔之别名。"离磬：即编磬。编磬，一组磬。

⑪女娲：传说中的三皇之一。笙簧：笙中之簧。

⑫簨虡：悬挂钟磬的架子，横杆称簨，直柱称虡。

⑬崇牙：悬挂钟磬架子横木上的大版，刻画成齿状。崇牙，又名为"业"。

⑭翣（shà）：古代钟鼓架横木簨上的装饰，其制画缯为扇，戴小璧于扇上，垂五彩羽于其下，树立于虡之两角。

译文

崇国的宝鼎、贯国的宝鼎、夏代的大璜、封父国的宝龟都是天子所有的器物。越国的戟和大弓是天子才有的兵器。夏代有足的鼓、殷代有柱的鼓、周代的悬鼓、舜时垂做的和钟、叔做的编磬、女娲做的笙簧、夏代龙形的簨虡、殷代簨上有齿形的大版、周代奠上的璧翣，这些也都是天子之器。

原文

有虞氏之两敦，夏后氏之四连，殷之六瑚，周之八簋[①]。俎，有虞氏以梡，夏后氏以嶡，殷以椇[②]，周以房俎[③]。夏后氏以楬豆[④]，殷玉豆，周献豆[⑤]。有虞氏服韨[⑥]，夏后氏山，殷火，周龙章。有虞氏祭首[⑦]，夏后氏祭心，殷祭肝，周祭肺。夏后氏尚明水，殷尚醴，周尚酒。

注释

①敦、连、瑚、簋（guǐ）：都是盛黍稷的器具。簋，圆口，圈足，无耳或有两耳，亦有四耳，下有方座。其他三器，郑玄注"制

之异同未闻"。孙希旦《礼记集解》："敦琏瑚簋，四代之名虽异，而其实为一物也。"

②椇（jǔ）：俎两足间相连的横木作弯曲形，似枳椇的枝条多曲。

③房俎：俎的一种，其形为俎头各有两足，足下各别为跗；足间有横木相连，横木有似堂之壁，横下两跗，似堂东西头各有房。

④楬（qià）豆：没有装饰的豆。

⑤献：雕刻稀疏的花纹。

⑥韨（fú）：蔽膝，用熟皮制成。

⑦祭：指饮食之祭。古食必祭先造物者。祭，取少许食物置于豆间。

译文

虞代祭祀时盛黍稷用两敦，夏用四琏，殷以六瑚，周代用八簋。俎的形制：虞代只有四足的梡；夏代在两足间有横木相连，名为嶡；殷代的俎两足间相连的横木作弯曲形，名为椇；周代的俎两足下又有跗，名为房俎。夏代的豆无饰物；殷代有玉装饰；周代的豆，不仅有玉装饰，还刻镂花纹。虞代的祭服有熟皮做的韨，夏代的韨上画有山形，殷代的韨又增画有火的图案，周代在韨上绘有龙的花纹。虞代饮食之祭用牲的头，夏代祭用牲的心，殷代祭用牲的肝，周代祭用牲的肺。夏代祭祀时尊崇用清水，殷代崇尚用甜酒祭祀，周代崇尚用烈酒祭祀。

原文

有虞氏官五十，夏后氏官百，殷二百，周三百。有虞氏之绥[①]，夏后氏之绸练[②]，殷之崇牙[③]，周之璧翣[④]。

注释

①绥（ruǐ）：郑玄注：“亦旌旗之緌。”见前注。

②绸练：以白的熟绢缠绕旗杆，又以练为旗旒。

③崇牙：为旌旗上的饰物，刻缯为尖齿形，饰于旗侧。

④璧翣：此为丧葬的饰物，形似扇，上戴以璧，陈之以障柩车。

译文

有虞氏有官五十人，夏后氏有官一百人，殷代有官二百人，周代有官三百人。虞代在丧葬时，旗杆上饰以牦牛尾；夏代以练缠绕旗杆，并且有旒；殷代又在旗侧饰以齿形的刻缯；周代加用扇形的璧翣。

原文

凡四代之服、器、官，鲁兼用之。是故，鲁王礼也[①]，天下传之久矣。君臣未尝相弑也，礼乐、刑法、政俗，未尝相变也，天下以为有道之国。是故，天下资礼乐焉[②]。

注释

①王礼：天子之礼。

②资：取用。

译文

凡属于虞、夏、殷、周四个朝代的服饰、器物、祭祀所需执事官员，鲁国都可以取法应用。因为这样，鲁国所用的是天子的礼仪，这件事已家喻户晓，流传久远了。鲁国君臣之间没有发生过互相仇杀的事，礼乐、刑法、政令、习俗等从未发生过变革，全国公认鲁国是一个政权稳定、治理有方的国家。因此，其他国家都到鲁国来学习采用礼乐。

丧服小记

原文

斩衰，括发以麻[①]。为母括发以麻，免而以布[②]。齐衰，带恶笄以终丧[③]。男子冠而妇人笄，男子免而妇人髽[④]。其义：为男子则免，为妇人则髽。苴杖[⑤]，竹也。削杖[⑥]，桐也。

注释

①括发以麻：用麻从脑后而前，交于额上，再反绕玉发髽。此指父亲刚死，孝子未成服前的头饰。大殓以后成服，则用丧冠。

②免（wèn）：用一寸宽的麻布束发，其法与括发同。

③恶笄：守丧期间以榛木为笄，故称恶笄。

④髽（zhuā）：用麻或麻布条挽发。服斩衰用麻，服齐衰用麻布。

⑤苴杖：为父亲服丧用的丧棒，用竹制成，其貌粗恶，故名。

⑥削杖：为母亲服丧用的丧棒，以桐木削成。

译文

孝子为父亲服丧穿斩衰丧服，未成服前，用麻括发。母亲死，先用麻括发，然后改用麻布免。媳妇为公婆服丧穿齐衰丧服，用榛

木的枝条做发笄，并系上麻带，一直到服丧结束才除掉。成年人平时的装束，男人有冠，妇女有笄。到服丧的时候，男子用“免”，女子用“髽”。它们的具体含义是：作为男子就用“免”，作为妇女就用“髽”，以示区别。为父亲服丧用的哭丧棒叫苴杖，是竹子做的；为母亲服丧用的哭丧棒叫削杖，是桐木削成的。

原文

祖父卒，而后为祖母后者三年①。为父母，长子稽颡②。大夫吊之，虽缌必稽颡。妇人为夫与长子稽颡，其馀则否。男主必使同姓③，妇主必使异姓。为父后者，为出母无服④。

注释

①为祖母后：指祖母的长子先祖母而死，她的嫡长孙为承重孙，须为祖母服三年齐衰。

②稽颡（sǎng）：叩头时额头触地。丧拜中最重的一种。又有先拜后稽颡与先稽颡后拜之分，前者礼轻，后者礼重。长子为父母则用重礼。

③男主：指死者无后嗣，使人代摄主人。

④出母：被父亲休弃的生母。

译文

祖父比祖母先死，到祖母死的时候，祖母的重孙要为祖母服丧三年。父母亲去世的时候，长子对来吊唁的宾客要行稽颡礼。如果是大夫来吊丧，即使是服缌麻丧服的亲属，也都要行稽颡礼。妇人只在自己丈夫、长子死的时候才向人行稽颡礼，其他的丧事中都不行稽颡礼。如果死者没有后嗣，代理男丧主一定要请同姓的男子，代理女丧主一定要请异姓的妇人。作为父亲继承人的儿子，不为被父亲休弃的生母服丧。

原文

亲亲以三为五[①]，以五为九，上杀[②]，下杀，旁杀，而亲毕矣。

注释

①亲亲：指有血缘关系的亲属。三：三代。指父、己、子。五：五代。指祖父、父、己、子、孙。

②杀：减损。

译文

有血缘关系的亲属中，与自己最亲近的，上有父，下有子。由这三代亲属关系扩展为五代，即上至祖父，下至孙子。由五代再扩展为九代，上至高祖，下至玄孙。丧服的轻重就是依据这亲疏关系安排的，由父亲向上逐代减损，由儿子向下逐代减损。至于非直系的族亲，血缘关系越远就减损越多，直到没有亲情为止。

原文

王者禘其祖之所自出[①]，以其祖配之[②]，而立四庙。庶子王亦如之[③]。别子为祖[④]，继别为宗，继祢者为小宗。有五世而迁之宗[⑤]，其继高祖者也。是故祖迁于上，宗易于下。尊祖故敬宗，敬宗所以尊祖祢也。庶子不祭祖者，明其宗也。庶子不为长子斩，不继祖与祢故也。

庶子不祭殇与无后者。殇与无后者从祖祔食。庶子不祭祢者，明其宗也。亲亲、尊尊、长长，男女之有别，人道之大者也。

注释

①禘其祖之所自出：古人认为始祖是感天而生，所以祭始祖时应祭始祖所自出之帝，而让始祖配食。禘，天子宗庙五年一次的大祭名禘。

②配：配食，祔祭。祭祀时附于主神受祭。

③庶子王：庶子继位。庶子本不能继位，但如果嫡长子早死或有废疾，就从庶子中选一人继位。

④别子：诸侯庶子不继承君位，而为卿大夫，有采邑。此庶子别于正嫡，故称别子。其后代以此庶子为始祖。别子之世世长子，恒继别子，百世不迁，谓之大宗。

⑤五世而迁之宗：此指小宗。别子之庶子，子孙相继，为小宗。小宗有四种，有同高祖者、同曾祖者、同祖父、同父。小宗只能传五代，第六代就不与同高祖之父的族人为一宗，故谓五世则迁。其他小宗传至五代后，也分出另一宗。

译文

天子祭宗庙行禘礼时，祭祀始祖所自出的天帝，让始祖配食。设立高祖、曾祖、祖父、父四亲庙。如果庶子继位，也是这样。诸侯的庶子，成为他的后代的始祖，叫作别子：别子的嫡长子直接承嗣别子，是大宗；而别子的庶子，从父庙中分出来的，是小宗。传了五代以后就要迁易的，这就是从高祖分出来的小宗。所以上面的祖庙有变迁，后代的小宗也就有分化。尊崇祖先就要敬守宗法，敬守宗法就是尊重祖庙，所以庶子不祭祀祖庙，为的是使宗法严明；庶子不为自己的长子服斩衰丧服，因为庶子不是承嗣祖庙和父庙的人。庶子不祭祀未成年而死的人和没有后嗣的人。因为这两种人都附从在祖庙中受食，由宗子供祭。庶子不主祭父庙，因为父庙由长子主祭，为的是使宗法严明。敬重父母、尊崇祖先、服从兄长、男女有别，这些是人伦道义中最主要的东西。

原文

从服者[1]，所从亡则已。属从者[2]，所从虽没也服。妾从女君而出[3]，则不为女君之子服。礼，不王不禘。[4]世子不降妻之父母，其为妻也，与大夫之适子同。父为士，子为天子、诸侯，则祭以天子、诸侯；其尸服以士服[5]。父为天子、诸侯，子为士，祭以士；其尸服以士服。

注释

①从服：自身与死者没有直接的亲属关系，但因自己的亲属与死者有丧服关系而跟从服丧。

②属从：从服的人与死者有间接亲属关系。如夫为妻的娘家人服丧，妻为夫家亲属服丧，以及子为母亲的娘家人服丧。

③女君：原配嫡妻。

④礼，不王不禘：或说此句应在“王者禘其祖之所自出”之上。此言诸侯不得行禘礼。

⑤尸：代替鬼神受祭的人。

译文

凡从服的，如果所跟从的人已死，就不需要从服了。但如果是有间接亲属关系的从服，即使所跟从的人已死，仍要服丧。妾随着主妇被遗弃而离开夫家，就不必为主妇的儿子服丧。依照礼的规定，不是天子就不能举行禘礼。诸侯的嫡长子不因地位高贵而减轻为岳父母的丧服；如果是为自己的妻子服丧，所用丧服与大夫的嫡子为妻所服丧服相同。父亲生前的爵位是士，而儿子却当了天子或诸侯，那就可以用天子或诸侯的祭礼祭祀父亲，但尸还是穿士的服饰。父亲是天子或诸侯，而儿子只是个士，就只能用士礼祭祀，尸的服饰也是士服。

原文

妇当丧而出[1]，则除之。为父母丧：未练而出[2]，则三年[3]；既练而出，则已；未练而反，则期；既练而反，则遂之。

注释

①当丧：指为公婆服丧。

②练：服丧满一年后的小祥祭，祭时戴练冠，故称。

③三年：古代所谓三年之丧是虚三年，实则二十五月或二十七月。

译文

媳妇在为公婆服丧期间被丈夫休弃后，就除去丧服。为自己的父母服丧：在蕈祭前被休弃，就和兄弟一样服丧三年；在蕈祭之后被休弃，因为已经除丧了，就不再为父母服丧。妇女被丈夫休弃后遇到父母丧，在蕈祭之前又被召回，到蕈祭后才可除丧；已经举行了蕈祭才被召回，那就服丧三年。

原文

再期之丧[①]，三年也。期之丧[②]，二年也。九月、七月之丧，三时也[③]。五月之丧，二时也。三月之丧，一时也。故期而祭，礼也；期而除丧，道也；祭不为除丧也。三年而后葬者，必再祭[④]；其祭之间不同时，而除丧。大功者，主人之丧，有三年者，则必为之再祭。朋友，虞、祔而已[⑤]。士妾有子而为之缌，无子则已。

注释

①再期之丧：丧期为两整年的丧服，指斩衰丧服。古代所谓三年之丧，其实是两整年虚三年，第二十五月举行大祥祭后除丧。

②期之丧：丧期为一整年的丧服。齐衰有一年，有三年。

③三时：三个季度。九月之丧为三个季度，七月之丧为跨三个季度。

④再祭：指小祥祭和大祥祭，此二祭必在葬后举行。

⑤虞：丧祭名，安置神主的祭祀。入葬之日中午举行第一次虞祭，以后每隔一天举行一次。士三虞而止，大夫五虞，诸侯七虞，天子九虞。祔：丧祭名，将神主移入庙中的祭祀。在最后一次虞祭的第二天举行。

译文

服丧满二年，就算三年。服丧满一年，就算两年。服丧满九个月或七个月的，都算三个季节。服丧满五个月的，算两个季节。服丧满三个月的，算一个季节。所以服满一年或两年的时候，都要祭祀死者，这是依礼行事。祭祀后可以逐渐除去丧服，这是合乎道义的事，不能认为是因为要除丧服才祭祀的。如果有死后三年才安葬的，葬后一定要举行两次祭祀后才可除去丧服，而且这两次祭祀不能在同一个月内进行。如果为有大功丧服关系的堂兄弟主持丧事，死者还有妻子或年幼的子女，一定要在替他们举行了两次祥祭后才除去丧服。如果是为朋友主持丧事，只要在举行过虞祭和祔祭后就可以除丧了。凡是士，只为他的生过儿子的妾服缌麻丧服，如果是没有生过儿子的妾，就不为她服丧。

原文

生不及祖父母、诸父、昆弟，而父税丧①，己则否。为君之父母、妻、长子，君已除丧而后闻丧，则不税。②降而在缌、小功者，则税之。近臣，君服斯服矣，其馀从而服，不从而税。君虽未知丧③，臣服已。

注释

①税丧：为已过丧期才获知死讯的死者追服最轻的丧服。

②“为君”三句：郑玄注，此句当移至“降而在缌小功者则税之”之下，今依郑注翻译。此句是说臣出使在外而得讣告较晚，故不追服。

③君虽未知丧：指国君在外，未得讣告。

译文

自己出生在外地，从未见过祖父母及叔伯父母和族中兄弟，当这些人的死讯传来而丧期已过，父亲要为他们追服最轻的丧服，而自己不必追服。如果降等后，仍需服缌麻或小功丧服，那就要追服。臣子出使在外，久留未归，听到国君的父母、嫡妻或长子的死讯后，如果这时国君已经除丧，那就不必追服丧服。跟随国君出外久而未归的近臣，听到王室的凶讯后，国君服丧，近臣也跟着服丧；其余的随行人员，在丧期之内就跟着服丧，过了丧期就不追服。国君外出不知道王室有死丧之事而未服丧，但留在国内的大小官员仍要按从服规定服丧。

原文

虞，杖不入于室[①]；袝，杖不升于堂。为君母后者，君母卒，则不为君母之党服。绖杀[②]，五分而去一[③]，杖大如绖[④]。妾为君之长子，与女君同。除丧者，先重者[⑤]；易服者[⑥]，易轻者。无事不辟庙门，哭皆于其次[⑦]。

注释

①杖不入于室：虞祭之后，哀痛逐渐减轻，故不携丧棒至寝室内。虞祭行于寝内，不携丧棒便于行事。

②绖：丧服的首绖和腰带。杀：减削。

③五分而去一：指绖带减削的差率。斩衰的首绖减去粗围的五分之一是腰带的粗围，齐衰首绖的粗围与斩衰腰带相同，减去五分之一为腰带。大功、小功、缌麻以此类推。

④绖：指腰带。

⑤重者：男子以首绖为重，妇女以腰带为重。

⑥易服：以轻丧的新服更换重丧的旧服。

⑦次：守丧的倚庐、垩室。

译文

从虞祭开始，不把丧棒带入寝室；从袝祭开始，不把丧棒带入庙堂。庶子过继给国君嫡妻做儿子的，养母死后，就不为养母的娘家亲族服丧。各种丧服绖带的递减，都以五分之一为度，丧棒的规格与腰绖相同。妾为丈夫的嫡长子所服丧服，与嫡妻为长子所服丧服相同。除丧应先除重的，但重复遭丧时改换丧服要改换轻的。没有宾客吊丧，就不打开殡宫的门，平常的哀哭都在倚庐或垩室中。

原文

复与书铭[1]，自天子达于士，其辞一也。男子称名。妇人书姓与伯仲，如不知姓，则书氏[2]。斩衰之葛[3]，与齐衰之麻同。齐衰之葛与大功之麻同。麻同，皆兼服之。报葬者报虞[4]，三月而后卒哭。父母之丧偕，先葬者不虞、祔[5]，待后事。其葬，服斩衰。

注释

①复：为死者招魂。铭：铭旌，写有死者姓名的旗帜或布条，悬于棺首。

②氏：氏与姓不同，同一始祖的人都同姓，一姓的子孙可以分为若干氏，氏为一族人共有。

③葛：葛绖。卒哭之后，以葛绖替换原来的麻绖。

④报：提前，即不依丧礼所规定的时日。

⑤先葬：依《礼记·曾子问》“并有丧，其葬先轻而后重，其虞先重而后轻”，当先葬母，后葬父。

译文

为死者招魂时喊的名字，以及写在棺柩前的铭旌上的文字，从天子到士，都是一样的格式。男子称呼他的名，妇人称呼她的姓和排行，如果不知道她的姓，就称她的氏。斩衰丧服在卒哭后要改服的葛绖，其粗细与齐衰丧服在卒哭前所服的麻绖相同。齐衰丧服卒哭后所服的葛绖，其粗细与大功丧服卒哭前所服麻绖相同。葛绖、麻绖的宽度相同，所表示的丧服轻重也相同，所以遭双重丧事的人兼服麻绖与葛绖。提前入葬就要提前举行虞祭，但必须等到三个月之后才举行卒哭祭祀。如果父母同时死亡，应先埋葬母亲，但葬后不举行虞祭和祔祭，要等父亲入葬以后，再先为父后为母举行虞祭和祔祭。葬母时因父亲未葬，仍须服斩衰丧服。

原文

大夫降其庶子①，其孙不降其父。大夫不主士之丧。为慈母之父母无服②。夫为人后者③，其妻为舅姑大功④。士祔于大夫，则易牲⑤。继父不同居也者，必尝同居。皆无主后⑥，同财而祭其祖祢⑦，为同居；有主后者为异居。

注释

①降：降服。大夫为庶子降服大功。

②慈母：妾之子由另一无子之妾抚育，此子称抚育之妾为慈母。本无亲属关系，故不为慈母的父母从服。

③夫为人后者：丈夫是过继的承嗣人。

④舅姑：指丈夫的亲生父母。

⑤易牲：士的祔祭本用特牲，改用少牢，不敢以卑牲祭尊也。

⑥无主后：无大功以上的亲属为其主持丧事。

⑦同财：继父与继子的财产合在一起，为二人共有。祭其祖祢：继父为继子立寝庙，让他自祭其祖庙、父庙。

译文

大夫为他的庶子服丧要降为大功丧服，但庶子的儿子为父亲服丧不能降低等级。大夫不为士主持丧事。不为慈母的父母服丧。丈夫是过继给别人做后嗣的，妻子要为丈夫的亲生父母降服大功丧服。士死后，如果附于大夫的祖庙，要改用少牢举行祔祭。所谓不同居的继父，是指曾经同居过而后来分居的继父。继父既无堂兄弟又无亲生子，随母而来的儿子与继父住在一起，财产为二人共有，并能祭祀自己的祖庙、父庙，这才叫同居。如果继父有儿子或堂兄弟，那就叫异居。

原文

哭朋友者，于门外之右，南面。祔葬者①，不筮宅②。士、大夫不得祔于诸侯，祔于诸祖父之为士、大夫者③；其妻祔于诸祖姑④。妾祔于妾祖姑。亡则中一以上而祔⑤，祔必以其昭穆。诸侯不得祔于天子，天子、诸侯、大夫可以祔于士。

注释

①祔葬：按昭穆顺序葬于祖父墓旁。

②筮宅：用占筮的方法卜问葬地吉否。不筮宅，因昭穆有一定顺序，不可随意挑选。

③诸祖父：叔伯祖父。

④诸祖姑：叔伯祖母。

⑤亡则中一以上：指如若没有适于祔葬的祖父、祖姑，必须间隔一代，向上祔于高祖，这样昭穆排列才相同。

译文

为朋友吊丧哭泣时，应在寝门外西边，面向南哭泣。祔葬于祖墓不占筮墓地吉凶。士、大夫不能祔葬于曾经做过诸侯的祖父的墓旁，只能祔葬在做过士或大夫的叔伯祖父墓旁；士、大夫的妻子也只能祔葬在叔伯祖母的墓旁。士、大夫的妾祔葬在妾祖母墓旁。如果没有适于祔葬的祖父辈，那么就要间隔一代而祔葬于高祖，祔葬一定要按照昭穆次序。诸侯不能祔葬于天子，但当过天子、诸侯或大夫的子孙可以祔葬于当过士的祖父。

原文

为母之君母[①]，母卒则不服。宗子，母在为妻禫[②]。为慈母后者[③]，为庶母可也[④]，为祖庶母可也[⑤]。为父、母、妻、长子禫。慈母与妾母[⑥]，不世祭也[⑦]。

注释

①母之君母：指外祖父之正妻。母之嫡母称君母。

②禫：守丧至第二十七个月举行的除丧返吉之祭。

③为慈母后：妾子无母，其父命另一无子之妾抚育之，此妾为慈母。慈母死后，此子服丧三年，称"为慈母后"，不是立为后嗣。

④庶母：有子之妾抚育另一个无母的妾子，则为庶母。

⑤祖庶母：有子的妾祖母抚育另一个无母的妾子，则为祖庶母。

⑥妾母：即庶母。

⑦不世祭：指只有为慈母后者或为庶母后者祭祀慈母或庶母，孙辈不再祭祀。

译文

生母是外祖父的庶出之女，儿子要跟着母亲为外祖父的正妻服从服，但如母亲已死，就不从服。宗子的母亲在世，宗子也可以为他的正妻举行禫祭。妾的儿子为慈母服丧三年，也就可以为庶母服丧三年，也可以为祖庶母服丧三年。为亲生父母、为正妻、为长子服丧的人都在举行了禫祭后除丧。妾的儿子与慈母、庶母的丧服关系只限于本身，他的子孙不再祭祀慈母、庶母。

原文

丈夫冠而不为殇[①]，妇人笄而不为殇[②]。为殇后者[③]，以其服服之。久而不葬者，唯主丧者不除，其馀以麻终月数者[④]，除丧则已。箭笄终丧三年[⑤]。齐衰三月，与大功同者绳屦。[⑥]

注释

①殇：未成年而死。

②笄：女子许嫁后或至二十岁行笄礼，表示成人，与男子冠礼同义。

③为殇后：殇死者虽未成年，但族人可以为他立后嗣。

④以麻终月数：丧礼至葬后变麻服葛，死者未葬，时间虽久，服丧者亦不得变麻服葛，故服麻至规定的月数后才除丧。此指大功以下丧服。

⑤箭笄：用小箭竹为发簪。古代未出嫁的女子为父服丧用此。郑玄注云，“箭笄”下脱一“带”字。

⑥齐衰为重丧，但三个月的服期较轻；大功虽不及齐衰重，但服期九个月，故二者轻重大致相同。绳屦（jù）：用麻绳编织的丧鞋。

译文

男子行冠礼之后死，就不算殇死；女子行笄礼之后死，也不算殇死。被立为殇死者后嗣的人要按丧服的规定为殇死者服丧。死后时间很久而不葬，只有主持丧事的人等到葬后才除丧服，其余的人都服麻到规定的月数就除丧，到出葬时也不再服丧。丧服用箭笄和麻带的女子，要服丧三年，到除丧时才除去箭笄和麻带。服丧为三个月的齐衰丧服与服期为九个月的大功丧服有相同的地方，就是这两种丧服都穿用麻绳编成的鞋。

原文

练[①]，筮日筮尸[②]，视濯[③]，皆要绖、杖、绳屦，有司告具而后去杖[④]。筮日筮尸，有司告事毕而后杖，拜送宾。大祥[⑤]，吉服而筮尸。庶子在父之室，则为其母不禫。庶子不以杖即位。父不主庶子之丧，则孙以杖即位可也。父在，庶子为妻，以杖即位可也。

注释

①练：服丧至十三个月举行的小祥祭，其时穿戴练布衣冠，故称。

②筮日：用蓍草占筮祭祀日期。尸：代替鬼神受祭的人。

③视濯：祭前检视祭祀器具的洗涤情况。

④有司：负责安排祭祀的人。

⑤大祥：服丧至二十五个月举行的祭祀。服丧至大祥祭结束，故穿吉服行祭祀。

译文

服丧满一年举行小祥祭，事前的筮日筮尸和检视洗涤的祭器时，主人都是腰系葛绖，手执丧棒，脚穿麻绳草鞋，等到有司报告准备就绪，可以开始时，主人才放下丧棒。筮日和筮尸时都有来宾参加，所以到有司报告占筮结束时，主人又拿起丧棒拜送宾客。服丧满二年后举行大祥祭时，主人要脱去丧服改穿朝服，举行筮日筮尸和视濯仪式。庶子如与父亲同宅而居，不能为生母举行禫祭。父母死，朝夕哭泣时，庶子不能手执丧棒站在哭泣的位置上。父亲不为庶子主持丧事，由庶子的儿子主持，所以庶子的儿子可以手执丧棒站到朝夕哭泣的位置上。父亲在世，庶子为自己的妻子主持丧事，可以带着丧棒站到自己的位置上。

原文

诸侯吊于异国之臣①，则其君为主②。诸侯吊，必皮弁锡衰③。所吊虽已葬，主人必免④。主人未丧服⑤，则君亦不锡衰。养有疾者不丧服，遂以主其丧。非养者入主人之丧，则不易己之丧服。养尊者必易服，养卑者否。

注释

①诸侯吊于异国之臣：按古礼，诸侯不到别国去为大臣吊丧，此指诸侯出外朝聘，遇到主国大臣死丧，因而吊之。

②其君为主：主国的国君做丧主，为的是使主客双方的地位相等，以便揖让拜送。

③皮弁：指皮弁上加环形麻绖。锡衰：十四升细麻布做的衣服。

④免（wèn）：用麻束发。未成服时则免。国君来吊，特重其礼。

⑤未丧服：即未成服。丧礼，死者既殡，其亲属才穿上丧服，称成服。未丧服指未殡以前。

译文

诸侯到别的国家的大臣家去吊丧，主国的国君要代做丧主。诸侯吊丧时，要在皮弁上加一个麻绳圈，穿细麻布做的衣服。这时，即使死者已经入葬，丧家的主人也要用麻束发。假如诸侯在死者未殡之前去吊丧，丧主还没穿丧服，诸侯也就不穿细麻布衣服。侍奉病人的人，即使遇到丧事也不穿丧服，等到病人死了，就为他主持丧事。已有丧服在身的人，为别人主持丧事，不改换原来的丧服。奉养长辈病人，一定要换掉丧服；服侍小辈病人就不必换掉丧服。

原文

妾无妾祖姑者，易牲而祔于女君可也。妇之丧，虞、卒哭，其夫若子主之，祔则舅主之。士不摄大夫[①]，士摄大夫，唯宗子[②]。主人未除丧，有兄弟自他国至，则主人不免而为主[③]。

注释

①摄：做代理丧主。

②宗子：大宗之主。

③免（wèn）：初丧时未成服时的发饰，用麻束发。

译文

妾如果没有妾祖姑，在妾死后就改用特牲祔于嫡祖姑。妻的虞祭和卒哭祭由她的丈夫或儿子主持，祔祭则要由丈夫的父亲主持。士不能代替主持大夫的丧事，只有宗子可以以士的身份代替主持大夫的丧事。主人没有除丧之前，倘有兄弟辈的从国外来奔丧。主人接待他时可以不用麻束发。

原文

陈器之道[①]，多陈之而省纳之可也[②]，省陈之而尽纳之可也[③]。奔兄弟之丧，先之墓而后之家，为位而哭。

所知之丧[4]，则哭于宫而后之墓[5]。父不为众子次于外。与诸侯为兄弟者，服斩。下殇小功[6]，带澡麻不绝本[7]，诎而反以报之[8]。

注释

①陈器：陈列陪葬器物。
②多陈之而省纳之：指宾客馈赠的器物。
③省陈之而尽纳之：指丧家自备的器物。
④所知：指朋友。
⑤宫：殡宫。死者已出葬，必至殡宫哭者，先见主人。
⑥下殇：八至十一岁间死亡的儿童。
⑦澡麻：经过沤制的麻，其色稍白。本：麻之根部。
⑧诎：通“屈”。

译文

陈列陪葬器物的原则是，宾客馈赠的器物要尽数陈列，但可以不全放入墓中；自家自备的器物不必全部陈列出来，但可以全部放入墓中。死者入葬后，从别国来为兄弟奔丧的人，应先到墓上哭吊，然后到殡宫站在规定的位置上哭泣。如果是为朋友奔丧的人，就先到殡宫哭泣，再到坟墓上哭吊。庶子死，父亲不为他在中门外设倚庐守丧。诸侯的兄弟要为诸侯服斩衰丧服。为下殇服丧只用小功丧服，绖带用沤制过的麻，不把根去掉，腰带系结后，把多余部分的下端反屈过来搭在腰带上。

原文

妇祔于祖姑，祖姑有三人[1]，则祔于亲者[2]。其妻，为大夫而卒，而后其夫不为大夫，而祔于其妻，则不易

牲；妻卒而后夫为大夫，而祔于其妻，则以大夫牲。为父后者[③]，为出母无服[④]。无服也者，丧者不祭故也。妇人不为主而杖者，姑在为夫杖。母为长子，削杖。女子子在室，为父母，其主丧者不杖，则子一人杖[⑤]。

注释

①祖姑有三人：指原妻死后，又有两个继室。

②亲者：指丈夫的嫡亲祖母。

③为父后者：指父母离婚后留在父方作为后嗣的儿子。

④出母：被逐出的生母。

⑤子一人：指长女。

译文

媳妇死后祔葬于丈夫的祖母之墓，如果有几个祖母，应该祔葬于关系最亲的祖母之墓。妻子是在丈夫做大夫的时候死的，而丈夫后来又不是大夫，那么合葬的祔祭礼就不改换祭牲，仍用一只猪；如果丈夫在妻子死后才做大夫的，那他死后与妻子合葬的祔祭要用大夫的祔祭礼少牢。留在父亲身边做继承人的儿子，不为已被父亲休弃的生母服丧。其所以不服丧，是因为生母已成为别家人，不当祭祀。妇人不做丧主但仍要拿丧棒的情况是：夫之母在世而丈夫死，妻子要用丧棒；母亲为长子服丧时要用桐木削成的丧棒；女儿出嫁前父母死亡，又无兄弟做丧主，别的亲属代做丧主但不用丧棒，那么长女要用丧棒。

原文

缌、小功，虞、卒哭则免。既葬而不报虞，则虽主人皆冠，及虞则皆免。为兄弟既除丧已，及其葬也，反

服其服。报虞[1]、卒哭则免，如不报虞则除之。远葬者，比反哭者皆冠，及郊而后免，反哭。君吊，虽不当免时也，主人必免，不散麻[2]；虽异国之君，免也[3]，亲者皆免。除殇之丧者，其祭也必玄。除成丧者，其祭也朝服缟冠[4]。

注释

①报虞：葬日举行虞祭。

②不散麻：腰带系结后的多余部分不散开。

③免：郑玄注“免或为吊”，今从改。

④朝服缟冠：朝服为吉服，缟冠为丧冠，不用全吉。

译文

服缌麻和小功丧服的亲属，到虞祭和卒哭祭时要戴冕。葬后不随即举行虞祭的，即使是丧主也可以和其他亲属一样戴冠，等到举行虞祭时再全体去冠戴冕。为兄弟服丧的人，有的在死者入葬前已经除去丧服，但到下葬的时候，还要穿上原先的丧服。葬后随即举行虞祭和卒哭祭，要戴冕；如果不随即举行虞祭，就把丧服除去。死者葬在郊外远处，亲属送葬及送葬回来的路上都戴冠；走到城与郊的交界处，才去冠戴冕，回到庙中哭泣。国君来吊丧，即使是不该戴冕的时候，丧主也要戴冕、系麻腰绖，腰带的末梢不下垂；别国的国君来吊丧，全体亲属都要戴冕。为未成年而死的服丧，到除丧的祭祀时穿戴黑色的衣冠；为成年人服丧，在除丧的祭祀时穿黑色朝服，戴白色的冠。

原文

奔父之丧，括发于堂上[①]，袒[②]，降踊[③]，袭绖于东方[④]；奔母之丧，不括发，袒于堂上，降踊，袭免于东方，绖，即位成踊，出门，哭止。三日而五哭三袒[⑤]。适妇不为舅后者[⑥]，则姑为之小功。

注释

①括发：与免相似，用麻束发。

②袒：脱去左臂衣服，裸露左臂。

③踊：哭泣时跺脚。

④袭：穿上左臂衣服。绖：加腰绖、首绖。

⑤三日而五哭三袒：初来之日一哭，第二、第三天早晚各一哭，是为五哭。三袒，初至一袒，第二、第三天早晨各一袒。

⑥适妇：嫡长子之妻。不为舅后：指嫡长子有废疾或未有子。

译文

父亲死，从别国来奔丧的儿子，到家后应在堂上用麻把头发束起来，脱衣露出左臂，走下台阶，边哭边跺脚，然后在庭东边把衣服穿起来，系上麻绖。如果是为母亲奔丧，就不束头发，而在堂上脱衣露出左臂，走下台阶，边哭边跺脚，然后在庭东边穿好衣服，用麻布条束住头发，系好腰带，走到哭位上边哭边跺脚，但出了殡宫门就停止哭泣。孝子为父母奔丧，头三天内哭踊五次，脱衣露臂三次。嫡长子如果有废疾或无子，就不能做父亲的继承人，那么他的妻子死后，丈夫的母亲只为她服小功丧服。

乐　记

原文

凡音之起，由人心生也。人心之动，物使之然也。感于物而动，故形于声。声相应，故生变。变成方[①]，谓之音。比音而乐之，及干戚羽旄[②]，谓之乐。

注释

①方：指规律、规则。变成方，指声音的变化形成一定的规律。

②干戚：盾和斧，用于武舞的道具。羽旄：翟羽和牛尾，用于文舞的道具。

译文

大凡声音的兴起，都是从人心中产生的。而人心的活动，是由于受到外物的触发。人心有感于外物而产生变动，因而表现于声音。不同的声音互相配合，因而产生变化。变化形成一定的规律，就称为音律。排比音律成为曲调，并配以干戚和羽旄，这便叫作“乐”。

原文

乐者，音之所由生也，其本在人心之感于物也。是故其哀心感者，其声噍以杀[①]。其乐心感者，其声啴以缓[②]。其喜心感者，其声发以散[③]。其怒心感者，其声粗以厉。其敬心感者，其声直以廉[④]。其爱心感者，其声和以柔。六者，非性也，感于物而后动。是故先王慎所以感之者。故礼以道其志，乐以和其声，政以一其行，刑以防其奸。礼乐刑政，其极一也，所以同民心而出治道也。

注释

①噍（jiāo）：焦急。杀（shài）：衰弱。

②啴（chǎn）：宽缓。

③发以散：焕发而舒畅。

④直以廉：公正而端方。

译文

乐，是声音从中产生的东西，而其根本则在于人心对外物的感受。心中有哀伤的感受，发出的声音便焦急而衰弱。心中有了快乐的感受，声音便宽松舒缓。心中有了喜悦的感受，声音便焕发而流畅。心中有了愤怒的感受，声音便粗暴而严厉。心中有了恭敬的感受，声音便正直而端方。心中有了爱慕的感受，声音便温和而柔顺。这六种声音，并非天性如此，而是受到外物的感触而产生的。所以古代圣王十分重视用来感动人心的事物。所以用礼义来引导人们的志向，用音乐来调和人们的声音，用政令来统一人们的行动，用刑罚来防备人们的奸邪。礼乐刑政的最终目的是一致的，就是用来统一民心，走上治国的正道。

原文

凡音者，生人心者也。情动于中，故形于声。声成文，谓之音。是故治世之音安以乐，其政和；乱世之音怨以怒，其政乖[①]；亡国之音哀以思，其民困。声音之道，与政通矣。宫为君，商为臣，角为民，徵为事，羽为物。[②]五者不乱，则无怗懘之音矣[③]。

注释

①乖：背离、紊乱。

②宫、商、角、徵、羽：中国古代五声音阶中的五个音。

③怗（zhān）懘（chì）：不和谐。

译文

凡是音乐，都产生于人心。感情激动于心中，于是表现为声音。声音按规律变化成文，便称为音乐。所以太平社会的音乐安详而欢乐，其政治便是和谐的。混乱社会的音乐怨恨而恼怒，其政治便是紊乱的。亡国的音乐哀伤而忧思，其人民的生活也是困苦的。所以音乐的原理与政治是相通的。五音之中，宫好比君，商好比臣，角好比民，徵好比事，羽好比物。五音不混乱，便不会有不和谐的声音。

原文

宫乱则荒，其君骄。商乱则陂[①]，其官坏。角乱则忧，其民怨。徵乱则哀，其事勤。羽乱则危，其财匮。五者皆乱，迭相陵，谓之慢。如此，则国之灭亡无日矣。郑、卫之音[②]，乱世之音也，比于慢矣。桑间、濮上之音[③]，亡国之音也，其政散，其民流，诬上行私而不可止也。

注释

①陂：倾倒不平。

②郑、卫之音：指被孔子视为“淫”声的郑国、卫国的民间音乐。

③桑间、濮上：泛指古代高禖仪式中男女私交的场所。桑间、濮上之音，指《诗经·唐风·桑中》一类歌诗。

译文

宫音混乱便显得荒淫，好比国君骄横。商音混乱便显得倾斜，好比官吏腐败。角音混乱便显得忧伤，好比民众有怨恨。徵音混乱便显得衰竭，好比工作劳累。羽音混乱便显得危急，好比资财匮乏。如果五音都混乱，互相交替凌越，就叫作散漫之音。像这样就离国家的灭亡没有多少日子了。郑、卫的音乐，是混乱社会的音乐，接近于上面所说的散漫之音。桑间、濮上的音乐，是亡国的音乐，反映出政事涣散，人民流亡，做官的人欺上瞒下、徇私枉法，而且无法禁止。

原文

凡音者，生于人心者也。乐者，通伦理者也[1]。是故知声而不知音者，禽兽是也；知音而不知乐者，众庶是也。唯君子为能知乐。是故审声以知音，审音以知乐，审乐以知政，而治道备矣。是故不知声者不可与言音，不知音者不可与言乐。知乐，则几于礼矣。礼乐皆得，谓之有德。德者，得也。

注释

①伦理：事物的伦类和分际，这里指礼所体现的人伦等级关系。

译文

所谓“音”，都是从人心中产生的。所谓“乐”，是和伦理相通的。所以只知声音而不知音调的，便是禽兽；只知音调而不懂音乐的，便是众多的庶人。只有君子才能懂得音乐。所以，由审察声音进而懂得音调，由审查音调进而懂得音乐，由审察音乐进而懂得政治，这样治国的方法也就完备了。所以，不知道声音的人，不可以跟他谈音调；不知道音调的人，不可以跟他谈乐。懂得了乐，也就接近于懂得礼了。礼乐两者都有所得，就叫作有德。德，也就是得的意思。

原文

是故乐之隆，非极音也；食飨之礼[1]，非致味也。《清庙》之瑟[2]，朱弦而疏越[3]，壹倡而三叹[4]，有遗音

者矣。大飨之礼，尚玄酒而俎腥鱼[5]，大羹不和，有遗味者矣。是故先王之制礼乐也，非以极口腹耳目之欲也，将以教民平好恶而反人道之正也。

注释

①食飨之礼：指大的宴飨之礼。

②《清庙》：《诗经·周颂》篇名，是周人祭祀祖先的乐歌。《清庙》之瑟，演奏《清庙》之诗时所弹的瑟。

③朱弦：用煮过的朱丝做的弦，声音比较沉浊。越：瑟的底孔。疏越，疏通底孔，使声音迟缓。

④壹倡而三叹：一人领唱，三人和唱。

⑤玄酒：祭神的酒品种众多，以玄酒为上。玄酒，即水。水色去，故名。俎腥鱼：把生的鱼肉放在俎上。

译文

所以，隆重的乐，并不在于最高妙的音乐；大的宴飨的礼节，并不在于罗致各种美味。演唱《清庙》之诗时所用的瑟，配以朱弦，疏通底孔，发出迟缓凝重的朴素之音，一人领唱，和唱的只有三人，并非把高妙之音包括无遗。大飨的礼仪，以水代酒放在前列，俎上放着生肉生鱼，肉汤不用调料，可见并非把一切美味搜罗尽致。所以古代圣王制定礼乐，并非用以满足人们口腹和耳目的欲望，而是用来教导民众爱憎分明，回到做人的正道上来。

原文

人生而静，天之性也。感于物而动，性之欲也。物至知知[1]，然后好恶形焉。好恶无节于内，知诱于外，不能反躬[2]，天理灭矣。夫物之感人无穷，而人之好恶

无节，则是物至而人化物也[3]。人化物也者，灭天理而穷人欲者也。于是有悖逆诈伪之心，有淫泆作乱之事[4]。是故强者胁弱，众者暴寡，知者诈愚，勇者苦怯[5]，疾病不养，老幼孤独不得其所，此大乱之道也。

注释

①知知：前一个“知”同“智”，指心智，后一个“知”指心智对外物的感知。

②反躬：反省自我。

③人化物：人心随外物变化，受外物支配。

④淫泆：同“淫佚”。

⑤苦怯：使怯懦的人感到困苦。

译文

人生来是宁静的，这是人的天性。感受到外物便有所触动，这也是人性的本能。外物到来，心智就会有知觉，然后便表现为爱好和厌恶。心中对爱好和厌恶没有节制，心智受到外物的引诱，又不能时常自我反省，这样天理就要灭绝了。外物给予人的感受是没有穷尽的。若是人的好恶没有节制，那么外物一来，人就随物而变化了。人随物化，也就是灭绝天理，放纵人欲。于是会有犯上作乱、欺诈虚伪之心，出现情欲泛滥、胡作非为的事情。于是，强大的人就要胁迫弱小的人，多数人就要欺凌少数人，聪明人就要欺骗愚钝的人，勇敢的人就要迫害怯弱的人，生病的人得不到照看，孤寡老幼无所依靠，这便是天下大乱的由来。

原文

是故先王之制礼乐，人为之节：衰麻哭泣[1]，所以节丧纪也；钟鼓干戚，所以和安乐也；昏姻冠笄[2]，所以别男女也；射、乡、食、飨[3]，所以正交接也。礼节民心，乐和民声，政以行之，刑以防之。礼乐刑政，四达而不悖，则王道备矣。

注释

①衰（cuī）麻：指丧服。

②冠笄：指男女成人之礼。男二十而冠，女许嫁而笄。

③射、乡、食、飨：射礼、乡饮酒礼、食礼、飨礼。

译文

所以先王制定礼乐，作为人们的节制：丧服哭泣的规格，用来节制人们的丧事；钟鼓干戚等乐舞器具，用来调和人们的享受；婚姻和冠笄的礼仪，用来区别男女的不同；大射、乡饮酒、食、飨的礼仪，用来调整人们的交往。用礼来节制民众的心志，用乐来调和民众的声音，用行政力量加以推行，用刑罚手段加以防范。礼、乐、刑、政四个方面，互相沟通而不矛盾，这样王道就完备了。

原文

乐者为同，礼者为异[1]。同则相亲，异则相敬。乐胜则流[2]，礼胜则离。合情饰貌者[3]，礼乐之事也。礼义立，则贵贱等矣；乐文同，则上下和矣；好恶著，则

贤不肖别矣。刑禁暴，爵举贤，则政均矣。仁以爱之，义以正之，如此，则民治行矣。

注释

①乐的作用是调和好恶情感，所以说“乐者为同”；礼的作用是划分贵贱等级，所以说“礼者为异”。

②胜：超过、过分。流：散漫随便。

③合情：用乐来融洽内心感情。饰貌：用礼来检束外在仪容。

译文

乐的作用是调和统一，礼的作用是区别差异。能统一便相互亲近，有差异便相互尊敬。乐超过了限度，就会流于散漫不恭敬；礼超过了限度，就会造成隔离不亲近。调和感情，检束仪容，便是礼乐所做的事情。礼仪确立了，贵贱便有了等级。乐章调和了，上下便能和睦相处。好恶的标准明确了，贤与不肖就容易区别。用刑罚禁止暴乱，用赏爵举拔贤能，政事就公平了。用仁来爱护民众，用义来纠正邪恶，像这样，治理民众的方法就得以施行了。

原文

乐也者，动于内者也；礼也者，动于外者也。故礼主其减，乐主其盈[①]。礼减而进，以进为文[②]；乐盈而反[③]，以反为文。礼减而不进则销[④]，乐盈而不反则放[⑤]。故礼有报而乐有反[⑥]。礼得其报则乐，乐得其反则安。礼之报，乐之反，其义一也。

注释

①减：礼讲究克制谦让，所以强调减损。盈：乐用以抒发情感，所以强调充盈。

②进：推进、鼓励。文：美好。

③反：指有所控制。

④销：消亡

⑤放：放纵。

⑥报：通“褒”。鼓励的意思，跟上文“进”意思相近。

译文

乐，是活动于内心的；礼，是作用于外表的。礼的意义在于减损，乐的意义在于充盈。因为礼教人克制、减损，做起来比较困难，所以要加以鼓励，以努力去做为美；而乐使人抒发、充盈，做起来比较容易，所以要有所控制，以有所控制为美。礼是减损的，如果不鼓励，就会渐渐消亡；乐是充盈的，如果不控制就会走向放纵。所以礼应该有鼓励，乐应该有控制。礼有了鼓励人们就乐于实行，乐有了控制，人的情感才会安稳。对礼的鼓励、对乐的控制，道理是相通的。

原文

夫乐者，乐也，人情之所不能免也。乐必发于声音，形于动静，人之道也。声音、动静，性术之变，尽于此矣。故人不耐无乐[①]，乐不耐无形，形而不为道[②]，不耐无乱。先王耻其乱，故制《雅》《颂》之声以道之，使其声足乐而不流，使其文足论而不息[③]，使其曲直、繁瘠、廉肉、节奏足以感动人之善心而已矣[④]，不使放心邪气得接焉，是先王立乐之方也。

注释

①耐：通“能”，下同。

②道：通“导”，引导。

③文：指乐章。论：谈论义理。息：消失。

④曲直：指音乐或迂回或平直。繁瘠：指音乐或复杂或简单。廉肉：指音乐或清淡或丰满。节奏：指音乐或休止或进行。

译文

乐就是快乐，是人情不能缺少的。乐必定是发自声音，表现于动作，这是人性的常理。声音和动作，人的各种心情和心理变化，全部在这上面表现出来。所以人不能没有快乐，快乐不能没有表现形式，表现出来不加引导就不能不乱。先王以乱为羞耻，所以制定《雅》《颂》那样的音乐来引导，使声音足以表达快乐又不至于流于放纵，使乐章足以表达义理又不至于无话可说，使音乐的曲直、繁瘠、节奏等都足以感动人的善心，不让放荡之心、邪恶之念接触人的情感，这就是先王制定音乐的目的。

原文

是故乐在宗庙之中，君臣上下同听之，则莫不和敬；在族长乡里之中，长幼同听之，则莫不和顺；在闺门之内，父子兄弟同听之，则莫不和亲。故乐者，审一以定和[①]，比物以饰节[②]，节奏合以成文。所以合和父子君臣，附亲万民也，是先王立乐之方也。故听其《雅》《颂》之声，志意得广焉；执其干戚，习其俯仰诎伸[③]，容貌得庄焉；行其缀兆[④]，要其节奏[⑤]，行列得正焉，进退得齐焉。故乐者，天地之命，中和之纪，人情之所不能免也。

注释

①一：指中音。审一以定和，审定一个中音来确定众音的调和。

②物：指金、革、土、匏等乐器。

③诎：同“屈”。

④缀兆：舞步的位置。

⑤要：配合。

译文

所以音乐在宗庙之中演奏，君臣上下一同来听，大家无不平和恭敬；在乡邻之间演奏，长幼老少一同来听，大家无不和睦顺畅；在闺门里演奏，父子兄弟一同来听，大家无不和谐亲热。所以这音乐，审定一个基准音，调和众音，用各种乐器来配合节奏，节奏合在一起便成为乐章，这样就可以用来调和君臣父子的关系，使天下的民众团结友爱，这是先王制定音乐的目的。所以听了《雅》《颂》一类的音乐，心胸就变得宽广了；拿起干戚，演习那俯仰屈伸的动作，容貌就变得庄严了；按照舞步行走，配合着节奏，行列就端正了，一进一退的动作也就整齐了。所以音乐仿佛是天地的命令，是协调一切关系的纲纪，是人情不可缺少的东西。

原文

夫乐者，先王之所以饰喜也[①]；军旅铁钺者[②]，先王之所以饰怒也。故先王之喜怒，皆得其侪焉[③]。喜则天下和之，怒则暴乱者畏之。先王之道，礼乐可谓盛矣。

注释

①饰：这里是表达的意思。

②铁钺：大斧，用于作战的兵器。

③侪（chái）：类，引申为匹配。

译文

乐，是先王用来表达喜悦的；军队和武器，是先王用来表达威怒的。所以先王的喜悦和威怒，都有与之相配的东西来表达。表达喜悦则整个天下都和睦，显示威怒则暴乱的人都敬畏。先王的治国之道，在礼乐中可以说是充分地表现出来了。

原文

子赣见师乙而问焉[①]，曰："赐闻声歌各有宜也，如赐者，宜何歌也?"师乙曰："乙，贱工也。何足以问所宜?请诵其所闻，而吾子自执焉[②]。宽而静，柔而正者，宜歌《颂》；广大而静，疏达而信者，宜歌《大雅》；恭俭而好礼者，宜歌《小雅》；正直而静，廉而谦者，宜歌《风》；肆直而慈爱者，宜歌《商》；温良而能断者，宜歌《齐》。夫歌者，直己而陈德也。动己而天地应焉，四时和焉，星辰理焉，万物育焉。

注释

①子赣：即子贡，孔子弟子，姓端木，名赐。师：乐官。乙：是这个乐官的名字。

②自执：自己判断。

译文

子赣会见师乙，向他请教说："我听说唱歌要适合各人的性格，像我这样的人，适合唱什么歌呢？"师乙说："我只是个低贱的乐工，哪配回答你适合唱什么歌的问题？我只能说说我所听到的说法，由你自己判断吧。宽厚宁静、柔和正直的人适合唱《颂》；豁达安静、开通诚信的人适合唱《大雅》；恭敬谨慎、喜好礼节的人适合唱《小雅》；正直清静、廉洁谦让的人适合唱《风》；坦率耿直、慈祥仁爱的人适合唱《商》；温良而敢于决断的人适合唱《齐》。歌声直接表达自己、展示自己的品德，触动了自己，天地就会有感应，四时就会协调配合，星辰运行就会有条不紊，万物就会生长发育。

原文

"故《商》者，五帝之遗声也。商人识之，故谓之《商》。《齐》者，三代之遗声也，齐人识之，故谓之《齐》。明乎《商》之音者，临事而屡断。明乎《齐》之音者，见利而让。临事而屡断，勇也；见利而让，义也。有勇有义，非歌孰能保此？故歌者，上如抗，下如队[①]，曲如折，止如槁木，倨中矩，句中钩，累累乎端如贯珠。故歌之为言也，长言之也。说之[②]，故言之；言之不足，故长言之；长言之不足，故嗟叹之；嗟叹之不足，故不知手之舞之，足之蹈之也。"——《子贡问乐》[③]。

注释

①队：同“坠”，指音乐深沉。

②说：同“悦”。

③《子贡问乐》：此四字是这一节的标题。又本节（十三经注疏）原文，自“吾子自执焉”起，至“商人识之”，文不通顺，与《史记·乐书》不同。郑玄注云：“此文换简失其次。”今据《史记·乐书》改正。

译文

“《商》是五帝遗留下来的声音，商人还记着它，所以称之为《商》。《齐》是三代遗留下来的声音，齐人还记着它，所以称之为《齐》。精通《商》音的人，遇事总是能决断。精通《齐》音的人，见利总是能谦让。遇事能决断，就是勇；见利能谦让，就是义。有勇有义，离开了音乐，怎么能保持下去呢？歌声的旋律，向上高亢有力，向下深沉厚重。变化时好像突然折断，休止时好像一段枯木；平直时符合矩尺，曲折时好像环钩，连绵不断、头绪分明好像一串珍珠。唱歌其实也是一种语言，只是把语言的音调拉长罢了。心中喜悦就要用语言来表达，语言不够用，就拉长其音调；拉长音调不够，就发出咏叹；咏叹不够，就不知不觉地手舞足蹈起来了。”——以上是《子贡问乐》。

杂记上

原文

诸侯行而死于馆，则其复如于其国[①]。如于道，则升其乘车之左毂，以其绥复[②]。其輤有裧[③]，缁布裳帷[④]，素锦以为屋[⑤]。而行至于庙门，不毁墙[⑥]，遂入，适所殡，唯輤为说于庙门外[⑦]。

注释

①复：为死者招魂。

②绥：应作“緌”，旗帜顶端的飘带，以羽毛或旄牛尾为之。古代旌旗，正幅为缪，缪旁缀符，绪之上方有绥。

③輤：载尸车的篷盖。裧（chān）：篷盖四周下垂的缘边。

④缁布裳帷：用褐色布围上载尸车的四周。

⑤素锦：白锦。屋：设于篷盖下、裳帷内的小帐。

⑥毁墙：在庭院外墙开洞，以便棺柩入内。古代棺柩自外归，则毁墙而入；而死尸自外归，则不毁墙，自门入。

⑦说：通“脱”，卸除的意思。

译文

诸侯出行，死在别国的宾馆里，举行的招魂仪式和死在自己国内一样。假如是死在半路上，招魂的人就站到国君所乘车的左轮轴头，拿着车上所竖旌旗顶端的飘带招魂。载尸车的篷盖四周有下垂的缘边，用褐色布做四周帷幕，内部用白锦做小帐。这一切都装饰齐备后再把尸车送回家。到家时，不必在外墙上打洞，载尸车直接从大门进入，停在殡的地方，再将车的篷盖卸下来放到大门外。

原文

大夫、士死于道，则升其乘车之左毂，以其绥复。如于馆死，则其复如于家。大夫以布为輤而行，至于家而说輤，载以輲车[①]，入自门，至于阼阶下而说车，举自阼阶，升适所殡。士輤，苇席以为屋，蒲席以为裳帷。

注释

①輲（chuán）车：车轮没有辐条，以整木为轮。

译文

大夫、士出行，死在半路上，招魂的人站在死者所乘车左轮轴头，拿着车上所竖旌旗顶端的飘带招魂。如果死在别国的宾馆里，招魂仪式和死在家里一样。大夫死，载尸的车子用布拉起篷顶后再上路。到达自家门口时，卸下篷顶，把尸体移到輲车上，从大门进去，到东阶下，撤去輲车，把尸体从东阶上抬到停尸的地方。士所用的载尸的车子也要有篷盖，用芦席做小帐，用蒲席做裳帷。

原文

凡讣于其君，曰："君之臣某死。"父、母、妻、长子，曰："君之臣某之某死[①]。"君，讣于他国之君，曰："寡君不禄[②]，敢告于执事[③]。"夫人，曰："寡小君不禄。"大子之丧，曰："寡君之适子某死[④]。"

注释

①某之某死：第一个"某"字是臣子的名字，第二个"某"字是死者名字。

②不禄：死的委婉语。古时诸侯死称薨，大夫死称卒，士死称不禄，庶人死称死。这里诸侯称不禄，是降级表示自谦。

③执事：指君主左右的侍从人员，在外交辞令中称执事，表示自谦。

④适：通"嫡"。

译文

大夫、士死了，凡是向自己的国君报丧，应当说："君的臣子某某死。"如果是大夫、士的父、母、妻室或长子死，报丧时应当说："君的臣子某某家中某某死。"国君死，向别国君王报丧时应说："寡君不禄，敢向执事禀告。"如果国君夫人死，报丧时就说："寡小君不禄。"太子死，报丧时就说："寡君的嫡子某某死。"

原文

大夫讣于同国适者[①]，曰："某不禄。"讣于士，亦曰："某不禄。"讣于他国之君，曰："君之外臣寡大夫某死[②]。"讣于适者，曰："吾子之外私寡大夫某不禄[③]，使某实[④]。"讣于士，亦曰："吾子之外私寡大夫某不禄，使某实。"

注释

①适：通"敌"。指地位相当的人。

②外臣：臣子对别国君主皆自称外臣，表示不是直接的君臣关系。

③外私：不在同一诸侯国的私交。

④实：通"致"。这里是致辞、致意的意思。

译文

大夫死了，在国内报丧时，如果是地位相当的人，应说："某某不禄。"向士报丧，也说："某某不禄。"向别国的国君报丧，应说："君的外臣寡大夫某某死。"向别国的大夫报丧，说："您的国外好友寡大夫某某不禄，派我来报丧。"向别国的士报丧，也说："您的国外好友寡大夫某某不禄，派我来报丧。"

原文

士，讣于同国大夫，曰："某死。"讣于士，亦曰："某死。"讣于他国之君，曰："君之外臣某死。"讣于

大夫，曰："吾子之外私某死。"讣于士，亦曰："吾子之外私某死了。"

译文

士死，向本国大夫报丧，应说："某某死了。"向本国的士报丧，也说："某某死了。"向别国国君报丧，应说："君的外臣某某死。"向别国大夫报丧，应说："您的国外好友某某死了。"向别国的士报丧，也说："您的国外好友某某死。"

原文

大夫次于公馆以终丧[①]，士练而归[②]。士次于公馆[③]，大夫居庐[④]，士居垩室[⑤]。

注释

①公馆：公家的招待所。这里指国君的客馆。

②练：服丧满一年时的小祥祭祀。

③士次于公馆：这一句不好理解，前人论说各不相同。"士"字恐是衍文。

④庐：倚庐，靠墙倚木而成的草棚。

⑤垩室：以土坯垒成，不用泥涂抹的房子。

译文

大夫要在国君客馆的次舍中守丧至丧期结束，士守丧到练祭就可以回去。在国君客馆中守丧，大夫住在倚庐中，士住在垩室中。

原文

大夫为其父母兄弟之未为大夫者之丧，服如士服[1]。士为其父母兄弟之为大夫者之丧，服如士服。大夫之适子[2]，服大夫之服。大夫之庶子为大夫，则为其父母服大夫服，其位与未为大夫者齿。士之子为大夫，则其父母弗能主也，使其子主之。无子，则为之置后。

注释

①“士服”及下文“大夫服”，都是指为士、为大夫服丧的服期和丧服种类。

②适：通“嫡”。

译文

身为大夫的人，给他没有做过大夫的父母或兄弟服丧，只依士礼服丧。身为士的人，给做过大夫的父母或兄弟服丧，也只能依士礼服丧。大夫的嫡长子，可以按大夫礼服丧。大夫的庶子如果也是大夫，可以依大夫礼为父母服丧，但哭泣的位置只能与没有当大夫的人同列。士的儿子当了大夫之后，他的父母就不能为他主持丧事，而应由他的儿子主持。假如他没有儿子，就要为他立一个承嗣的人。

原文

大夫卜宅与葬日[1]，有司麻衣布衰布带[2]，因丧屦[3]，缁布冠不蕤[4]。占者皮弁[5]。如筮，则史练冠长衣以筮[6]。占者朝服[7]。

注释

①宅：墓地。

②有司：掌理卜事的人，即下节的“大宗人”“小宗人”，都是大夫的家臣。布衰（cuī）：以粗麻布为衰，长六寸，宽四寸，缀于布衣前胸处。

③丧屦：丧服所用的绳屦。

④緌（ruí）：即绥字，系帽子的缨带。因卜筮属吉礼，所以有司的服饰以吉服为主，兼有丧服。

⑤皮弁：白鹿皮帽子，属吉服。

⑥史：据郑玄注“史”上脱“筮”字。

⑦朝服：玄冠、缁衣、素裳、素韠，君臣上朝所穿，平民当作礼服。

译文

大夫死后，用龟卜的方式选择墓地和下葬的日期，这时候掌事的人穿着缀有布衰的白布深衣，腰扎布带，脚穿绳屦，头戴没有缨带的便帽。占者戴皮弁。如果是用筮选择葬地与日期，筮史就戴白练布帽，穿素色深衣行筮。占者穿朝服。

原文

大夫之丧，既荐马[①]，荐马者哭踊出，乃包奠而读书[②]。大夫之丧，大宗人相，小宗人命龟，[③]卜人作龟。

注释

①荐马：牵马进入庙门。古时入葬之日，灵柩先到祖庙朝祖。朝祖完毕，把马牵进去驾车，将灵柩运往墓地。

②包奠：把大遣奠所用牲体用芦席包裹起来，随灵柩入葬。书：写有附葬物品的清单。亦称“遣策”。下葬时要读遣策。

③大宗人、小宗人：指大夫这一族的族长、宗子。命龟：在龟甲上钻孔，用火灼孔，以观兆知凶吉。

译文

大夫的丧礼，朝祖、遣奠完毕，将马牵进庙门后，牵马的人就哀哭踩脚。柩车既出庙门，于是包裹大遣奠所用的牲体，宣读附葬物品的清单。大夫的丧事，大宗人佐助主人行礼，小宗人受命后要命龟，卜人再占卜。

原文

内子以鞠衣、褒衣、素沙[1]，下大夫以襢衣[2]，其馀如士。复，诸侯以褒衣冕服、爵弁服[3]。夫人税衣揄狄[4]，狄税素沙[5]。復西上。大夫不揄绞，属于池下。[6]

注释

这一节中有错简和脱文，郑玄作注时已如此。陈澔《礼记集说》将“内子以鞠衣……其馀如士”移至“狄税素沙”之后，符合文章叙述顺序。脱文已不可考，但与《丧大记》相比较，可知此处当先说诸侯、夫人，其次为大夫、世妇，其次为士、士妻。现在依《礼记集说》的顺序翻译。

①内子：大夫之妻。褒衣：受君王褒奖而被赏赐的衣服。素沙：白纱。这里指衣服的白纱里子。

②襢衣：没有文采的礼服。“襢”也写作“展”。

③冕服：玄冕、玄衣、绛裳、赤韨组成的一套礼服。各套冕服的衣、裳、韨上的图文不同，又分成六种。爵弁服：由弁爵、纯衣、纁裳、缁带、及赤韨所组成的礼服。

④税（tuàn）衣：黑色礼服。“税”也写作“褖”。揄狄：刻青缯为雉形，加画彩，缀于礼服为饰。

⑤狄税：即税衣揄狄。

⑥“大夫不揄绞，属于池下”句也是错简，应在本篇第二节“大夫以布为輤”之后。揄绞：画有翟雉的青黄色缯，系在丧车的顶篷上。池：覆于棺上的方格竹帘，有下垂的折边。

译文

招魂用的衣服：诸侯用天子赏赐的衣服、冕服和爵弁服。诸侯夫人用较卑的税衣或最尊的揄狄者都可以，税衣、揄狄等礼服都用白纱縠做里子。内子用鞠衣和白纱里子的赐衣。下大夫用没有文采的礼服，其余的人都和士一样用黑色褖衣。招魂的位置以西为上。大夫的丧车不用飘动的揄绞，应该把它压在“池”的下面。

原文

大夫附于士[①]，士不附于大夫，附于大夫之昆弟。无昆弟则从其昭穆[②]。虽王父母在[③]，亦然。妇附于其夫之所附之妃，无妃则亦从其昭穆之妃。妾附于妾祖姑，无妾祖姑，则亦从其昭穆之妾。男子附于王父则配[④]，女子附于王母则不配[⑤]。公子附于公子。君薨，大子号称子，待犹君也。

注释

①附：通“祔”，指神主在庙中所置之位次。

②从其昭穆：附于昭穆。

③王父母：祖父母。

④配：指配享。这里是说男子附于祖父时要配祭祖母。

⑤女子：指未嫁之女，若已嫁，应祔于祖姑。

译文

大夫死后，他的神主可以排在当过士的祖父后面，而士死后，他的神主却不能排在当过大夫的祖父后面，只能排在当过士的叔伯祖父后面。如果没有这样的叔伯祖父，就应该依昭穆顺序祔于高祖。即使祖父母还在世，也是这样。媳妇应祔于她丈夫所祔的祖先的配偶祖姑。如果没有祖姑可祔，也应按昭穆顺序祔于高祖之妃。妾祔于祖父之妾，如祖父无妾，也应按昭穆顺序祔于祖辈之妾或高祖之妾。男子祔于祖父时要同时配祭祖母，未嫁女子祔于祖母时不配祭祖父。国居的庶子只能祔于祖辈的庶子。国君死的当年，太子只称子，但他的地位和国君一样。

原文

有三年之练冠[1]，则以大功之麻易之，唯杖屦不易。有父母之丧，尚功衰[2]，而附兄弟之殇则练冠。附于殇，称“阳童某甫[3]”，不名，神也。

注释

①练冠：三年之丧至满一年时举行小祥祭时，除去首绖，改用白练布做的帽子。

②功衰（cuī）：为父母服丧三年，至小祥后去斩衰或齐衰，改用大功布为丧服，叫作功衰。

③阳童：郑玄说庶子殇死称阳童，宗子殇死称阴童。某甫：指殇死者的字。殇死者未行冠礼，没有字，但因不能称名，所以为他另取一个字。

译文

原来有父母三年丧服，在小祥后改用练冠以后，又遇大功丧服，只要改戴麻绖就行了，唯有为父母服丧用的丧棒和丧屦不变。为父母服丧，身上还有大功孝服，而遇到未成年兄弟的祔祭时，仍然戴练冠。为殇死者举行祔祭时，称“阳童字某某”，不呼他的名，是因为把他看作鬼神了。

原文

凡异居，始闻兄弟之丧，唯以哭对可也。其始麻，散带绖[①]。未服麻而奔丧，及主人之未成绖也[②]，疏者，与主人皆成之；亲者，[③]终其麻带绖之日数[④]。

注释

①始麻，散带绖：麻指披麻戴孝。散带绖，腰里系的麻绳腰带，系结以外的部分不拧成绳而散垂着。孔颖达说这是指大功之丧，倘是小功之丧则垂而不散。

②成绖：指成服而绞腰绖。大殓以后，按照礼制服丧，谓之成服。

③疏者……亲者：以大功为界，大功以上为亲，如亲兄弟、从父兄弟。小功以下为疏，如从祖兄弟、族兄弟。

④终其麻带绖之日数：丧礼，始死至大殓，亲属都披麻，大殓以后成服。这里指亲者必须补行披麻的程序，然后成服。

译文

凡是分居两地的兄弟，刚听到兄弟死的讣告时，只用哀哭来对答报丧人是可以的。此时为兄弟披孝，腰带的多余部分要散垂着。如果没有披麻就回去奔丧，到家时丧主还没有成服绞腰绖时，亲属关系较远的，就和丧主一起成服；关系亲近的，要披麻散带到规定的期限再成服。

原文

主妾之丧[①]，则自附[②]，至于练、祥，皆使其子主之。其殡、祭不于正室。君不抚仆妾[③]。女君死，则妾为女君之党服[④]。摄女君，则不为先女君之党服。

注释

①主妾：主妇死后而被扶为正室的妾。

②自附：指丈夫亲自为主妾主持祔祭。附，通“祔”。

③抚：小殓、大殓后的抚尸哭泣。仆妾：指没有被扶为继室的妾。

④女君之党：主妇的娘家亲属。

译文

妾被扶为继室后而死，丈夫亲自为她主持祔祭，而练祭和大祥都让她的儿子主持，但是殡和丧祭都不在正室。丈夫不抚摸仆妾的尸体哭泣。主妇死后，妾仍要为主妇的娘家人服丧，但妾被扶为继室后，就不为原先的主妇娘家人服丧。

原文

闻兄弟之丧，大功以上，见丧者之乡而哭[①]。适兄弟之送葬者弗及，遇主人于道，则遂之于墓。凡主兄弟之丧，虽疏亦虞之[②]。

注释

①见丧者之乡而哭：《奔丧》云："齐衰望乡而哭，大功望门而哭。"这里未分齐衰、大功，意与《奔丧》同。

②虞：入葬后安神的祭祀。

译文

听到兄弟的讣告而去奔丧，有大功丧服关系以上的亲属，在望见死者所住的地方就要开始哭泣。去给兄弟送葬而没有赶得上，即使在路上遇到主人已葬毕返回，自己也要到墓地去哭吊。凡是为兄弟主持丧事的人，即使亲属关系很疏远，也要为死者举行虞祭。

原文

凡丧服未毕，有吊者，则为位而哭[1]，拜、踊。大夫之哭大夫，弁绖[2]。大夫与殡，亦弁绖。大夫有私丧之葛[3]，则于其兄弟之轻丧，则弁绖。

注释

①为位：丧事中按亲属关系排定的哭泣位置。

②弁绖：在爵弁上加环绖。绖，戴孝时扎在头上的布条。

③私丧：自己的亲人之丧。葛：服丧至卒哭后改重服为轻服，以葛衣代麻衣。私丧之葛，指有妻子之丧。

译文

只要丧服在身，服期未完，遇有来吊丧的人，都要站在规定的位置上哭泣，拜宾，成踊。大夫哭吊大夫时，在爵弁上加环绖，大夫参加入殡仪式时，也在爵弁上加环绖。大夫有妻子之丧，但已到换成葛衣之后，遇到亲属关系较远的兄弟死丧，也可以在爵弁上加环绖去吊丧。

原文

为长子杖，则其子不以杖即位[1]。为妻，父母在，不杖，不稽颡[2]；母在，不稽颡。稽颡者，其赠也拜[3]。违诸侯[4]，之大夫，不反服。违大夫，之诸侯，不反服。

注释

①其子：长子的儿子。

②稽颡：丧礼中最重的礼节，叩头至地。

③赠：以物送别死者。

④违：离别。

译文

父亲在长子丧时持丧棒，长子的儿子就不能拿着丧棒即孝子之位。为妻服丧，父母俱在时，不能拿丧棒，也不得行稽颡礼；仅有母亲在世，可以拿丧棒而不稽颡，只有拜谢来赠的人时才稽颡。离开诸侯，到大夫家做事的人，不再为诸侯服丧。离开大夫而成为诸侯之臣的人，不再为大夫服丧。

原文

丧冠条属[①]，以别吉凶。三年之练冠，亦条属，右缝[②]。小功以下，左。缌冠缲缨[③]。大功以上散带。朝服十五升[④]，去其半，而缌加灰[⑤]，锡也[⑥]。

注释

①条属：用一条绳盘成圆圈作为帽檐，多余部分下垂作缨，称为“条属”。吉冠的帽檐与缨分开制作。

②右缝：冠顶的褶缝向右。

③缲：用漂过的麻织成的布。缨：固定帽子的带子，系在领下。

④升：八十缕为一升。布幅宽为定数，升数越少布越粗。十五升是比较精细的布。

⑤缌：十五升为一千二百缕，去其一半为六百缕，但缕不加粗，故缌麻比朝服稀疏。

⑥锡：指锡衰，较缌麻滑润。为大夫吊丧时穿用。

译文

丧冠的沿边和缨是用同一条绳子做成的，以此来区别吉凶。服三年的丧服到小祥后用的练冠，也是用一条绳子做沿边又做缨，但帽顶的褶缝向右。只有小功以下才向左。缌麻丧冠用缫麻布做缨。大功以上的腰带，系结之外的部分散垂着。朝服所用布有一千二百根经线，抽去一半经线就是缌麻所用之布；如果再加灰练使滑润，就是锡衰所用之布。

原文

诸侯相襚，以后路与冕服[①]。先路与褒衣[②]，不以襚。遣车视牢具[③]。疏布輤，四面有章，置于四隅。载粻[④]，有子曰[⑤]："非礼也。丧奠，脯醢而已。"祭称"孝子""孝孙"，丧称"哀子""哀孙"。

注释

①后路：即次辂，随从出行的车。

②先路：即正辂，此指诸侯乘坐的车

③遣车：送葬时装载包奠的车。牢具：大遣奠时用来放牲体的器具数量，有一牢则用一个包奠，用一乘遣车。

④粻（zhāng）：此指遣车所载谷物。

⑤有子：孔子的学生。

译文

诸侯相互赠送殓葬的衣物，可以用随行的副车和礼服。自己乘坐的车和天子赏赐的衣服，不能用来赠送死者。送葬用的遣车数量要看包奠的多少而定。遣车用粗布做篷顶，四面也用粗布遮掩起来，放在棺椁的四角。遣车上载有谷物，有子说：“这不合礼制。丧时设奠的供品，仅仅用干肉片和肉酱罢了。”平常祭祀时自称“孝子”或“孝孙”，但在丧事中，要自称“哀子”或“哀孙”。

原文

端衰①，丧车②，皆无等。大白冠、缁布之冠，皆不蕤③。委武④，玄、缟而后蕤。大夫冕而祭于公⑤，弁而祭于己⑥。士弁而祭于公，冠而祭于己。士弁而亲迎，然则士弁而祭于己可也。

注释

①端衰：丧服的上衣与古服的玄端式样相同，只是在胸前缀一块六寸的麻缞，所以丧服也称端衰。

②丧车：孝子所乘恶车。孝子遭丧，所乘车不漆不饰，叫作恶车。

③蕤：帽缨的下垂穗子。

④委武：帽子四周平展的沿边。

⑤冕：礼帽。上有一方板，板下为圆圈，套在头发上。

⑥弁：比冕次一等的礼帽。用布折叠为尖顶，顶稍后斜，无帽檐。

译文

端衰和丧车，都没有等级差别。土白色的布帽和黑褐色的布帽，帽缨下都没有下垂的穗子。有帽檐的黑帽和白帽才有帽带穗子。大夫戴着冕去参加国君的祭祀，而在家祭祀就戴弁。士戴着弁去参加国君的祭祀，而在家里祭祀只戴平常戴的冠。士结婚那天戴着弁去接新娘，那么他戴着弁在家里祭祀也是可以的。

原文

畅①，臼以椈②，杵以梧。枇以桑③，长三尺，或曰五尺。毕用桑④，长三尺，刊其柄与末。率带⑤，诸侯、大夫皆五采⑥，士二采⑦。醴者，稻醴也。瓮甒筲衡⑧，实见间而后折入⑨。重⑩，即虞而埋之。

注释

①畅：陆德明《经典释文》云："字本作鬯。"

②臼：捣郁金香草的臼。椈：柏木。

③枇：通"匕"，从锅中捞牲体的大匕。

④毕：木叉。捞牲体时与匕配合使用。

⑤率带："率"通"繂"。死者穿衣中用此带束在腰间。如生时所用之带，带子边缘不用针线缉边，所以叫繂带。

⑥五采：用五种色彩装饰。

⑦二采：用红、绿二种色彩装饰。

⑧瓮：盛放酱类食品的容器。甒：盛放酒浆饮料的坛子。筲（shāo）：竹篓，盛放谷物。衡：通"桁"，承放瓮瓶的木架。

⑨见：棺饰。折：椁盖板。

⑩重：人死后，在庭中立一木柱，以做灵魂所依。

译文

捣鬯的臼用柏木制成，杵用梧桐木制成。捞牲体的大匕用桑木制成，长三尺，有人说长五尺。捞牲体的木叉也用桑木制成，长三尺，柄部与叉尖要砍削。绰带，诸侯、大夫都用五种色彩装饰，士只用二种色彩装饰。随葬的醴要用稻米酿的。瓮、甀筲和搁置瓮瓶的木架，都放在棺饰与棺柩之间，然后把椁盖板放入坑中盖好。重木在虞祭之后埋掉。

原文

凡妇人，从其夫之爵位。小敛、大敛、启，皆辩拜[①]。朝夕哭，不帷[②]。无柩者，不帷。君若载而后吊之[③]，则主人东面而拜，门右北面而踊，出待[④]，反而后奠。子羔之袭也[⑤]，茧衣裳与税衣纁袡为一[⑥]，素端一[⑦]，皮弁一[⑧]，爵弁一[⑨]，玄冕一[⑩]。曾子曰："不袭妇服[⑪]。"

注释

①辩：通"遍"。

②帷：用布幕遮起来。

③载：指把棺柩装在柩车上，准备出葬。

④出待：主人送国君时，先到大门外等国君出门，再拜送。

⑤子羔：孔子的弟子高柴。袭：尸体沐浴后穿的衣服。

⑥茧衣裳：铺有丝绵的棉衣棉裤。税衣：即褖衣。纁：绛红色。税衣纁，黑色衣裳有绛红色绲边，这是妇人的服装。袡：衣裳边缘。

⑦素端：衣裳均是素色。

⑧皮弁：布衣素裳。

⑨爵弁：玄衣纁裳。

⑩玄冕：玄衣无纹，纁裳刺绣。

⑪妇服：指纁衻。

译文

凡是妇人的丧礼，都依照她丈夫的爵位而定等级高低。小敛、大敛、启殡时，主人都要遍拜来宾。早晚在灵堂哭泣时，不用布幕遮殡。棺柩已殡就不再用帷幕。国君如果在棺柩已经装载在柩车上的时候来吊丧，主人要先站在西侧的宾位向东拜谢，再到门内右边向北哭踊。送国君时，主人先出门等待，送走国君之后返回庭中设奠祭。子羔死，小殓时用的衣服有：丝绵衣裳和滚红边的黑衣合为一套，素端一套，皮弁一套，爵弁一套，玄冕一套。曾子说："不该用那滚红边的妇人衣服。"

原文

为君使而死，公馆复，私馆不复。公馆者，公宫与公所为也。私馆者，自卿大夫以下之家也[①]。公七踊，大夫五踊，妇人居间[②]，士三踊，[③]妇人皆居间[④]。

注释

①以上数句与前文"曾子问"相似，已注。

②妇人居间：此四字疑为衍文。

③七踊、五踊、三踊：指始死到入殡之间哭踊的次数，不是每次踊跳的次数。诸侯死后五日入殡，踊七次：始死至殡，每日一次，小殓、大殓各一次。大夫死后三日入殡，踊五次：每日一次，小殓、大殓后各一次。士死三日入殡，踊三次：始死一次，小殓、大殓后各一次。

④居间：哭踊的顺序是男子先踊，踊毕妇人接踊，然后来宾踊。妇人在男子与来宾之间。

译文

替国君出使而死在公家的客馆里，就举行招魂仪式，如果死在私人的客馆里就不举行招魂仪式。所谓公家的客馆，是指国君的客馆和国君指定的客馆。所谓私人的客馆，是指卿大夫以下的私宅。从始死到入殡，诸侯丧，哭踊七次；大夫丧，哭踊五次；士丧，哭踊三次。妇人哭踊在男子之后而在来宾之前。

原文

公袭，卷衣一[①]，玄端一[②]，朝服一[③]，素积一[④]，纁裳一[⑤]，爵弁二，玄冕一，褒衣一，朱绿带[⑥]，申加大带于上[⑦]。小敛，环绖[⑧]，公、大夫、士一也。公视大敛[⑨]，公升，商祝铺席[⑩]，乃敛。鲁人之赠也[⑪]，三玄二纁，广尺，长终幅。

注释

①卷衣：即衮衣。

②玄端：玄衣朱裳，本是斋戒时所用服装。天子用作燕服，士用作祭服，大夫用作视朝之服。

③朝服：缁衣素裳，诸侯每天视朝穿用。

④素积：即皮弁服，诸侯视朔时穿用。

⑤纁裳：与冕服配套的裳。

⑥朱绿带：结衣的带子，用朱、绿二色为饰。

⑦申：重复。大带：即前文的“率带”。

⑧环绖：用麻绳做成的圈，戴在头上。

⑨公视大敛：臣子死，国君若有恩赐，就在大殓时亲自送到灵堂，并在那儿察看大殓。

⑩商祝：熟悉商代礼仪的祝人。

⑪赠：用布帛为死者送别。《仪礼·士丧礼》说应是“制币，玄纁束”。长一丈八尺为制，五匹为束，鲁人用宽一尺，长二尺二寸的玄纁五块为赠，不合古礼。

译文

诸侯死，小殓所用衣有衮衣一套，玄端一套，朝服一套，纁裳一套，爵弁二套，玄冕一套，褒衣一套，用朱绿带系结，再加上大带。小殓时主人头戴环绖，这是公、大夫、士都一样的。国君来察看大殓，升堂之后，商祝才铺殓席，开始行大殓。鲁国人用币送死者入墓，是用三块黑色的和两块绛色的布，每块只有一尺宽，二尺二寸长，这不符合礼的规定。

原文

吊者即位于门西[①]，东面。其介在其东南[②]，北面西上，西于门。主孤西面[③]。相者受命[④]，曰：“孤某使某请事。”客曰：“寡君使某。如何不淑[⑤]！”相者入告，出曰：“孤某须矣[⑥]。”吊者入，主人升堂，西面。吊者升自西阶，东面，致命曰：“寡君闻君之丧，寡君使某。如何不淑！”子拜稽颡。吊者降，反位[⑦]。

注释

①吊者：国君派遣的使者。

②介：使者的随行人员，其中有一副使，称“上介”。

③主孤：丧主。

④相者：协助丧主行礼的人。

⑤不淑：哀悼之词。不幸的意思。

⑥须：等候的意思。

⑦反位：据郑玄注，当作“出反位”，脱“出”字。

译文

列国诸侯派来吊丧的使者站在大门外西侧，面向东。随行人员都依次排列在他东南方，面向北，以西方为上位，但所有人员都要在门西不能直面门口。主人站在庭中东阶下，面向西。相者接受主人的吩咐，出门对来使说：“嗣子某某派我某某来请示何事。”使者说：“鄙国君主派我们来转达他的哀悼。”相者入门告知主人，又走出门对吊者说：“嗣子某某已在里边恭候。”吊者入门。主人从东阶升堂，面向西立。吊者从西阶升堂，面向东立，向主人表达来意说：“鄙国君主听到您遭大丧，特派我某某来向您转达他的哀悼之意。”主人拜谢磕头至地。吊者下堂，出门，返回原位。

原文

含者执璧将命曰[1]：“寡君使某含。”相者入告，出曰：“孤某须矣。”含者入，升堂致命。再拜稽颡[2]。含者坐[3]，委于殡东南，有苇席；既葬，蒲席[4]。降，出，反位。宰夫朝服[5]，即丧屦，升自西阶，西面，坐取璧，降自西阶以东。

注释

①含：放在死者口中的玉。含者，被派遣求赠含玉的人，是副使之一。将命：同上节的“致命”，致辞的意思。

②再：当如上节作“子”。

③坐：跪坐。

④因为列国有远近，有些使者到达时，棺柩已葬，就改用蒲席。

⑤宰夫：宰是替诸侯总理政务的官。“夫”是衍文。

译文

致含的人端着璧向相者转述国君的吩咐，说：“鄙国君主派我某某来致含礼。”相者进去告知主人后，又出来，说：“嗣子某某已在恭候。”含者入门，走到堂上，面对着殡致辞。主人拜谢磕头。含者跪下，将璧玉放在殡东南方的苇席上。如果棺柩已葬，苇席换成蒲席。然后下堂，出门，返回原位。丧家的宰官身穿朝服，换上绳屦，从西阶上堂，面向西，跪下拿起璧，再从西阶下堂向东走。

原文

襚者曰：“寡君使某襚。”相者入告，出曰：“孤某须矣。”襚者执冕服，左执领，右执要，入，升堂致命曰：“寡君使某襚。”子拜稽颡。委衣于殡东[①]。襚者降，受爵弁服于门内霤[②]，将命。子拜稽颡如初。受皮弁服于中庭，自西阶受朝服，自堂受玄端，将命。子拜稽颡皆如初。襚者降，出，反位。宰夫五人，举以东。降自西阶，其举亦西面。

注释

①委衣于殡东：即放在殡东的苇席上。

②受爵弁服：襚者执衣，都是左手持领，右手托衣腰，每次只能拿一件，把冕服放下后，又下堂取衣。堂下有贾人递给他。门内霤：大门内屋檐正中处。

译文

致禭的人向相者说："鄙国君主派我某某来送禭。"相者入门告知主人，然后出门向禭者说："嗣子某某已在里边恭候。"禭者拿起冕服，左手持衣领，右手持衣腰，入门，从西阶走上堂向殡致辞："鄙国君主派我来送禭。"主人拜谢磕头至地。禭者把冕服放在殡东，然后下堂，走到门内屋檐正中处接过贾人递过来的爵弁服，走上堂致辞。主人拜谢磕头至地和前次一样。禭者把爵弁服放在殡东，又到中庭接过皮弁，登堂致辞委衣；再到西阶上接过朝服，登堂致辞委衣；最后就在堂上接过玄端，致辞委衣。每禭一衣，主人都拜谢磕头至地。禭者从西阶下堂，出门，返回原位。丧家的宰夫五人，身穿朝服，换上绳屦，从西阶上堂，取衣下堂向东走。下堂要从西阶，取衣时面也向西。

原文

上介赗[①]，执圭将命[②]，曰："寡君使某赗。"相者入告，反命曰："孤某须矣。"陈乘黄、大路于中庭[③]，北辀[④]。执圭将命，客使自下[⑤]，由路西。子拜稽颡。坐委于殡东南隅。宰举以东。凡将命，乡殡将命[⑥]，子拜稽颡。西面而坐，委之。宰举璧与圭，宰夫举禭，升自西阶，西面，坐取之，降自西阶。

注释

①介：副使。赗（fèng）：送财物给死者的家属，以助丧事。

②执圭：列国所赗用车马，不能拿在手里，所以用圭为代丧物。

③乘黄：四匹黄马。路：通"辂"。

④北辀：大辂的车辕向北。

⑤客使：上介所使唤的人，就是陈设车马的人。自下：郑玄注："自，率也。下，谓马也。"这句话是说，客使牵着马站在辂车西面。

⑥乡：通"向"。

译文

副使致赗，手里捧着圭向相者说："敝国君主派我来致赗。"相者入门告知主人，又返回门外传达主人的话，说："嗣子已在里面恭候。"于是副使命令自己的助手把四匹黄马和一辆大辂车陈设到庭院中间，车辕向北。副使捧圭登堂向主人致辞，陈设车马的人牵着马站在大辂的西面。主人拜谢磕头至地。副使跪下把圭放在殡东南角。丧家的宰官上堂取圭，下堂向东走。通例：凡是致辞时，客人都面向着殡致辞，丧主拜谢磕头至地，然后客人走到殡东面向西跪下，放下礼物。丧家的宰官取璧和圭、宰夫取襚衣，都从西阶升堂，面向西跪下取物，再从西阶下堂。

原文

赗者出，反位于门外。上客临[①]，曰："寡君有宗庙之事[②]，不得承事，使一介老某相执綍[③]。"相者反命，曰："孤某须矣。"临者入门右[④]，介者皆从之，立于其左，东上。宗人纳宾[⑤]，升，受命于君降曰[⑥]："孤敢辞吾子之辱[⑦]，请吾子之复位[⑧]。"客对曰："寡君命某毋敢视宾客，敢辞。"宗人反命曰："孤敢固辞吾子之辱，请吾子之复位。"客对曰："寡君命某，毋敢视宾客，敢固辞。"宗人反命曰："孤敢固辞吾子之辱，请吾子之复位。"客对曰："寡君命使臣某，毋敢视宾客，是以敢固辞。固辞不获命，敢不敬从？"客立于门西，介

立于其左，东上。孤降自阼阶，拜之。升哭[9]，与客拾踊三[10]。客出，送于门外，拜稽颡。其国有君丧，不敢受吊。

注释

①上客：即正使，也就是前面的吊者。临：哀哭。

②宗庙之事：指朝大事。

③一介老某：谦辞。相：协助。相执，等于说协助办理丧事。綍（fú）：出葬时拉柩车的绳索。

④门右：门东侧。临哭是私礼，不把自己当做客，所以入门右。

⑤宗人：诸侯的礼官。宾：众使者。

⑥君：嗣君，即主人。

⑦辱：指客人不就宾位而屈辱自己。

⑧复位：回到门西的宾位。

⑨升哭：主人和客都升堂哭泣。

⑩拾踊三：轮流顿足三次，表示哀痛。

译文

致赗的副使出门，返回原来的位置。正使接着行临哭礼，向相者说："鄙国君主因要守护宗庙，不能亲来帮助料理丧事，所以我这个老臣某某来协助牵引柩车。"相者入告主人，又出来对正使说："嗣子某某已在恭候了。"于是正使入门，站在门内东侧，随行人员都跟着进门，依次站在正使的左边，以东边为上位。宗人迎进这些客人后，升堂听受主人的命令，再下堂对客人说："嗣子不敢当你们厚意，请你们站到西侧宾位上。"正使对答说："鄙国君主命令我们不要把自己当作宾客，我们冒昧地辞谢主人盛情。"宗人请示主人，又对正使说："嗣子冒昧地坚决不敢当你们的厚意，请你们站到宾位上。"正使再答："鄙国君主命令我们不要把自己当作宾客，我们冒昧地辞谢主人的盛情。"宗人又请示主人，然后对正使说："嗣子还是冒昧地坚决不敢当你们的厚意，请你们站到宾位上。”正使答：“鄙国君主命令我们这些出使的，不要把自己当作宾客，因此我们坚决推辞。坚决推辞却得不到允许，我们岂敢不听从吩咐？”于是正使站到大门西侧，随行人员仍站在他的左边，以东面为上。主人从东阶下堂，拜谢正使，然后主人从东阶、客人从西阶升堂哀哭，并轮流顿足而各哭三次。客人出门时，主人送到门外，又拜谢磕头至地。一个国家有国君的丧事，所有的臣子就都不敢接受别国宾客的吊丧。

原文

外宗房中南面[①]。小臣铺席，商祝铺绞、紟、衾，士盥于盘北，举迁尸于敛上[②]。卒敛，宰告，子冯之[③]，踊。夫人东面坐，冯之，兴，踊。

注释

这一节与“君将大敛”节中文字相同，疑为错简重出。

①外宗：与死者同宗的妇女。

②敛：此处作名词，指铺好的大殓衣。

③冯：通“凭”，抱住尸体，伏在上面哭。

译文

同宗的妇女站在房中，面向南。近臣在堂上当东阶的地方铺好席条，商祝在席上依次铺设大殓绞、单被、夹被、大殓衣。丧祝的属下士在盘北洗手，把尸体抬起来移到铺好的大殓衣上。大殓完毕，诸侯的总管向世子报告，世子跪到尸旁抱尸哭泣，并站起来跺脚。夫人在尸西，面向东跪下，抱尸哭泣，然后站起来跺脚。

原文

士丧，有与天子同者三：其终夜燎，及乘人[①]，专道而行[②]。

注释

①乘人：柩车至墓地不用马而用人牵引。

②专道而行：指柩车在道时行人避让。

译文

士的丧事中，有三处是与天子的丧事相同的：一是出殡的夜里通宵设置火炬照明；二是柩车用人拉而不用马；三是柩车独占一条道路而行。

杂记下

原文

有父之丧，如未没丧而母死[1]，其除父之丧也，服其除服[2]；卒事，反丧服。虽诸父昆弟之丧[3]，如当父母之丧，其除诸父昆弟之丧也，皆服其除服之服；卒事，反丧服。如三年之丧，则既纇[4]，其练、祥皆行。王父死[5]，未练、祥而孙又死，犹是附于王父也。

注释

①没丧：服丧期满。

②除服：除丧后的服装，指服丧期满后举行大祥祭时，孝子除去丧服而穿的细麻布衣服。

③诸父：伯父、叔父。昆弟：叔伯兄弟。为他们服丧用轻服。

④既纇（jiǒng）：虞祭卒哭之后。纇，麻一类的植物。虞祭卒哭之后，变麻带为葛带，如无葛，就用纇代替。

⑤王父：祖父。

译文

父亲去世正在服丧，如果丧期未满而母亲又去世，那么在为父亲举行大祥祭的时候，还应穿上除服；大祥祭结束后，再换上为母服丧的丧服。即使在为叔伯父母和兄弟服丧期间，如果又遇到父母之丧，在为叔伯兄弟除丧时，都要改穿除服；事毕之后再穿上为父母所服丧服。如果守丧时同时遇到两个需服三年的丧事，那么在后一个丧事的虞祭卒哭之后，前一个丧事的小祥和大祥，都要按上面的方法进行。祖父死后还没有举行练祭和大祥祭，而孙子又死了，还是附在祖父后面。

原文

有殡，闻外丧[①]，哭之他室。入奠，卒奠，[②]出，改服即位，如始即位之礼。

注释

①外丧：居住在别处的亲属的死讯。

②入奠，卒奠：指棺柩在殡时的朝夕奠。

译文

父母死，灵柩在殡，又听到居于别处的亲属的死讯，应当到其他房间里去哭泣。第二天早晨先到殡堂奠祭父母，奠祭完毕后出来，换上应为新丧者服的丧服到另外的房间去就位哭泣新丧者，所即之位就是头一天听到死讯时在别的房间哭泣的位置。

丧大记

原文

疾病[①]，外内皆埽。君、大夫彻县[②]，士去琴瑟。寝东首于北牖下[③]，废床，彻亵衣[④]，加新衣，体一人[⑤]。男女改服。属纩以俟绝气[⑥]。男子不死于妇人之手，妇人不死于男子之手。[⑦]君、夫人卒于路寝[⑧]。大夫、世妇卒于适寝[⑨]。内子未命[⑩]，则死于下室[⑪]，迁尸于寝。士、士之妻皆死于寝[⑫]。

注释

①疾病：这里指病人病危时。

②彻：通“撤”，撤去。县：通“悬”，指乐器。古代诸侯堂下三面有乐器，称判悬，大夫一面，称特悬。

③牖（yǒu）：窗子。当依郑玄注作“墉”。古时北面无窗。

④亵衣：本指贴身穿的衣服，这里指原来身上穿的所有衣服。

⑤体：四肢。

⑥纩（kuàng）：丝锦。

⑦“男子”二句：这两句的意思是临终前，男子不用妇女服侍，妇女不用男子服侍。

⑧路寝：正寝。

⑨世妇：大夫的嫡妻。适寝：正寝。适，通“嫡”。

⑩内子未命：古代妇随夫爵，卿大夫未在太庙受过爵命，其妻称内子。

⑪下室：妻的寝室。

⑫皆：统指有爵命及无爵命的士和其正妻。

译文

病人病危时，寝室内外都要打扫干净。病人是诸侯、大夫，就要把乐器撤去；病人是士，就要把琴瑟收藏起来。病人头朝东躺在正寝的北墙下，不用床，为病人脱去身上的衣服，换上新衣服，分别由四人按住病人的四肢。主人、主妇也都改换服装。在病人的口鼻前放些丝锦，用来观察等待他断气。临终前，男子不用女人服侍，妇女也不用男人服侍。诸侯及夫人应死在正寝里，大夫及正妻应死在正寝里。卿大夫若未受过爵命，他们的妻子只能死在她自己的寝室里，然后把尸体移到正寝里。士和士的正妻都应死在正寝里。

原文

其为宾①，则公馆复②，私馆不复③；其在野，则升其乘车之左毂而复④。复衣，不以衣尸，不以敛。妇人复，不以袡⑤。凡复，男子称名，妇人称字⑥。唯哭先复，复而后行死事。

注释

①为宾：出国聘问。

②公馆：所聘问国的公家馆舍。

③私馆：卿大夫的家庙。

④毂：车轮中心的圆木，中贯轴。其一端出于轮外，所以能站人。

⑤袡（rán）：有绛色滚边的上衣，女子出嫁时所穿。

⑥字：古时男女生而有名，行冠礼或笄礼后，由宾取字。

译文

到国外聘问时死亡的人，如果死在别国的公家馆舍里，就举行招魂仪式；如果死在卿大夫的家庙里，就不招魂；如果死在野外路途中，招魂的人就站在死者所乘车的轴头招魂。招魂用的衣服，不再穿到死尸身上，也不用来做殓衣。为妇女招魂用的衣服，不能用她出嫁时穿的绛色滚边的上衣。招魂时，死者是男，就喊他的名；死者是女，就喊她的字。只有哭泣可以在招魂之前开始，招魂之后才能办丧事。

原文

始卒，主人啼，兄弟哭，[①]妇人哭踊[②]。既正尸[③]，子坐于东方[④]，卿、大夫、父兄、子姓立于东方[⑤]。有司庶士哭于堂下[⑥]，北面。夫人坐于西方。内命妇、姑、姊妹、子姓立于西方[⑦]。外命妇率外宗哭于堂上[⑧]，北面。

注释

①啼、哭：指悲哀程度不同。

②踊：跺脚。

③正尸：始死时尸在北墙下，死后移尸至南墙窗下，尸体头朝南。

④坐：跪，屁股坐在脚后跟上。

⑤子姓：这里指除嫡长子外的男性子孙。

⑥有司：帮助办理丧事的官。庶士：众士。

⑦内命妇：诸侯的世妇。子姓：这里指女性子孙。

⑧外命妇：卿大夫之妻。外宗：与诸侯同宗的妇女。

译文

死者刚断气的时候，他的儿子们都像婴儿一样呜咽啼哭，兄弟们号啕大哭，妇女则边哭边踩脚。等到死尸移到南墙窗下放正之后就需排定哭位：诸侯的丧事，世子跪在尸体之东。卿大夫、父辈及同辈的亲属以及男性子孙都站在尸东，世子的后面。帮助办理丧事的官和众士站在堂下，面朝北哭泣。诸侯的夫人跪在尸体之西，世妇、姑姑、姊妹、女性子孙都站在尸西，夫人的后面，卿大夫的妻领着同宗的妇女站在堂上，面朝北哭泣。

原文

大夫之丧，主人坐于东方[①]，主妇坐于西方。其有命夫、命妇则坐[②]，无则皆立。士之丧，主人、父兄、子姓皆坐于东方，主妇、姑、姊妹、子姓皆坐于西方。凡哭尸于室者，主人二手承衾而哭[③]。

注释

①大夫之丧，其父兄、子姓的哭位参照诸侯，省文而未言。主人：嫡长子为丧主。

②命夫：有爵命的士，其妻为命妇。

③衾：覆盖尸体的被子。

译文

大夫之丧，其哭位是：嫡长子跪在尸东，嫡长妇跪在尸西，来哭泣的士及士妻，有爵命的就跪着哭，没有爵命的就站着哭。士死丧，其哭位是：嫡长子、父辈及同辈的亲属、男性子孙都跪在尸东，嫡长妇、姑、姊妹、女性子孙都跪在尸西。凡是在寝室里哭泣时，嫡长子都要用两只手托着覆盖死尸的被子。

原文

君之丧，未小敛，为寄公、国宾出[①]。大夫之丧，未小敛，为君命出[②]。士之丧，于大夫不当敛则出。凡主人之出也，徒跣，扱衽[③]，拊心，降自西阶。君拜寄公、国宾于位[④]。大夫于君命，迎于寝门外；使者升堂致命，主人拜于下。士于大夫亲吊，则与之哭，不逆于门外。夫人为寄公夫人出。命妇为夫人之命出。士妻不当敛，则为命妇出。

注释

①寄公：失去国土而居住在别国的诸侯。国宾：来本国做客的诸侯。出：出房迎接，或至门，或至庭。小殓以后，均需迎接。

②君命：指本国国君派来吊丧和送礼的使者。

③扱衽：将衣襟下摆提起塞在腰带里。

④位：寄公立于门西，国宾立于门东，丧主在庭中向其位而拜。

译文

诸侯的丧事，在没有小殓之前，遇有失地而寄居本国的诸侯和在本国做客的诸侯来吊丧，丧主要出房迎接。大夫的丧事，在没有小殓以前遇有国君派来吊丧和送礼的使者，丧主要出房迎接。士的丧事中，当大夫来吊丧时，只要不是正在小殓，丧主就要出房迎接。丧主出房时，赤脚不穿鞋，衣襟下摆放在腰里，双手捶胸，从西阶下堂。诸侯之丧，丧主在庭中向寄公、国宾所站的方位而拜。大夫之丧，丧主在寝门外迎接国君派来的使者，使者到堂上转达国君的旨意时，在堂下拜谢。士对于亲自来吊问的大夫，只在西阶下面对着大夫哭泣，不到大门外迎接。国君的夫人出房迎接来吊问的寄公夫人。大夫的命妇出房迎接国君夫人派来的吊问使者。士的妻除了正在小殓的时候，都要出房迎接来吊的命妇。

原文

小敛，主人即位于户内，主妇东面①，乃敛。卒敛，主人冯之踊②，主妇亦如之。主人袒③，说髦④，括发以麻⑤。妇人髽⑥，带麻于房中。彻帷，男女奉尸夷于堂⑦，降拜。君拜寄公、国宾。大夫、士，拜卿、大夫于位，于士旁三拜⑧；夫人亦拜寄公夫人于堂上；大夫内子、士妻，特拜命妇⑨，氾拜众宾于堂上⑩。

注释

①“主人……户内，主妇东面”二句互文见义。小殓时尸在室内当门处，主人在门内偏东，主妇在门内偏西，夹尸而立。

②冯：即“凭”。凭之，凭尸，拉着尸身上的衣服哭泣。详见本篇下文“君抚大夫”节。

③袒：脱衣裸左臂。

④说：通“脱”。髦：古代幼儿下垂至眉的短头发，成人后则垂于两边，表示侍奉双亲有孺子之心。父死则脱左髦，母死则脱右髦。

⑤括发：古代男子平时有髻，父初丧，去髻散发，用麻从脑后前绕交于额头，又反绕至头顶束发。

⑥髽（zhuā）：妇人遇齐衰丧服，亦去髻散发，用麻束法，与男子括发同。

⑦夷于堂：把尸陈于堂上。

⑧旁三拜：指对着士所站的方位拜三拜。

⑨特拜：一个一个分别拜。与下“氾拜”相对。

⑩氾拜：向众人笼统地拜，不一一拜谢。

译文

将要小殓时，主人就位，在室门之内偏东，面向西；主妇在门内偏西，面向东，于是进行小殓。小殓结束，主人抚尸哭泣跺脚，主妇也是这样。然后主人袒露左臂，脱去髦，用麻括发；主妇到房东房内改髻为髽，并系上麻腰带。撤去幕帷，主人主妇帮着把尸体抬到堂上放好，然后下堂拜宾客。国君拜寄居本国的诸侯和来做客的诸侯。大夫和士，到来吊问的卿和大夫的面前一个一个拜谢；拜士，只朝他们站的方位笼统地拜三拜。国君的夫人在堂上一个一个向寄公的夫人拜谢；大夫的夫人和士妻，在堂上向命妇一个一个拜谢，对士妻也是笼统地拜三拜。

原文

主人即位[①]，袭、带、绖、踊[②]。母之丧，即位而免，[③]乃奠[④]。吊者袭裘[⑤]，加武[⑥]，带绖，与主人拾踊[⑦]。君丧，虞人出木、角，狄人出壶[⑧]，雍人出鼎[⑨]，司马县之[⑩]，乃官代哭[⑪]。大夫，官代哭，不县壶。士，代

哭，不以官。君，堂上二烛[12]，下二烛。大夫，堂上一烛，下二烛。士，堂上一烛，下一烛。

注释

①即位：小殓后，主人之位在东阶下。

②袭：穿上衣服，因移尸前袒露左臂。

③母之丧，即位而免（wèn）：母亲的丧事，也有袭带绖踊。免，用宽大的布带束发，其形与括发相似。

④奠：以食物供祭死者。此为小殓奠。

⑤袭裘：古人裘服之上有裼衣，裼衣之上加正服，吉事去正服之左袖，露出裼衣，称裼；凶事则掩裼衣，称袭，亦称袭裘。

⑥武：冠圈。加武，加环绖于冠圈。

⑦拾踊：哭泣时轮流跺脚。其顺序是主人先踊，次主妇，次吊者。

⑧壶：漏壶，古人用以计时的器具。

⑨雍人：掌烹煮食品的官。鼎：用以烧水。冬天水易冰，故以沸水加入漏壶。

⑩县：通“悬”。悬挂漏壶。

⑪代哭：一个接一个地轮流哭泣。

⑫烛：火把，火炬。

译文

主人站在东阶下的位置上，穿好左臂的衣服，然后系上腰带和首绖，哭泣跺脚。如果是母亲的丧事，主人站在位置上，将“括发”改成“免”，其他事情与父丧一样，于是设小殓奠。从这时开始，来吊丧的人要袭裘，帽子的冠圈上加环绖，哭泣时跟在主人主妇后面跺脚。国君的丧事，虞人供应木柴和角制水杓，狄人提供漏壶，雍人提供烧水的鼎，司马负责悬挂漏壶，并安排属下轮流号哭。大夫的丧事，有属下轮流号哭，但不用漏壶计时。士的丧事，有轮流哭泣的人，但不是他的属下。国君的丧事，堂上有两根火炬，堂下也有两根火炬。大夫的丧事，堂上一根，堂下两根。士的丧事，堂上一根，堂下一根。

原文

宾出彻帷[①]。哭尸于堂上，主人在东方，由外来者在西方[②]，诸妇南乡。妇人迎客、送客不下堂，下堂不哭。男子出寝门见人不哭。其无女主，则男主拜女宾于寝门内。其无男主，则女主拜男宾于阼阶下。子幼，则以衰抱之，人为之拜。为后者不在[③]，则有爵者辞；无爵者，人为之拜。在竟内则俟之，在竟外则殡葬可也[④]。丧有无后，无无主。

注释

①宾出彻帷：郑玄注，以为此是君与大夫之礼，宾客出门后撤堂帷。士则小殓后即撤帷。

②由外来者：来吊丧的宾客。

③为后者：继承死者的儿子。

④殡：暂时浅埋在寝宫。

译文

宾客出门，撤去堂上帷幕。在堂上对着死尸哭泣，主人在东方，来吊丧的宾客在西方，妇人都在北方面朝南。妇人迎送客人不下堂，即使有事下堂也不哭泣。男子出寝门见到人也不哭泣。拜谢吊丧宾客，如果没有主妇，男主人就站在寝门内向女宾代拜。如果没有男主人，女主人就在东阶下向男宾代拜。如果做丧主的儿子很幼小，就用丧衰裹住抱着，让别人代拜。如果做丧主的后代不在家，遇到有爵命的人来吊丧，就向他说明而不拜；如果吊丧者没有爵命，就由别人代拜。丧主不在家而在国内的，要等他回来主持丧事；如果在国外，由别人代替主持丧事，棺柩入殡、出葬之事也不必等他回来。总之，丧事可以没有子孙主持，但不可以没有主丧的。

原文

君之丧，三日，子、夫人杖。五日，既殡，授大夫、世妇杖；子、大夫，寝门之外杖[①]，寝门之内辑之[②]；夫人、世妇，在其次则杖[③]，即位则使人执之；子有王命则去杖，国君之命则辑杖，听卜，有事于尸则去杖[④]；大夫于君所则辑杖，于大夫所则杖。大夫之丧，三日之朝既殡，主人、主妇、室老皆杖[⑤]。大夫有君命则去杖，大夫之命则辑杖。内子为夫人之命去杖，为世妇之命授人杖。士之丧，二日而殡[⑥]。三日之朝，主人杖，妇人皆杖。于君命、夫人之命，如大夫；于大夫、世妇之命，如大夫。子皆杖，不以即位。大夫、士，哭殡则杖[⑦]，哭柩则辑杖[⑧]。弃杖者，断而弃之于隐者。

注释

①寝门：即指殡宫之门。

②辑：提着杖而不以之拄地。

③次：守丧的地方。

④有事于尸：葬以前奠而不用尸。葬后虞祭开始用尸。用尸祭，丧主去杖。

⑤室老：年老的家臣。

⑥二日而殡：士之丧礼，凡计日，生者从第二天计算。此云二日，则不计死之日。

⑦哭殡：棺柩浅埋在殡宫期间，亲属每日早晚哭泣。

⑧哭柩：棺柩拉出殡宫，出葬之前的哭泣。

译文

诸侯的丧事，死后第三天，孝子和诸侯的夫人开始用丧棒。第五天，棺柩入殡以后，发给大夫及世妇丧棒。庶子和大夫，在殡宫门外可以用丧棒拄地，到殡宫门内就只能提在手中不拄地；诸侯的夫人和大夫的世妇，在守丧的地方可以以丧棒拄地，走上哭位时就让别人代拿着；嫡长子在接待天子派来吊丧的使者时要将丧棒丢开，接待其他诸侯的使者时就将丧棒提着，听取卜、筮和用尸的祭祀时就把丧棒丢开。大夫在嗣君居丧的地方应将丧棒提着，在夫人居丧的地方可以拄着行走。大夫的丧事，死后第三天早晨，在棺柩入殡以后，主人、主妇和年老的家臣都开始用丧棒。继位的大夫在接待国君派来的使者时丢开丧棒；接待来吊丧的大夫时就提着不拄地。卿大夫的妻子在接待国君夫人派来的使者时丢开丧棒，接待来吊丧的世妇时，让别人代拿着。士的丧事，死了两天就入殡；第三天早晨，主人用丧棒，妇人也用丧棒。他们在接待国君及夫人派来的使者时，和大夫一样，将丧棒丢开；接待大夫及世妇派来的使者时，也和大夫一样。庶子也都用丧棒，但不带着它走上哭位。大夫和士在殡宫哭泣时可以杖拄地，启殡后对着棺柩哭泣时就提着不拄地。到除丧时就把丧棒折断，丢弃在隐蔽的地方。

原文

君设大盘[①]，造冰焉。大夫设夷盘[②]，造冰焉。士并瓦盘，无冰[③]。设床襢笫[④]，有枕。含一床[⑤]，袭一床[⑥]，迁尸于堂又一床[⑦]，皆有枕席。君、大夫、士一也。

注释

①郑玄注说此节应在下“濡濯弃于坎”之下。大盘：大木盘。汉制为广八尺，长一丈二尺，深三尺。古代丧礼，仲春至秋凉之间，尸床下设盘盛冰，以防死尸腐败。

②夷盘：形制比大盘略小。

③无冰：士不用冰，尸床下放置两只瓦盘，内盛水。但《士丧礼》说君有赐冰，亦用夷盘。

④襢：露。第：床席下所用竹帘。襢第，指床上只用竹帘，不铺床，以便寒气上透。

⑤含：为死尸口中充填谷米玉贝等物。

⑥袭：给沐浴后的死尸穿衣。

⑦迁尸于堂：始死至小殓，均在室。小殓后迁尸至堂。

译文

诸侯的尸床下有大盘，盛冰于其中。大夫的尸床下有夷盘，盛冰于其中。士的尸床下用两只瓦盘相并，里边装水而不用冰。尸床上只用竹编的垫子不铺席，有枕头。饭含的时候用一张床，为尸体穿衣时换一张床，尸体抬到堂上再换一张床。这些事，在诸侯、大夫和士的丧礼中都一样。

原文

始死，迁尸于床，幠用敛衾[①]，去死衣。小臣楔齿用角柶[②]，缀足用燕几[③]。君、大夫、士一也。

注释

①敛衾（qīn）：大殓用的被子。

②角柶：角制的匙，两端屈曲如车轭，放在尸口上下牙之间，防止尸体牙关紧闭，不便饮含。

③缀：拘束、束缚。燕几：平常用的几。在尸体没有僵硬前用燕几的腿卡住尸脚，使其端正。

译文

死者断气之后，就把死尸搬到室中南窗下的尸床上，用大殓时的裹尸被盖住，脱掉断气时的衣服。近臣用角柶撑开尸口的上下牙，用燕几的腿卡住双足。诸侯、大夫、士都一样。

原文

管人汲[①]，不说繘[②]，屈之，尽阶不升堂，授御者[③]，御者入浴。小臣四人抗衾[④]，御者二人浴。浴水用盆，沃水用枓[⑤]。浴用絺巾，挋用浴衣[⑥]。如它日，小臣爪足[⑦]。浴馀水弃于坎[⑧]。其母之丧，则内御者抗衾而浴[⑨]。

注释

①管人：掌理馆舍的官。管，通“馆”。

②说：通“脱”。繘（jú）：井上汲水的绳索。

③御者：平时侍奉的人。

④抗：向上举。

⑤枓（zhǔ）：舀水的勺子。

⑥挋（zhèn）：揩拭。
⑦爪足：剪去足趾甲。
⑧坎：小土坑。
⑨内御者：女性奴婢之属。

译文

管人从井中汲水，不解开井瓶的绳子，而是曲绕在手中，捧着井瓶上台阶，走到最高一级但不跨入堂内，把水交给御者。御者捧起水进屋为死尸洗澡。四个近臣各拉一个被角把盖尸被抬高，两个御者给死尸洗身子。尸床下用盆盛水，用勺子将水浇在尸身上。擦洗用细葛巾，揩干身子用浴衣，就像生前洗澡一样。近臣给尸剪足趾甲。洗过的水倒在两阶之间的小坑里。如果是母亲死，那么举被子和擦洗等事都由女奴婢进行。

原文

管人汲，授御者。御者差沐于堂上[①]，君沐粱，大夫沐稷，士沐粱。甸人为垼于西墙下[②]，陶人出重鬲[③]。管人受沐，乃煮之；甸人取所彻庙之西北厞薪[④]，用爨之。管人授御者沐，乃沐。沐用瓦盘，挋用巾，如它日。小臣爪手翦须。濡濯弃于坎[⑤]。

注释

①差：同“搓”。沐：洗头水。搓沐，在水中搓揉谷米，取其泔水洗头。
②甸人：为诸侯掌管田野的官。垼（yì）：土灶。
③陶人：制作陶器的官。鬲：如鼎而小，三足中空，用以烧煮。此鬲将悬于重木之上，故称重鬲。

④庙：指死者之寝，称殡宫，亦称庙。厞（fēi）：隐蔽之处。

⑤濡（nuǎn）濯（zhuó）：洗过的脏水。

译文

管人从井中汲水交给御者，御者在堂上用水淘米取泔水，诸侯用粱米的泔水，大夫用稷米的泔水，士也用粱米的泔水。甸人在庭中西墙下垒一个土灶，陶人供应烧煮的鬲。管人接过御者准备好的洗头水，放到土灶上烧煮；甸人用从寝室西北角隐蔽处拆来的柴草烧火。煮好之后，管人将洗头水递给御者，御者为死尸洗头。用瓦盘盛洗头水，用布巾揩干头发，就像生前洗头一样。近臣为死尸修剪指甲和胡须。用过的洗头水也倒入两阶之间的小坑内。

原文

君之丧，子、大夫、公子、众士皆三日不食[①]。子、大夫、公子食粥[②]，纳财[③]，朝一溢米[④]，莫一溢米，食之无筭[⑤]。士，疏食水饮[⑥]，食之无筭。夫人、世妇、诸妻皆疏食水饮，食之无筭。大夫之丧，主人、室老、子姓皆食粥，众士疏食水饮，妻妾疏食水饮。士亦如之。

注释

①公子：庶子。

②食粥：有本前有“众士”二字，阮元《校勘记》引钱大昕说众士不在食粥之列，订为衍字，今从之。

③纳财：郑玄注：“谓食谷也。”

④溢：容量单位，一又二十四分之一升为溢。

⑤食之无筭：指吃饭不规定顿数，饿了就吃。

⑥疏食：粗糙的米饭。

译文

诸侯的丧事，世子、大夫、庶子和众士在开头三天都不吃东西。三天以后，世子、大夫和庶子只吃稀饭，每天所食的谷物数量，早上一溢米，晚上一溢米，但不规定顿数。众士吃糙米饭喝水，不规定顿数。诸侯的夫人、大夫的世妇、众士之妻也都是吃糙米饭喝水，也不规定顿数。大夫的丧事，丧主、老家臣及子孙辈都吃稀饭，众士吃糙米饭喝水，妻妾也是吃糙米饭喝水。士的丧事也是如此。

原文

既葬，主人疏食水饮，不食菜果，妇人亦如之。君、大夫、士一也。练而食菜果，祥而食肉。食粥于盛不盥①。食于篡者盥②。食菜以醯酱③。始食肉者，先食干肉；始饮酒者，先饮醴酒④。

注释

①盛：指盛粥的器皿，如碗盂等。盥：洗手。

②篡：竹编的盛饭器。古人吃饭用手抓，故需洗手。

③醯：醋。

④醴酒：甜酒，如今之酒酿。

译文

死者出葬之后，丧主开始吃糙米饭喝水，不吃蔬菜和果品，妇女与此相同。为诸侯、大夫、士守丧的人都一样。守丧满一年小祥祭之后开始吃蔬菜和果品，守丧满两年大祥之后才开始吃肉。吃盛在碗里的粥不需洗手，从饭篮里用手抓饭吃就要洗手。吃蔬菜可以用醋、酱腌渍。开始吃肉的人，只能先吃干肉；开始饮酒的人，先喝甜酒。

原文

期之丧，三不食[1]。食，疏食水饮，不食菜果。三月既葬，食肉饮酒。期，终丧不食肉，不饮酒，父在为母，为妻。九月之丧，食饮犹期之丧也。食肉饮酒，不与人乐之。五月、三月之丧，壹不食，再不食，可也。比葬，食肉饮酒，不与人乐之。叔母、世母、故主、宗子[2]，食肉饮酒。不能食粥，羹之以菜可也。有疾，食肉饮酒可也。五十不成丧，七十唯衰麻在身。既葬，若君食之，则食之。大夫、父之友食之，则食之矣。不辟粱肉[3]，若有酒、醴则辞。

注释

①三不食：停食三顿。

②世母：伯母。故主：以前的国君。此指迁居他国者。

③粱：古代以粱为米中的精品。

译文

服一整年齐衰丧服的人，只在开始时停食三顿。其后开始吃东西，吃糙米饭喝水，不能吃蔬菜和果品。到葬三个月后，可以吃肉饮酒。一年的丧服，在服丧期间自始至终不能吃肉、不能饮酒的人，是指那些父亲在世时为母亲，以及为妻子服丧的人。服九个月大功丧服的人，饮食规定与服齐衰一年的人相同。在葬后吃肉饮酒时，不能与别人在一起作乐。五个月的小功丧服、三个月的缌麻丧服，停食一顿或停食二顿都可以。从守丧开始到死者出葬期间，可以吃肉饮酒，但不能边吃边与人作乐。为叔母、伯母、以前的国君、宗子等人守丧时可以吃肉喝酒。规定只能吃粥的守丧期，如果吃不下粥，可用菜羹佐餐。如果生病，可以吃肉饮酒。五十岁以上的人服丧，不必事事都按规定；七十岁以上的人遇丧事，只要披麻戴孝就行了，饮食没有限制。死者出葬之后，如果国君赐给食物，就接受来吃。如果是大夫或父亲的生前好友送来食物，也可以收下来吃。送来的食物中即使有精美的粱米或肉，也不必避忌，但如有烧酒、甜酒，应当辞谢不收。

原文

小敛于户内，大敛于阼[①]。君以簟席[②]，大夫以蒲席，士以苇席。小敛：布绞[③]，缩者一[④]，横者三。君锦衾，大夫缟衾，士缁衾，皆一。衣十有九称[⑤]。君陈衣于序东[⑥]，大夫、士陈衣于房中，皆西领北上。绞、给不在列[⑦]。大敛：布绞，缩者三，横者五；布给。二衾。君、大夫、士一也。君陈衣于庭，百称，北领西上。大夫陈衣于序东，五十称，西领南上。士陈衣于序东，三十称，西领南上。绞、给如朝服。绞一幅为三[⑧]，不辟[⑨]。给五幅[⑩]，无紞。小敛之衣，祭服不倒。

注释

①阼：阼阶，即东阶。

②簟席：细篾席。

③绞：扎紧尸身衣服的布带分小殓绞、大殓绞。小殓绞横一幅，

纵三幅。大殓绞横五条，纵三条。

④缩：纵。

⑤称：套，上衣下裳各一为一称。

⑥序：东堂与中堂的隔墙。序东，即东堂。

⑦紟（jìn）：单被。

⑧一幅为三：将一幅布析为三条。

⑨辟：将布端一析为二。小殓绞以整幅布为之，故两端析为二，以便打结。大殓绞以布条为之，故不辟。

⑩紟：装饰在被头上的丝带，如今之被头巾。

译文

小殓在寝室门内进行，大殓在当东阶的堂上进行。小殓、大殓用的席条，诸侯用细篾席，大夫用蒲席，士用芦席。小殓用的布绞，纵一幅，横三幅。诸侯用丝质的锦被，大夫用白色绸被，士用黑色布被，都是一条，小殓用十九套衣服。诸侯的小殓衣陈列在东堂，大夫、士的小殓衣陈列在房中，都是衣领在西，从北面向南排列。小殓绞和单被不在十九套之中。大殓用布绞，布绞纵三条，横五条；并用一条单被，二条夹被。诸侯、大夫、士都一样。诸侯的大殓衣陈列于庭中，用一百套，衣领在北，从西向东排列。大夫的大殓衣陈列在东堂，用五十套，衣领在西，从南向北排列。士的大殓衣陈列在东堂，用三十套，衣领在西，从南向北排列。大殓用的绞和单被的质料与朝服一样。大殓绞用的布条是一幅布分为三条，每条的两端不再裁开。单被用五幅布拼缝，没有缝在被头的丝带。为死者裹小殓衣时，祭服不能倒放。

原文

君无襚[1]。大夫、士毕主人之祭服。亲戚之衣，受之不以即陈。小敛，君、大夫、士皆用复衣复衾[2]。大敛，君、大夫、士祭服无筭，君褶衣褶衾[3]，大夫、士犹小敛也。袍必有表[4]，不禅；衣必有裳，谓之一称。凡陈衣者实之箧，取衣者亦以箧。升降者自西阶。凡陈衣不诎[5]，非列采不入[6]，绤、绤、纻不入[7]。

注释

①襚：宾客送给死者的衣被。

②复衣复衾：里面铺有丝絮的衣被。

③褶衣褶衾：里外双层的衣被。

④袍必有表：袍为深衣制，无裳相配，故袍上加罩衣，合成一套。

⑤诎（qū）：折叠。

⑥列采：正统的颜色，即青赤白黑黄。

⑦絺：细葛布。绤：粗葛布。纻：苎麻织成的布，较稀疏。

译文

诸侯小殓时不用宾客送的衣被。大夫和士要把自家的祭服用完。亲属赠给死者的衣服，收下来不必陈列。小殓时，诸侯、大夫、士都是用铺有丝絮的棉衣棉被。大殓时，诸侯、大夫、士所用祭服没有规定，尽其所有；诸侯用夹衣夹被，大夫、士与小殓一样。作为殓衣的袍子必须配上罩衣，不能单独一件袍子，上衣必须配有下裳，这样才叫作一称。陈列殓衣都要装在箱子里，从陈列处取衣也是连箱子拿走，拿衣服的人从西阶上下堂。陈列的衣服不能折叠，平摆在箱子上，衣服不是正统的色彩不陈列，细葛布、粗葛布以及纻麻布做的衣服也不陈列。

原文

凡敛者袒，迁尸者袭[①]。君之丧，大胥是敛[②]，众胥佐之。大夫之丧，大胥侍之[③]，众胥是敛。士之丧，胥为侍，士是敛[④]。小敛大敛，祭服不倒，皆左衽[⑤]，结绞不纽[⑥]。敛者既敛必哭。士与其执事则敛，敛焉则为之壹不食。凡敛者六人。

注释

①迁尸者袭：指助办丧事者，主人迁尸时袒。

②胥：郑玄注："胥，乐官也，不掌丧事，胥当为祝字之误也。"这一节的胥均当为祝。

③侍：本为服侍，引申为监视。

④士：此为丧祝之属下。

⑤左衽：右襟掩于左襟之上，与生时右衽不同。

⑥纽：系结方法，犹今之打活结。

译文

凡是为死者小殓、大殓的人都袒露左臂，殓后穿好衣服再搬动死尸。诸侯的丧事，大祝亲自装殓，众祝在旁边做助手。大夫的丧事，大祝到场监察殓事，众祝动手装殓。士的丧事，祝到场监察殓事，他的属下动手装殓。小殓、大殓，祭服不倒放，所有的殓衣都是右襟在左襟之上。系绞都是死结不用活结。装殓死者的人在装殓完毕之后必须哭泣。丧祝属下的士参与丧事的就帮助装殓，帮助装殓就要为此停食一顿。参加装殓的一共六个人。

原文

君锦冒黼杀[①]，缀旁七[②]。大夫玄冒黼杀，缀旁五。士缁冒赪杀，缀旁三。凡冒，质长与手齐，杀三尺。自小敛以往用夷衾[③]，夷衾质杀之裁犹冒也[④]。

注释

①冒：韬尸的口袋，分上下两截，上截从头往下套，称“质”，也称“冒”；下截从腿往上套，称“杀”。黼（fǔ）：画成的白黑相间的花纹。

②缀旁七：冒之质、杀只缝合一头和一边。另一条边上缀有带子以对结。诸侯上下共用七对布带，大夫五对，士三对。

③夷衾：小殓后覆尸及殡后覆棺的被子。其大小与常衾同，但花纹分为上下两截。

④裁：规格，指布料之长度、图案、颜色。

译文

诸侯用的冒，上半截是织锦的，下半截画有图案，旁边有七对结带。大夫用的冒，上半截为玄色，下半截画有图案，旁边有五对结带。士用的冒，上半截黑色，下半截浅红色，旁边有三对结带。凡是韬尸的冒，上截的质长度与手齐，下截的杀长三尺。死尸从小殓以后用夷衾覆盖，夷衾的布料及颜色、图案、长度和冒一样。

原文

君将大敛，子弁绖[①]，即位于序端[②]；卿大夫即位于堂廉楹西[③]，北面东上；父兄堂下北面；夫人、命妇尸西[④]，东面；外宗房中南面[⑤]。小臣铺席，商祝铺绞、紟、衾、衣[⑥]，士盥于盘上，士举迁尸于敛上[⑦]。卒敛，宰告，子冯之踊[⑧]，夫人东面亦如之。

注释

①弁绖：皮弁上加环绖。环绖是麻绳圈。大殓时未成服，故用弁绖。

②序端：东序南端。

③堂廉：中堂南边侧。楹西：东楹之西。楹，堂中的大柱子，东西各一。

④命妇：即下文之“内命妇”，指诸侯之世妇。

⑤外宗：诸侯宗内妇女。房：指西房。诸侯之寝有东西房。

⑥商祝：熟悉殷礼的祝。

⑦敛：铺好的大殓衣。

⑧冯：凭尸，抱住尸体，伏在上面哭。

译文

诸侯的丧事，将要大殓时，世子戴皮弁加环绖，走到东序南端的位置上，面向西；卿大夫走到堂南边侧、东楹之西的位置，面向北，从东向西排列；父辈和同辈的亲属在堂下庭中，面向北；夫人、命妇在死尸西，面向东；同宗的妇女站在西房中，面向南。近臣在堂上当东阶的地方铺好席条。商祝先铺大殓绞，再依次铺设单被夹被、大殓衣；丧祝的属士在盘上洗手，把死尸抬到铺设的衣服上。

大殓完毕，诸侯的总管向世子报告，世子跪到尸旁抱尸哭泣并站起来跺脚；夫人在尸西，面向东，也是如此，凭尸完毕，才将尸体放入棺内。

原文

大夫之丧，将大敛，既铺绞、紟、衾、衣，君至，主人迎，先入门右[①]，巫止于门外[②]。君释菜[③]，祝先入，升堂，君即位于序端；卿大夫即位于堂廉楹西，北面东上；主人房外南面；主妇尸西东面。迁尸，卒敛，宰告，主人降，北面于堂下。君抚之，主人拜稽颡[④]。君降，升主人冯之，命主妇冯之。士之丧，将大敛，君不在[⑤]，其馀礼犹大夫也。

注释

①门右：门内西边。门东为主位。国君至，主人须让出主位。

②巫止于门外：陆德明《经典释文》云："巫止，本或作：巫止门外，'门外'衍字。"然按今本亦通，故不改。

③释菜：祭祀门神。

④拜稽颡：丧礼中最重的拜礼，叩头至地。

⑤君不在：士丧，国君不亲临。

译文

大夫的丧事，将要举行大殓，已经铺好绞、单被、夹被和殓衣时，国君来了，主人就到大门外迎接，主人先进门，站在西边等国君进门，跟随国君来的巫就停在门外。国君先祭门神，祝在国君之前进门，走上堂，国君站到中堂东墙南端；卿大夫站到堂南边侧、东楹之西，面向北，从东向西排列；主人站在房外，面向南；主妇站在尸西，面向东。然后把死尸抬到殓衣上，大殓完毕，诸侯向国君报告，主人下堂，面朝北站在堂下。国君抚摸一下死尸，主人跪下行拜稽颡礼。国君下堂后，命令主人升堂凭尸，又命令主妇凭尸。士的丧事，将要举行大殓时，国君不亲临视殓，其他礼节都和大夫一样。

原文

铺绞、紟，踊。铺衾，踊。铺衣，踊。迁尸，踊。敛衣，踊。敛衾，踊。敛绞、紟，踊。君抚大夫，抚内命妇[①]。大夫抚室老，抚侄娣[②]。君、大夫冯父、母、妻、长子，不冯庶子。士冯父、母、妻、长子、庶子。庶子有子，则父母不冯其尸。凡冯尸者，父母先，妻子后。君于臣抚之[③]。父母于子执之。子于父母冯之。妇于舅姑奉之。舅姑于妇抚之。妻于夫拘之。夫于妻，于昆弟，执之。冯尸不当君听。凡冯尸，兴必踊。

注释

①内命妇：诸侯的世妇、妃妾之较贵者。

②侄娣：随妻而嫁的媵妾。侄，同“姪”。妻之侄女称姪，妻之妹称娣。

③抚：凭尸为抚尸哭泣的总名，可分为抚、执、凭、奉、拘等几种。抚是以手抚摸，执是抓紧不放，凭是抱住尸体并伏在上面哭泣，奉是双手捧住，拘是牵扯尸衣。

译文

主人、主妇在大殓时，铺绞和单被，要跺脚。铺夹被，要跺脚。铺大殓衣，要跺脚。抬尸体，要跺脚。给尸体殓衣，要跺脚。包裹夹被，要跺脚。捆扎绞和单被，要跺脚。诸侯抚摸大夫的尸衣，抚摸世妇的尸衣。大夫抚摸老家臣的尸衣，抚摸媵妾姪娣的尸衣。诸侯和大夫对父、母、嫡妻、长子要抱尸哭泣，但不抱住庶子的尸体哭泣。士对父、母、妻、长子、庶子，都抱住尸体哭泣。庶子有儿子，他的父母就不抱尸哭泣。凡是抱住尸体哭泣，父母先哭，然后轮到妻和子。凡凭尸的方式：国君对臣下是抚摸尸衣；父母对儿子是紧抓着尸衣；儿子对父母是抱住尸衣；媳妇对公婆是双手捧住尸衣；公婆对媳妇是抚摸尸衣；妻对丈夫是牵拉尸衣；丈夫对妻、对兄弟是紧抓住尸衣。凡凭尸，亲属不能抓住国君抚摸过的地方。凡凭尸，站起来的时候都要跺脚。

原文

父母之丧，居倚庐①，不涂②，寝苫枕凷③，非丧事不言。君为庐，宫之④。大夫、士，襢之⑤。既葬，柱楣⑥，涂庐，不于显者；君、大夫、士皆宫之。凡非适子者，自未葬，以于隐者为庐。既葬，与人立，君言王事，不言国事；大夫、士言公事，不言家事。

注释

①倚庐：倚木于殡宫门外东墙上，用茅草覆盖的棚子。

②不涂：不用泥来涂抹。

③苫：用稻草编成的席荐。凷（kuài）：同“块”，土块。

④宫之：倚庐之外有布帷，如宫墙。

⑤襢：显露，不用布帷。

⑥柱楣：将倚庐着地的一边用短柱撑高。楣，当屋檐的横木。

译文

为父母守丧的人，住在靠墙倚搭的茅棚里，不用泥土涂抹；睡在稻草编的席条上，用土块做枕头，不说与丧事无关的话。诸侯住的倚庐外用布帷遮隔，如宫墙。大夫、士居住的倚庐外没有遮隔，敞露着。死者出葬以后，把倚庐着地的一边用短柱和横木撑高，并涂上泥土，但有门的一边不涂。这时候，诸侯、大夫、士住的倚庐都可以用布帷围起来。凡不是嫡长子守丧的地方，从死者没下葬之前，就在隐蔽的地方搭设茅棚。死者下葬以后，守丧者有事可与别人站在一起。诸侯只能谈及天子的事情，而不谈自己国家的事情；大夫和士只说国事，不谈家事。

原文

君，既葬，王政入于国；既卒哭，而服王事。大夫、士既葬，公政入于家；既卒哭，弁、绖、带[①]，金革之事无辟也[②]。既练，居垩室[③]，不与人居。君谋国政，大夫、士谋家事。既祥，黝垩[④]。祥而外无哭者，禫而内无哭者[⑤]，乐作矣故也。禫而从御，吉祭而复寝[⑥]。

注释

①弁、绖、带：此合大夫、士言之。士丧服以冠，大夫丧服以弁。既葬卒哭以后，麻绖、麻带换成葛绖、葛带。

②金革之事：兵戎征战之事。辟：通“避”。征战之事，国家安危所系，故不待丧毕。

③垩室：用土坯垒砌的小屋，不涂泥土，在殡宫门外东檐下。服齐衰者所居。卒哭之后，服齐衰者居寝室，服斩衰者在练祭后迁居于内。

④黝：黑色。此指整治殡宫地面为黑色。垩（è）：白色土。此指粉饰殡宫墙壁。

⑤禫（tǎn）：除丧服的祭礼，在死后第二十七个月举行。

⑥吉祭：四时之祭，宗庙常祭，故谓吉祭。

译文

诸侯死而下葬以后，天子的政令可下达到这个侯国，卒哭之后，就要听从天子征召。大夫、士死而下葬之后，国君的政令可下达到封地；卒哭之后，守丧者虽然还有丧冠和葛绖、葛带在身，但对征战的召令是不能逃避的。为父母守丧，练祭以后住到用土坯垒砌而不粉饰的小屋里，不与别的人一起居住。国君可以谋划国事，大夫、士可以谋划家事。大祥祭之后，可将殡宫的地面整治成黑色，将墙壁刷白。大祥祭以后，殡宫门外就无哭泣的人。禫祭以后，殡宫之内就无哭泣的人，因为演奏音乐也可以了。禫祭以后可以让妻妾服侍；禫祭之月如逢到四时的吉祭，就回到自己的寝室里居住。

原文

期居庐[①]，终丧不御于内者，父在为母、为妻齐衰期者[②]。大功布衰九月者，皆三月不御于内。妇人不居庐，不寝苫；丧父母，既练而归；期、九月者，即葬而归。公之丧，大夫俟练[③]，士卒哭而归。大夫、士，父母之丧[④]，既练而归；朔月忌日，则归哭于宗室[⑤]。诸父、兄弟之丧[⑥]，既卒哭而归。父不次于子，兄不次于弟。

注释

①庐：倚庐。

②为母：为母本应服齐衰三年，因父亲在世，改为一年，但守丧居倚庐，不居垩室。为妻齐衰期：嫡子为妻服此服，父在、父殁以杖与不杖为别。

③大夫俟练：此大夫及下句之士，均指与国君异姓者。如同姓而有服，则大夫须终丧，士练而归。

④父母之丧：指大夫、士在为国君守丧时又遇父母之丧。

⑤宗室：宗子之家，即殡宫。

⑥诸父：伯父、叔父。

译文

服丧一年而住倚庐，并且在守丧期间自始至终不让妇女侍寝的规定，只限于父亲健在时为母亲以及丈夫（为妻子）服齐衰一年的人。服用大功布做成的丧服，服期为九个月的人，都是三个月内不让妇人侍寝。妇人守丧不住倚庐，不睡草编的席条。妇人遇到自己父母的丧事，就在娘家举行了小祥祭后回夫家；如果娘家是一年或九个月的丧服，那就在出葬之后回夫家。为国君守丧，异姓大夫等到小祥祭之后回家，士等到卒哭之后回家，大夫、士如果是庶子，在嫡长子家为父母守丧，等到小祥祭后可以回家，但逢到每月初一，或是父母的忌日，都要到嫡长子的家里去哭泣。为伯父、叔父、哥哥守丧，到卒哭之后就可回家。父亲不在庶子家里搭棚守丧，哥哥不在弟弟家里搭棚守丧。

原文

君于大夫、世妇，大敛焉[①]；为之赐，则小敛焉。于外命妇，既加盖而君至[②]。于士，既殡而往；为之赐，大敛焉。夫人于世妇，大敛焉；为之赐，小敛焉。于诸妻[③]，为之赐，大敛焉。于大夫、外命妇，既殡而往。

注释

①大敛焉：大殓时到场。

②加盖：大殓后盖上棺盖。

③诸妻：世妇以下的妻妾。

译文

国君在大夫、世妇举行大殓时到场，如果另加恩宠，就连小殓时也到场。对大夫的命妇，在棺材加盖后，国君才到场。对士，通常是入殡之后国君才去，如果另加恩宠，就在大殓时到场。国君的夫人在世妇大殓时到场，如果另加恩宠，就在小殓时到场。对其他妻妾，只有在另加恩宠时才参加她们的大殓。对大夫和大夫的命妇，在入殡之后才去。

原文

大夫、士既殡，而君往焉，使人戒之[①]。主人具殷奠之礼[②]，俟于门外；见马首，先入门右。巫止于门外，祝代之先。君释菜于门内。祝先升自阼阶，负墉南面[③]。君即位于阼，小臣二人执戈立于前，二人立于后。摈者

进[4]，主人拜稽颡。君称言[5]，视祝而踊[6]。主人踊。大夫则奠可也；士则出俟于门外，命之反奠，乃反奠。卒奠，主人先俟于门外。君退，主人送于门外，拜稽颡。

注释

①戒：告知。

②殷奠：大奠，供品丰盛。

③墉：墙。此指堂北房南之墙。

④摈者：赞相丧礼并传达宾主言辞的人。

⑤称言：向丧主说些慰问的话。

⑥视祝而踊：祝是君的相礼者，君看着祝的示意而踊。

译文

大夫、士死而入殡之后，国君要去吊丧，就先让人去通知丧家。丧主备办大奠之礼，在大门外等候；看到国君所乘车的马头时，主人就先进门，站在西边。随来的巫停在门外，祝代替巫在前面领幡。国君进门祭祀门神。祝先从东阶上堂，背靠着北墙面朝南站立。国君走到东阶上方的位置，二个近臣手里拿着戈站在国君前面，另外二个站在后面。摈者将主人领到堂下，向国君行拜稽颡礼。国君说些慰问的话，并根据祝的示意踩脚。主人也哭泣踩脚。这时，如果丧家是大夫，就可以供奠死者。如果是士，丧主就到门外去等着拜送国君，国君命他返回设奠他才返回设奠。供奠完毕，丧主先到门外等候。国君离开时，主人送到门外，行拜稽颡礼。

原文

君于大夫疾，三问之；在殡，三往焉。士疾，壹问之；在殡，壹往焉。君吊，则复殡服[①]。夫人吊于大夫、士[②]，主人出迎于门外，见马首，先入门右。夫人入，升堂即位[③]。主妇降自西阶，拜稽颡于下[④]。夫人视世子而踊[⑤]。奠如君至之礼。夫人退，主妇送于门内，拜稽颡；主人送于大门之外，不拜[⑥]。

注释

①复殡服：恢复入殡时未成服的服饰，孔颖达说是苴绖、免、布深衣。

②夫人吊：夫人吊丧的礼节与上文君吊同，此处约略言之。

③升堂即位：夫人也站在阼阶上。

④下：指东阶之下。

⑤世子：二字有误，依上文“视祝而踊”则当为“女祝”。译文用“女祝”。

⑥不拜：丧无二主，主妇已拜，故主人不拜。

译文

大夫死前生病期间，国君去探望三次；死及入殡后，再去三次。士生病期间，国君去探望一次；死及入殡后，再去一次。入殡后，国君去吊丧，死者亲属都要恢复入殡时的丧服。国君夫人去给大夫、士吊丧，主人要出大门迎接，看见夫人所乘车的马头后，就进门站在西边。夫人进门，从东阶上堂站在东阶上方的位置上。主妇从西阶下堂，到东阶下行拜稽颡礼。夫人根据女祝的示意跺脚。丧家设奠供死者与国君来吊丧的礼节一样。夫人离开时，主妇送到门口，不出门，行拜稽颡礼；主人送到大门外边，但不拜。

原文

大夫君[1]，不迎于门外，入即位于堂下。主人北面，众主人南面，妇人即位于房中。若有君命、命夫命妇之命、四邻宾客，其君后主人而拜[2]。君吊，见尸柩而后踊。大夫、士，若君不戒而往，不具殷奠，君退必奠。

注释

①大夫君：大夫的家臣称大夫为大夫君。

②其君后主人而拜：大夫君让主人立于其后，而代主人拜之，主人不拜。

译文

大夫的家臣死后，大夫去吊丧，丧主不到大门外迎接，大夫进门走到堂下东阶前的位置，面朝西。丧主站在他南边，面朝北，其他儿子站在丧主的北面，面朝南，妇女都在房中就位。大夫吊丧时，如果有国君的使者、命夫命妇的使者，或是四邻宾客来吊丧，大夫就叫丧主站在身后，自己代为拜谢。国君吊丧，见到死尸或棺柩才跺脚。大夫、士在国君来吊丧前没有得到通知，因此没有备办丰盛的大奠之礼，到国君离开以后，一定要备办奠礼。

原文

君大棺八寸[1]，属六寸，椑四寸。上大夫大棺八寸，属六寸。下大夫大棺六寸，属四寸。士棺六寸。君里棺用朱绿[2]，用杂金鐕[3]。大夫里棺用玄绿，用牛骨鐕。士不绿。君盖用漆，三衽三束[4]。大夫盖用漆，二衽二束。士盖不用漆，二衽二束。君、大夫鬊爪实于绿中[5]。士埋之[6]。

注释

①大棺：最外层的棺。由外及里，其次为属，其次为椑。

②绿：段玉裁说当为“裑（diāo）”字，即棺内壁的衬里，用丝质的缣。此节“绿”字皆当作“裑”。

③金鐕（zān）：钉子。杂金鐕，旧说为金钉和象牙钉，有人据《尚书·禹贡》“金三品”解为金钉、银钉、铜钉。

④衽：连结棺壁与棺盖的榫头，两头大中间小，俗称“小腰”。束：革带，将棺盖与棺身捆紧。

⑤鬊（shùn）：梳理下来的乱头发。爪：指甲。

⑥埋之：埋在两阶间的小坑中。

译文

诸侯最外层的大棺厚八寸，第二层的属厚六寸，第三层的椑厚四寸。上大夫最外层的大棺厚八寸，里边的属厚六寸。下大夫最外层的大棺厚六寸，里边的属厚四寸。士只有一层棺，厚六寸。诸侯最里层的棺的内壁用大红色的缣做衬里，杂用金钉、银钉、铜钉钉在棺内壁。大夫里边一层棺的内壁用玄色的缣做衬里，用牛骨钉钉住。士的棺内壁没有衬里。诸侯的棺盖与棺壁之间用漆填缝，两侧各有三个小腰榫头连接，再用三道革带捆紧。大夫的棺盖和棺壁之间用漆填缝，两侧各有两个小腰榫头连接，再用两道革带捆紧。士的棺盖不用漆，两侧各有两个小腰，榫头连接，再用两道革带捆紧。诸侯和大夫的乱发及指甲放在棺内衬里中。士的乱发和指甲埋在两阶间的小坑中。

原文

君殡用輴[①]，欑至于上[②]，毕涂屋[③]。大夫殡以帱[④]，欑置于西序[⑤]，涂不暨于棺[⑥]。士殡见衽[⑦]，涂上帷之[⑧]。熬[⑨]，君四种八筐[⑩]，大夫三种六筐，士二种四筐，加鱼腊焉[⑪]。

注释

①輴（chūn）：运载棺柩的车子，状如床而无脚，前后有长轴作为车轮，亦称轴、轴軼。其上四周有栏杆者称輴；有辕，辕上刻龙者称龙踞，天子所用輴与载柩至墓地的柩车不同。

②欑（cuán）：积聚，丛集。欑至于上，棺柩四周用木料堆垒到与棺柩等高。上面再堆成屋顶的形状。

③屋：指殡。

④帱：棺衣，棺罩，形如方顶蚊帐。

⑤欑置于西序：棺柩靠近中堂西墙，三面用木料堆垒，上部斜倚于西墙。

⑥暨：及。涂不暨于棺，只涂殡的上部，棺柩以下不涂。

⑦士殡见衽：掘地为坑，深与棺壁齐，小腰榫头在地平面之上。

⑧帷之：诸侯、大大、士的殡都用布帷围起来。

⑨熬：炒熟的谷物放在棺柩周围，引诱虫蚁，不致侵腐棺柩。

⑩四种：黍、稷、稻、粱。下文“三种”则去稻，“二种”则又去粱。

⑪鱼腊：干鱼、干肉。

译文

诸侯的殡是将棺柩放在辅车上，四面用木料垒起来，上面堆成屋顶形状，整个屋都用泥涂抹。大夫的殡，将棺柩放在西墙下，用棺衣罩在棺上，三面用木料垒起来，上部斜倚于西墙，涂抹时，自棺以下不涂。士的殡，将棺浅埋在地下，但地面上看得见小腰榫头，棺上铺木，用泥涂抹。殡都用布帷围起来。炒熟的谷物，诸侯用四种，分装八筐；大夫用三种，分装六筐；士用二种，分装四筐。每只筐上都放上干鱼、干肉。

原文

饰棺[①]：君龙帷[②]，三池[③]，振容[④]。黼荒[⑤]，火三列，黻三列。素锦褚[⑥]，加伪荒[⑦]。纁纽六[⑧]。齐[⑨]，五采五贝。黼翣二[⑩]。黻翣二，画翣二[⑪]，皆戴圭[⑫]。鱼跃拂池[⑬]。君纁戴六[⑭]，纁披六[⑮]。

注释

①饰棺：棺及柩车的装饰，出葬行于道路及墓圹中用之。

②帷：围在棺柩四周的帐帷。

③池：棺柩上方的方格竹帘，蒙以青布，悬于荒下。折边向下形如承溜，叫池。四周均有折边者叫四池，天子棺饰用之。诸侯三池，有前及左右，缺后。

④振容：池下悬绞缯为饰，柩车行时则振动，故名。

⑤荒：棺饰顶部的布幕，中央隆起。黼（fǔ）荒，荒的边缘为黑白相间的斧文。

⑥褚：棺罩。

⑦伪：当作“帷”。

⑧纽（niǔ）：连结帷和荒的带子。

⑨齐：荒中央隆起的顶，其形大概与宝塔顶端的葫芦相似。

⑩翣（shà）：形似方扇。以木为框，蒙以布。汉制宽三尺，高二尺四寸，其上两角高起有饰物，柄长五尺。柩车在道，使人持之以遮护柩车，柩入圹则树于棺四周。

⑪画翣：翣上画云气。

⑫戴圭：翣的两上角用圭为饰。

⑬鱼跃拂池：池上悬挂小铜鱼，车行振动如跳跃。

⑭戴：将棺柩捆在柩车上的带子，棺饰的框架也用此固定。

⑮披：以整幅布为之，一端系于戴，一端伸出棺饰之外。使人牵持，防止行进时棺柩倾斜。

译文

出葬时装饰棺柩：诸侯用画有龙的帷帐，三面有折边的竹帘，折边下悬挂绞缯。棺柩上方是边缘有斧文的荒幕，荒幕中央画有三列火文、三列“凸”字文。白锦做的棺罩，棺罩的外面是帷帐和荒幕。帷和荒用六对绛色的纽带连结。荒幕中央有个葫芦顶，葫芦顶上有五条彩绳披散下来，每条彩绳上有五个贝壳。二面画有斧文的翣，两面画有“亚”字文的翣，两面画有云气的翣，翣的两面都装饰着圭。竹帘的折边上悬挂着小铜鱼，柩车行进时铜鱼跃动不停。诸侯用六条绛色带子将棺柩与柩车捆在一起，还有伸出棺饰外的披也是绛色。

原文

大夫画帷，二池[①]，不振容。画荒，火三列，黻三列，素锦褚。纁纽二，玄纽二，齐，三采三贝。黻翣二，画翣二，皆戴绥[②]。鱼跃拂池。大夫戴，前纁后玄，披亦如之。士布帷布荒[③]，一池，揄绞纁纽二[④]，缁纽

二。齐，三采一贝。画翣二，皆戴绥。士戴，前纁后缁，二披用纁。

注释

①二池：方格竹帘前后有折边，或说有左右而无前后。

②戴绥：用五彩羽毛做装饰。

③布帷布荒：以白布为帷荒，无画饰。

④揄绞：用青绞缯蒙在池上，不使振动。孔颖达注，上文“大夫……不振容”也用此揄绞。

译文

大夫的棺饰，四周用画有云气的帷帐，两边有折边的竹帘，折边下不悬挂绞缯。棺柩上方是边缘画有云气的荒幕，荒幕中央画有三列火文，三列“壬”字文，白锦做的棺罩。帷荒用两对绛色的和两对玄色的纽带连结。荒幕顶上的葫芦有三条彩绳披散下来，每条彩绳上穿三个贝壳。二面画有“妥”字文的翣，二面画有云气的翣，翣的两上角都用五彩羽毛做装饰。竹帘的折边上挂着小铜鱼，柩车行进时就跳跃不停。大夫用来捆扎柩车的戴，前面是绛色，后面是玄色，牵持棺柩的披也是前面绛色，后面玄色。士的棺饰，用白布帷帐白布荒幕，方格竹帘只有前面折边，绞缯蒙在折边上。连结帷与荒的纽带两对是绛色，两对是黑色。荒幕顶部的葫芦有三条彩绳披散下来，每条彩绳只有一个贝壳。只有二面画有云气的翣，翣的两上角都用五彩羽毛做装饰。士用来捆扎柩车的带子是前面绛色，后面黑色，伸出来的两条披都是绛色。

原文

君葬用輴[①]，四綍[②]，二碑[③]，御棺用羽葆[④]。大夫葬用輴，二綍，二碑，御棺用茅[⑤]。士葬用国车[⑥]，二綍，无碑，比出宫，御棺用功布[⑦]。凡封[⑧]，用綍去碑负引。君封以衡[⑨]，大夫、士以咸[⑩]。君命毋哗，以鼓封。大夫命毋哭。士哭者相止也。

注释

①輴：当为“辁”。辁，没有辐条的车轮，以整块木头做成。下文“大夫葬用輴”亦当改。

②綍：绳索，牵引柩车时称“引”，系于柩用以下葬则称“綍”。

③碑：用来悬棺入圹的大木头，上有孔，树于墓圹前后，绳索从孔中穿过，先将棺柩悬至圹之上方，然后慢慢放入圹内。

④御：指挥。羽葆：木棒上端捆扎着羽毛，用来指挥拉柩车的人向左向右。

⑤茅：木棒上端扎有白茅，功用与羽葆同。

⑥国车：郑玄说“国”字当作“辅”。

⑦功布：木棒上端系有功布。

⑧封：即窆（biǎn），下棺入圹。下文二“封”字同此。

⑨衡：用大木从棺束下穿过，綍系于大木两端，使棺柩平稳下降。

⑩咸：同“缄”，就是棺束。

译文

诸侯出葬用辁车载柩，下棺入圹时用四根绳索，竖两根大木做碑，指挥柩车用羽葆。大夫出葬用辁车载柩，下棺时用两根绳索，竖两根大木做碑，指挥柩车用白茅。士出葬用辁车载柩，下棺时用两根绳索，没有碑，柩车出了宫门后，才用扎有大功布的木棒指挥。凡是下棺入圹，将绳索穿过碑上端的孔，拉绳索的人背对着碑向离开碑的方向牵拉，使棺徐徐下圹。诸侯下棺时，用一根大木头穿在束棺的革带下，四根绳索分别在木头两端。大夫、士下棺时，绳索直接扣在束棺的革带上。诸侯下棺时，指挥的人命令大家不要喧哗，听着鼓点拉绳下棺。大夫下棺时，就命令不要哭泣。士下棺时，正在哭泣的人要互相劝止。

原文

君松椁①，大夫柏椁，士杂木椁。棺椁之间，君容柷②，大夫容壶，士容甒。③君里椁、虞筐④。大夫不里椁。士不虞筐。

注释

①椁：在棺外，棺柩入圹后垒无数木段于四周，不预先制成整体，即所谓“黄肠题凑”。

②柷（zhù）：木制的乐器，方二尺四寸。

③壶、甒：都是盛酒的容器，壶容一石，甒容五斗。

④里椁：在椁的内壁加衬里。筐：通“框”。

译文

诸侯用松木椁，大夫用柏木椁，士用杂木椁。棺椁之间的空隙，诸侯可以放得下柷，大夫可以放得下壶，士可以放得下甒。诸侯的椁内壁有衬里，并有虞筐。大夫的椁不加衬里。士的椁没有虞筐。

尚

书

尧　典[1]

原文

曰若稽古[2]。帝尧曰放勋。钦明文思安安[3]。允恭克让[4]，光被四表[5]，格于上下[6]。克明俊德[7]，以亲九族[8]。九族既睦，平章百姓[9]。百姓昭明，协和万邦，黎民于变时雍[10]。

注释

①尧典：尧，名放勋，属有唐氏，又称唐尧。传说是我国原始社会末期部族联盟的首领，在后代儒家文献中逐渐被神化为德业至高的圣王。典，书名。本篇是史官记叙尧的事迹的书，所以叫《尧典》。

②曰若：句首发语词，也写作越若、粤若。稽：考察。曰若稽古，即考察古事，是自今述古之称。

③钦：郑玄注："敬事节用谓之钦。"明：郑玄注："照临四方谓之明。"文：郑玄注："经纬天地谓之文。"思：马融注："道德纯备谓之思。"安安：又作晏晏。郑玄注："宽容覆载谓之晏。"

④允：诚信。恭：郑玄注："不懈于位曰恭。"克：能够。让：让贤。

⑤被：及。四表：四海之外。

⑥格：至。上下：指天地。

⑦俊：大。

⑧九族：指许多氏族。九，虚数，指数目多。郑玄谓自高祖至玄孙，凡九。一说是父族四、母族三、妻族二。

⑨平：今作“便”，经传借作“辨”，意为辨别。章：彰明。百姓：百官。

⑩黎民：百姓。于：语气助词，无实际意义。时：是。雍：和睦。

以上部分，颂扬尧的大德和功绩。

译文

考察古事。帝尧名叫放勋。他敬事节俭，明照四方，经天纬地，道德兼备，温和宽容。他忠实不懈，又能让贤，光辉普照四方，至于天地。他能发扬大德，使各氏族亲密和睦。各氏族和睦以后，又辨明彰显百官族姓。百官族姓辨明了，又协调万邦诸侯，天下百姓也相继变化而友好和睦起来。

原文

乃命羲和①，钦若昊天②，历象日月星辰③，敬授人时。分命羲仲，宅嵎夷④，曰旸谷⑤。寅宾出日⑥，平秩东作⑦。日中⑧，星鸟⑨，以殷仲春⑩。厥民析⑪，鸟兽孳尾⑫。申命羲叔，宅南交⑬。平秩南讹⑭，敬致⑮。日永⑯，星火⑰，以正仲夏。厥民因⑱，鸟兽希革⑲。分命和仲，宅西，曰昧谷。寅饯纳日⑳，平秩西成㉑。宵中㉒，星虚㉓，以殷仲秋。厥民夷㉔，鸟兽毛毨㉕。申命和叔，宅朔方，曰幽都㉖。平在朔易㉗。日短，星昴㉘，以正仲冬。厥民隩㉙，鸟兽氄毛㉚。帝曰：“咨，汝羲暨和。朞期三百有六旬有六日㉛，以闰月定四时成岁㉜。允厘百工㉝，庶绩咸熙㉞。”

注释

①羲和：本是神话中太阳神的名字。这里指掌管天文历象的羲氏、和氏。

②若：顺从。昊（hào）：广大。

③历象：日月星辰的运转现象。

④宅：居住。嵎夷：地名，在东海之滨。

⑤旸（yáng）谷：传说日出的地方。

⑥寅宾：敬导。

⑦平秩：辨别测定。东作：太阳从东方始升的时刻。作，始。

⑧日中：指春分，这一天昼夜长短一样。

⑨星鸟：星名，南方朱雀七宿。

⑩殷：正，这里做使动词，使……端正。仲：每季的第二个月。

⑪厥：其。析：分散。

⑫孳尾：泛指鸟兽生育繁殖。

⑬交：指交趾，地名。《墨子·节用》："尧治天下，南抚交趾。"

⑭讹：运行。《诗·无羊》传："讹，动也。"

⑮致：归，回归。

⑯永：长。夏至日白昼最长。

⑰星火：火星，东方青龙七宿之一，夏至黄昏出现在南方。

⑱因：就，指就高地居住。《月令》："仲夏可以居高明。"

⑲希革：羽毛稀少。希，通"稀"。

⑳饯：践行，送别。纳日：落日。

㉑西成：太阳西落的时刻。

㉒宵中：指秋分，这一天昼夜等分。

㉓星虚：星名，北方玄武七宿之一。

㉔夷：平，指住到平地。

㉕毨（xiǎn）：羽毛更生。

㉖幽都：神话传说中的北方山名，泛指北方之地。

㉗在：察。《尔雅·释诂》："在，察也。"朔：北方。易：改

易。指太阳运行。

㉘星昴：星名，西方白虎七宿之一。

㉙隩（yù）：通“奥”，室。民避寒而入室内。

㉚氄（rǒng）：细毛。

㉛期（jī）：一周年。有：通“又”。

㉜以闰月定四时：因为地球绕太阳和月球绕地球转动周期不同，阴历一年十二月，大月三十天，小月二十九天，共计三百五十四天，比地球绕太阳转动一圈的实际天数（阳历）少十一天多。因此阴历必须设置闰月，才能使二者吻合，否则四时就会错乱。

㉝允：确实，切实。厘：治理，整饬。百工：百官。

㉞庶：众。咸：都。熙：兴。

以上部分，叙述尧制定历法节令的情况。

译文

（他）于是命令羲氏与和氏，按照日月星辰运行的规律来制定出历法，谨慎地把天时节令告诉人们。分别命令羲仲住在日出之地，恭敬地迎接日出，辨别春天耕作的先后次序。昼夜长短相等，南方朱雀七宿黄昏时出现在天的正南方，依据这些确定仲春时节。这时，人们分散在田野，鸟兽开始生育繁殖。又命令羲叔，住在南方的交趾。辨明夏天的耕作及劝农等事。恭敬地迎接太阳回归。白昼时间最长，火星黄昏时出现在南方，依据这些确定仲夏时节。这时，人们住在高处，鸟兽的羽毛稀疏。又分别命令和仲住在日落之地，恭敬地送别落日，辨别测定太阳西落的时刻及秋天收获之事。昼夜长短相等，虚星黄昏时出现在天的正南方，依据这些确定仲秋时节。这时，人们又回到平地上居住，鸟兽换生新毛。又命令和叔住在北方的幽都，辨别冬天的农事活动以旧更新。白昼时间最短，昴星黄昏时出现在正南方，依据这些确定仲冬时节。这时，人们住在室内，鸟兽长出了柔软的细毛。尧说：“告诉你们羲氏与和氏啊。一年是三百六十六天，用设置闰月的方法来调整四季制订每个年岁吧。切实地整饬百官，许多事务都会兴办起来。”

原文

帝曰："畴咨若时登庸[①]？"

放齐曰[②]："胤子朱启明[③]。"

帝曰："吁[④]！嚚讼[⑤]，可乎？"

帝曰："畴咨若予采[⑥]？"

驩兜曰[⑦]："都[⑧]！共工方鸠僝功[⑨]。"

帝曰："吁！静言庸违[⑩]，象恭滔天[⑪]。"

帝曰："咨[⑫]！四岳[⑬]。汤汤洪水方割[⑭]，荡荡怀山襄陵[⑮]，浩浩滔天[⑯]。下民其咨，有能俾乂[⑰]？"

佥曰："於！鲧哉[⑱]。"

帝曰："吁！咈哉[⑲]，方命圮族[⑳]。"

岳曰："异哉[㉑]！试可乃已[㉒]。"

帝曰："往，钦哉[㉓]！"九载，绩用弗成。

注释

①畴咨若时登庸：畴，谁。咨，语气词。若，善，治理好。时，四时。登庸，升用。马融注："羲和为卿官，尧之末年皆以老死，庶绩多阙，故求贤顺四时之职，欲用以代羲和。"

②放齐：人名，尧的臣子。

③胤（yìn）：后嗣。朱：丹朱，尧的儿子。启：开。

④吁：惊异之词。

⑤嚚（yín）：不说忠信的话。讼：争，好争辩。

⑥若：善，治理好。采：事。

⑦驩兜：尧的大臣，四凶之一。

⑧都：语气词，表赞美。

⑨共工：尧的大臣，四凶之一。方：通"防"。鸠：通"救"。《说文》引作"救"。僝（zhuàn）：马融注："具也。"这句是说共

工防救水灾，已具功绩。

⑩静言：善言。庸：常。违：邪僻。

⑪象恭：貌似恭敬。滔天：滔，通“韬”，《尔雅·释诂》：“韬，疑也。”

⑫咨：嗟。

⑬四岳：官名，主持四岳的祭祀，为诸侯之长。

⑭汤汤（shāng）：水大的样子。割：通“害”。

⑮荡荡：广大的样子。怀：包围。襄：上。

⑯浩浩：水势远大的样子。滔天：弥漫接天，形容波浪高大。

⑰俾：使。乂：治理。

⑱鲧（gǔn）：尧的大臣，夏禹的父亲。

⑲咈（fù）：违误。王先谦曰：“言所举违错也。”

⑳方命：郑玄注：“方，放。谓放弃教命。”圮（pǐ）：毁坏。族：族类。

㉑异：举。

㉒试可乃已：《尚书集注音疏》：“试、已，皆用也。言用之可乃用尔。”

㉓钦：敬。

以上部分，叙述尧选拔官吏的情况。

译文

尧帝说：“善治四时之职的是谁啊？我要提升任用他。”

放齐说：“您的儿子丹朱很开明。”

尧帝说：“唉！他说话虚妄，又好争辩，可以吗？”

尧帝说：“善于处理我们政务的是谁呢？”

驩兜说：“啊！共工防救水灾已具有成效。”

尧帝说：“唉！他善言而赏邪僻，貌似恭谨，却怀疑上天。”

尧帝说：“啊！四方诸侯之长，滔滔的洪水普遍危害人们，水势奔腾包围了山岭，淹没了丘陵，浩浩荡荡，弥漫接天。臣民百姓都在叹息，有能治理洪水的人吗？”

人们都说："啊！鲧吧。"

尧帝说："唉！错了啊！他不服从命令，危害族人。"

四方诸侯之长说："起用吧！试试可以，就用他。"

尧帝说："去吧，鲧！要谨慎啊！"过了九年，成效不好。

原文

帝曰："咨！四岳。朕在位七十载，汝能庸命[1]，巽朕位[2]！"

岳曰："否德忝帝位[3]。"

曰："明明扬侧陋[4]。"

师锡帝曰[5]："有鳏在下[6]，曰虞舜。"

帝曰："俞[7]！予闻，如何？"

岳曰："瞽子[8]，父顽，母嚚，象傲，克谐。以孝烝烝[9]，乂不格奸[10]。"

帝曰："我其试哉！女于时[11]，观厥刑于二女[12]。"厘降二女于妫汭[13]，嫔于虞[14]。

帝曰："钦哉！"

注释

①庸：用。

②巽（xùn）：一作"践"，履行。《礼记·中庸》"践其位"注："践，犹升也。"

③否（pǐ）：鄙陋。忝：辱。

④明明：动宾结构，尊扬、明察贤明之人。扬：推举。侧陋：埋没在民间、地位卑微的贤人。

⑤师：众人。锡：赐，这里指献言。

⑥鳏（guān）：老而无妻的人。

⑦俞：对。《史记·五帝本纪》作“然”。

⑧瞽（gǔ）：目盲。指舜的父亲乐官瞽瞍。

⑨烝烝：厚美。王引之曰：“克谐为句，以孝烝烝为名。烝烝即是孝德之形容。”

⑩格：至。奸：邪恶。

⑪女：嫁女。时：是，这人。

⑫厥：其。刑：法。二女：尧的女儿娥皇、女英。

⑬厘：命令。妫：水名。汭（ruì）：水湾。

⑭嫔：妇，这里指为妇。

以上部分，叙述尧提拔虞舜的经过。

译文

尧帝说：“啊！四方诸侯之长！我在位七十年，只有你们能完成我交给你们的使命，你们来接替我的帝位吧！”

四方诸侯之长说：“我们德行鄙陋，不配继任帝位。”

尧帝说：“可以推荐朝中贤明的人，也可以推举埋没在民间、地位低微的贤人。”

众人提议说：“在下面有一个处在社会底层的单身汉是个有才能的人，名叫虞舜。”

尧帝说：“是啊！我也听说过这个人，那他的为人到底怎么样呢？”

四方诸侯之长回答：“他是乐官瞽瞍的儿子。他的父亲和后母愚顽凶狠，弟弟象傲慢不友好，而舜能同时与他们和谐相处。因他的孝心美厚，治理国务不至于坏吧！”

尧帝说：“我试试吧！把我的两个女儿嫁给舜，观察舜对我两个女儿的德行、法度。”于是命令两个女儿下嫁舜到妫水湾，做了虞家的儿媳。

尧帝对舜说：“要恪尽职守啊！”

舜　典[1]

原文

曰若稽古。帝舜曰重华，协于帝[2]。浚哲文明[3]，温恭允塞[4]。玄德升闻，乃命以位[5]。慎徽五典[6]，五典克从[7]。纳于百揆[8]，百揆时叙[9]。宾于四门[10]，四门穆穆[11]。纳于大麓[12]，烈风雷雨弗迷。

帝曰："格[13]！汝舜。询事考言[14]，乃言底可绩[15]，三载。汝陟帝位[16]。"舜让于德，弗嗣。

注释

①舜典：记叙舜的事迹的书。本篇伏生本、郑玄本、王肃本都合在《尧典》之中，晋元帝时梅赜所献的《古文尚书》也没有《舜典》。分《尧典》为两篇，是晋元帝以后的事。

②协：相同，相合。

③浚：深邃。哲：智慧。文：《孔疏》："经纬天地曰文。"明：《孔疏》："照临四方曰明。"

④温：温和。允：诚信。塞：笃实。

⑤命：任命，授与。"曰若……以位"二十八字，是齐明帝建武年间姚方兴所增。

⑥徽：美，善。五典：五种伦常礼教，即父义、母慈、兄友、

弟恭、子孝。

⑦克：能够。从：顺从。

⑧纳：入。百揆：百官。

⑨时叙：承顺。《经义述闻》：“时叙，犹承叙也。承叙者，承顺也。”

⑩宾：迎接宾客。

⑪穆穆：端庄恭谨的样子。

⑫大麓：官名，主管山林。

⑬格：来。

⑭询：谋。

⑮底（dǐ）：定。

⑯陟：登上。

以上部分，颂扬舜的美德和即位前的政绩。

译文

考察古事。舜帝名叫重华，与尧相同。他智慧深远，经天纬地，照临四方，温和恭谨，诚信笃厚。他的德行上传被尧帝知道，尧帝于是授给了他官位。舜慎重地推行父义、母慈、兄友、弟恭、子孝五种伦常礼教，舜推行得很顺利。又让舜总理百官，百官都能承顺。舜打开四方之门迎接各诸侯，四方宾客都肃然起敬。舜主管山林，祭祀山川，在暴风雷雨的恶劣天气下也不迷路。

尧帝说：“舜，我告诉你，我询问你的政绩，又考察你的言论，认为你可以取得功业，已经三年了。你登上帝位吧！”舜以德赞襄尧的禅让，于是不再推辞。

原文

正月上日[1]，受终于文祖[2]。在璇玑玉衡[3]，以齐七政[4]。肆类于上帝[5]，禋于六宗[6]，望于山川[7]，遍于群神。辑五瑞[8]，既月乃日[9]，觐四岳群牧[10]，班瑞于群后[11]。

岁二月，东巡守，至于岱宗[12]，柴[13]。望秩于山川[14]，肆觐东后[15]。协时月正日[16]，同律度量衡[17]。修五礼、五玉、三帛、二生、一死贽[18]。如五器[19]，卒乃复[20]。五月南巡守，至于南岳，如岱礼。八月西巡守，至于西岳，如初。十有一月朔巡守[21]，至于北岳，如西礼。归，格于艺祖[22]，用特[23]。

五载一巡守，群后四朝。敷奏以言[24]，明试以功，车服以庸[25]。

肇十有二州[26]，封十有二山，浚川[27]。

象以典刑[28]。流宥五刑[29]，鞭作官刑，扑作教刑[30]，金作赎刑。眚灾肆赦[31]，怙终贼刑[32]。“钦哉，钦哉，惟刑之恤哉[33]！”

流共工于幽州[34]，放驩兜于崇山[35]，窜三苗于三危[36]，殛鲧于羽山[37]，四罪而天下咸服。

注释

①上日：善日，吉日。

②终：《孔传》说：“终，谓尧终帝位之事。”文祖：尧太祖的宗庙，古时政事在宗庙举行。

③在：察。璇玑玉衡：北斗七星。《史记》："北斗为玉衡。"玉衡是杓，璇玑是魁。

④齐：排列。七政：七项政事，即祭祀、班瑞、东巡、南巡、西巡、北巡、归格艺祖。旧注解为日月五星，脱离经文，不可信。见《尚书易解》。

⑤肆：遂，于是。类：祭名。祭告继承帝位的事。

⑥禋（yīn）：祭名。《说文》："禋，洁祀也。"六宗：马融说："天地四时也。"

⑦望：祭山川之名。

⑧辑：敛，收集。五瑞：诸侯作为符信的五种玉。

⑨既月乃日：月和日都用作动词，即择月择日。

⑩觐（jìn）：朝见。牧：官长。

⑪班：通颁，分发。后：君长。

⑫岱宗：东岳泰山。

⑬柴：祭天名。马融注："祭时积柴，加牲其上而燔之。"

⑭秩：次序。

⑮东后：东方诸侯的君长。

⑯协：合。时：春夏秋冬四时。正：定。

⑰同：统一。律：十二律，阴律六，阳律六。度：丈尺。量：斗斛。衡：斤两。

⑱五礼：公侯伯子男五等朝聘之礼。五玉：即上文所说的五瑞。拿着称瑞，陈列称玉。三帛：三种不同色的丝织品，用来垫玉。二生：活羊羔和雁，卿大夫所执。一死：一只死野鸡，士所执。

⑲如：而，连词。五器：即上文所说的五瑞。

⑳卒乃复：完毕后就归还。

㉑朔：北。

㉒格：到。艺祖：即文祖。

㉓特：公牛。

㉔敷：普遍。

㉕庸：功劳。

㉖肇：正，指划定州界。

㉗浚川：疏通河流。

㉘象以典刑：刻画常用的刑罚。《尚书正读》注："象，刻画也。盖刻画墨、劓、剕、宫、大辟之刑于器物，使民知所惩戒，如九鼎象物之比。"

㉙流：流放。宥：宽宥。

㉚扑：槚楚，古代教官使用的打人工具。

㉛眚（shěng）：过错。肆：遂，就。

㉜怙：依仗。贼：借为"则"，连词。

㉝恤：谨慎。

㉞幽州：地名，在北方边远地区。马融注："幽州，北裔也。"

㉟崇山：地名。马融注："崇山，南裔也。"

㊱三苗：古国名。三危：地名。马融注："三危，西裔也。"

㊲殛（jí）：流放。羽山：地名。马融注："羽山，东裔也。"

以上部分，叙述舜在摄政期间的业绩。

译文

正月的一个吉日，舜在尧的太庙接受了禅让的册命。他观察了北斗七星，列出了七项政事。于是向天帝报告继承帝位的事，又祭祀了天地四时，祭祀山川和群神。又聚敛了诸侯的五种圭玉，选择吉月吉日，接受四方诸侯君长的朝见，把圭玉颁发给各位君长。

这年二月，舜到东方巡视，到达泰山，举行了柴祭。对于其他山川，都按地位尊卑依次举行了祭祀，然后，接受了东方诸侯君长的朝见。协调春夏秋冬四时的月份，确定天数，统一音律、度、量、衡。制定了公侯伯子男朝聘的礼节和五种瑞玉、三种不同颜色的丝绸、二生一死的礼物制度。而五种瑞玉，朝见完毕后，仍然还给诸侯。五月，舜到南方巡视，到达南岳，所行的礼节同在泰山时一样。八月，舜到西方巡视，到达西岳，所行的礼节同当初一样。十一月，舜到北方巡视，到达北岳，所行的礼节同在西岳一样。回来后，到尧的太庙祭祀，用一头牛做祭品。

以后，每五年巡视一次，诸侯在四岳朝见。普遍地使他们报告政务，然后考察他们的政绩，赏赐车马、衣物作为酬劳。

舜划定十二州的疆界，在十二州的名山上封土为坛，举行祭祀，又疏通了河道。

舜又在器物上刻画五种常用的刑罚。用流放的办法宽恕犯了五刑的罪人，用鞭打作为官的刑罚，用木条抽打作为学校的刑罚，用铜作为赎罪的赎刑。因过失犯罪，就赦免他；有所依仗、终不悔改，就要施加刑罚。舜告诫说："谨慎啊，谨慎啊，刑罚要慎重啊！"

把共工流放到幽州，把驩兜流放到崇山，把三苗驱逐到三危，把鲧流放到羽山，把这四个人处罚了，天下的人都心悦诚服。

原文

二十又八载，帝乃殂落[1]。百姓如丧考妣，三载，四海遏密八音[2]。月正元日，舜格于文祖[3]，询于四岳，辟四门，明四目，达四聪。

"咨，十有二牧[4]！"曰："食哉惟时！柔远能迩[5]，惇德允元[6]，而难任人[7]，蛮夷率服。"

舜曰："咨，四岳！有能奋庸熙帝之载[8]，使宅百揆亮采，惠畴[9]？"佥曰："伯禹作司空[10]。"

帝曰："俞，咨！禹，汝平水土，惟时懋哉[11]！"禹拜稽首，让于稷、契暨皋陶。

帝曰："俞，汝往哉！"

帝曰："弃，黎民阻饥[12]，汝后稷[13]，播时百谷[14]。"

帝曰："契，百姓不亲，五品不逊[15]。汝作司徒[16]，敬敷五教[17]，在宽。"

帝曰："皋陶，蛮夷猾夏[18]，寇贼奸宄[19]。汝作士[20]，五刑有服[21]，五服三就[22]。五流有宅[23]，五宅三居[24]。惟

明克允[25]！”

帝曰：“畴若予工[26]？”

佥曰：“垂哉[27]！”

帝曰：“俞，咨！垂，汝共工[28]。”垂拜稽首，让于殳斨暨伯与[29]。

帝曰：“俞，往哉！汝谐[30]。”

帝曰：“畴若予上下草木鸟兽[31]？”

佥曰：“益哉[32]！”

帝曰：“俞，咨！益，汝作朕虞[33]。”益拜稽首，让于朱虎、熊罴[34]。

帝曰：“俞，往哉！汝谐。”

帝曰：“咨！四岳，有能典朕三礼[35]？”

佥曰：“伯夷[36]！”

帝曰：“俞，咨！伯，汝作秩宗[37]。夙夜惟寅[38]，直哉惟清[39]。”伯拜稽首，让于夔、龙[40]。

帝曰：“俞，往，钦哉!”

帝曰：“夔！命汝典乐[41]，教胄子[42]，直而温，宽而栗[43]，刚而无虐，简而无傲。诗言志，歌永言[44]，声依永，律和声。八音克谐，无相夺伦[45]，神人以和。”

夔曰：“於[46]！予击石拊石[47]，百兽率舞。”

帝曰：“龙！朕堲谗说殄行[48]，震惊朕师[49]。命汝作纳言[50]，夙夜出纳朕命，惟允!”

帝曰：“咨！汝二十有二人[51]，钦哉！惟时亮天功[52]。”

三载考绩，三考，黜陟幽明[53]，庶绩咸熙[54]。

分北三苗[55]。

注释

①殂落：死亡。

②遏：停止。密：静，静止。八音：金、石、丝、竹、匏、土、革、木八种音乐，泛指音乐。

③格：至，到。

④牧：州的行政长官。

⑤柔：安。能：善。迩：近。

⑥惇：厚。允：信。元：善。

⑦难：拒绝。任人：佞人，指奸邪的人。

⑧奋：奋发。庸：功，用功，努力。熙：广，光大。载：事。

⑨畴：谁。

⑩司空：三公之一，掌管土地。

⑪时：是，指百揆之职。懋（mào）：勉力。

⑫黎：众。阻饥：困厄于饥。

⑬后：主，主持。稷：农官，主管播种百谷的事。

⑭时：通“莳”，耕种。

⑮五品：父、母、兄、弟、子。逊：和顺。

⑯司徒：三公之一，主管民政。

⑰敷：布，施行。五教：五品之教，即父义、母慈、兄友、弟恭、子孝。

⑱猾：扰乱。夏：指中国。

⑲寇：抢劫。贼：杀人。奸宄：犯法作乱，外部的叫作奸，内部的叫作宄。

⑳士：狱官之长。

㉑服：用。

㉒就：处所。

㉓五流：五种流放。宅：处所。

㉔三居：三种处所。

㉕明：明察。允：公允。

㉖若：善。工：官名。马融注：“主百工之官。”

㉗垂：人名。
㉘共工：官名，治理百工之事。
㉙殳斨、伯与：二人名。
㉚谐：一同。
㉛上下：上指山，下指泽。
㉜益：人名，即伯益。
㉝虞：掌管山林之官。
㉞朱虎、熊罴：二人名。
㉟典：主持。三礼：天事、地事、人事之礼。
㊱伯夷：人名。
㊲秩宗：官名，掌管次序尊卑之礼。
㊳夙夜：早晚。寅：敬。
㊴直：正直。清：清明。
㊵夔（kuí）、龙：二人名。
㊶乐：乐官。
㊷胄子：未成年的人。
㊸栗：坚。
㊹永：通“咏”。
㊺夺：失去。
㊻於（wū）：叹词。
㊼拊：轻轻叩击。石：石磬。
㊽堲：厌恶。殄：病，危害。
㊾师：民众。
㊿纳言：官名。
(51)有：又，用于整数零数之间。
(52)时：善。亮：领导。天功：大事。
(53)黜：罢免。陟：提升。幽：昏庸。明：贤明。
(54)熙：兴。
(55)北：别。郑玄注：“北，犹别也。”

以上部分，叙述舜任用百官、分别三苗的情况。

译文

舜辅助尧帝二十八年后，尧帝逝世了。群臣好像死了父母一样悲痛，三年间，全国上下停止了乐音。第二年正月的一个吉日，舜到了尧的太庙，与四方诸侯君长谋划政事，打开明堂四门宣布政教，使四方见得明白，听得通彻。

“啊，十二州的君长！”舜帝说，“生产民食要依时！安抚远方，爱护近邻，亲厚有德，信任善良而拒绝邪佞的人，这样，边远的外族都会服从。”

舜帝说：“啊！四方诸侯的君长！有谁能奋发努力、发扬光大尧帝的事业，使居百揆之官辅佐政事呢？”

都说：“伯禹现在做司空。”

舜帝说：“好啊！禹，你曾经平定水土，还要努力做好百揆这件事啊！”禹跪拜叩头，让给稷、契和皋陶。

舜帝说：“好啦，还是你去吧！”

舜帝说：“稷，人们忍饥挨饿，你主持农业，教人们播种各种谷物吧！”

舜帝说：“契，百姓不亲，父母兄弟子女不和顺。你做司徒吧，谨慎地施行五常教育，要注意宽厚。”

舜帝说：“皋陶，外族侵扰我们中国，抢劫杀人，造成外患内乱。你做狱官之长吧，五刑各有使用的方法，五种用法分别在野外、市、朝三处执行。五种流放各有处所，分别住在三个远近不同的地方。要明察案情，能够公允！”

舜帝说：“谁能当好掌管我们百工的官？”

都说：“垂啊！”

舜帝说：“好啊！垂，你掌管百工的官吧！”垂跪拜叩头，让给殳斨和伯与。

舜帝说：“好啦，去吧！你们一起去吧！”

舜帝说：“谁能替我掌管山丘草泽的草木鸟兽呢？”

都说："益啊！"

舜帝说："好啊！益，你担任我的虞官吧。"益跪拜叩头，让给朱、虎和熊、罴。

舜帝说："好啦，去吧！你们一起去吧！"

舜帝说："啊！四方诸侯的君长，有谁能替我主持祭祀天神、地祇、人鬼的三礼呢？"

都说："伯夷！"

舜帝说："好啊！伯夷，你做掌管祭祀的礼官吧。早晚恭敬行事，又要正直、清明。"伯夷跪拜叩头，让给夔和龙。

舜帝说："好啦，去吧！要谨慎啊！"

舜帝说："夔，任命你主持乐官，教导年轻人，使他们正直而温和，宽大而敬肃，刚毅而不粗暴，简约而不傲慢。诗是表达思想感情的，歌是唱出来的语言，五声要根据所唱而选定，六律要和谐五声。八类乐器的声音能够调和，不使它们乱了次序，那么神和人都会因此而和谐。"

夔说："啊！我愿意敲击着石磬，使扮演各种兽类的舞队依着音乐舞蹈起来。"

舜帝说："龙！我厌恶谗毁的言论和危害的行为，这会使我的民众震惊。我任命你做纳言，早晚传达我的命令，转告下面的意见，应当真实！"

舜帝说："啊！你们二十二人，要谨慎啊！要好好领导天下大事啊！"

舜帝三年考察一次政绩，考察三次后，罢免昏庸的官员，提拔贤明的官员，于是许多工作都兴办起来了。

又分别对三苗族做了安置。

原文

舜生三十征[①]，庸三十[②]，在位五十载，陟方乃死[③]。

注释

①征：被征召。

②庸：用。三十：今文作“二十”。当从之。

③陟方：巡狩。

以上部分，赞扬舜鞠躬尽瘁为国辛劳。

译文

舜三十岁时被征召，施政二十年，在帝位五十年，在巡狩南方时才逝世。

大禹谟[①]

原文

曰若稽古[②]。大禹曰文命[③]，敷于四海[④]，祗承于帝。曰："后克艰厥后，臣克艰厥臣，政乃乂[⑤]。黎民敏德[⑥]。"

帝曰："俞[⑦]！允若兹，嘉言罔攸伏，野无遗贤，万邦咸宁。稽于众，舍己从人，不虐无告，不废困穷，惟帝时克。"

益曰[⑧]："都[⑨]！帝德广运[⑩]。乃圣乃神，乃武乃文[⑪]；皇天眷命，奄有四海[⑫]，为天下君。"

禹曰："惠迪吉[⑬]，从逆凶，惟影响。"

益曰："吁！戒哉！儆戒无虞[⑭]，罔失法度，罔游于逸，罔淫于乐。任贤勿贰，去邪勿疑，疑谋勿成，百志惟熙[⑮]。罔违道以干百姓之誉，罔咈百姓以从己之欲[⑯]。无怠无荒，四夷来王。"

禹曰："於[⑰]！帝念哉！德惟善政，政在养民。水、火、金、木、土、谷惟修，正德、利用、厚生惟和[⑱]，九功惟叙[⑲]，九叙惟歌[⑳]。戒之用休，董之用威[㉑]，劝之以九歌，俾勿坏。"

帝曰："俞！地平天成[㉒]，六府三事允治，万世永赖，时乃功。"

注释

①大禹：舜的臣子，治洪水立了大功，后人尊称为大禹。谟：谋。本篇首段记叙了大禹、伯益和舜谋划政事，所以叫《大禹谟》。这是梅氏伪古文尚书之一。

②曰若：发语词。《尧典》作“粤若”，《周书》作“越若”，意义相同。

③文命：大禹名。《史记·夏本纪》：“夏禹名曰文命。”

④敷：治理。

⑤乂：治理。

⑥黎民：人民。敏：勉，勉力。

⑦俞：对。

⑧益：伯益，舜的大臣。

⑨都：叹词。

⑩广运：广远。《孔传》：“广谓所复者大，运谓所及者远。”

⑪乃：如此，见《词诠》。这里四个“乃”字都是此义。

⑫奄（yǎn）：同，尽。

⑬惠迪：惠，顺。迪：道。

⑭虞：误，失误。

⑮志：念虑。《孟子·公孙丑》注：“志，心所念虑也。”熙：广。

⑯咈：违背。《说文》：“咈，违也。”

⑰於：叹词。

⑱和：当读为宣，宣扬。《盘庚上》：“汝不和吉言于百姓。”“和”字俞樾亦读为宣，可证。

⑲九功：九事。水、火、金、木、土、谷，叫六府；正德、利用、厚生，叫三事。合称九功。

⑳九叙：《孔传》：“言六府三事之功有次叙。”

㉑董：督。

㉒地平天成：《孔传》："水土治曰平，五行叙曰成。"

以上部分，记叙大禹与伯益在帝舜面前讨论政事。

译文

稽考古事。大禹名叫文命，他对四海进行治理之后，又谨慎地辅助帝舜。他说："君主能够知道做君主的艰难，臣下能够知道做臣下的不容易，政事就能治理，众民就勉力于德行。"

舜帝说："对！真像这样，善言无所隐匿，朝廷之外没有被遗弃的贤人，万国之民就都安宁了。政事同众人研究，舍弃私见以依从众人，不虐待无依无靠的人，不放弃困穷的事，只有尧帝能够这样。"

伯益说："啊！尧德广远，这样圣明，这样神妙，这样英武，这样华美，于是上天顾念，使他尽有四海之内，而做天下的君主。"

禹说："顺从善就吉，顺从恶就凶，就像影和响顺从形体和声音一样。"

伯益说："啊！要戒慎呀！警戒不要失误，不要放弃法度，不要悠游于逸豫，不要放恣于安乐。任用贤人不要怀疑，罢去邪人不要犹豫；可疑之谋不要实行，各种思虑应当广阔。不要违背治理的道理来取得百姓的称赞，不要违背百姓来顺从自己的私心。对这些不要懈怠、不要荒忽，四方各民族的首领就会来朝见天子了。"

禹说："啊！帝要深念呀！帝德应当使政治美好，政治在于养民。水、火、金、木、土、谷六种生活资料应当治理，正德、利用、厚生三件大事应当宣扬，这九件事应当理顺，九事理顺了应当歌颂。要用休庆规劝臣民，用威罚监督臣民，用九歌勉励臣民，使政事不会败坏。"

舜帝说："对！水土平治，万物成长，六府和三事真办好了，是万世永利的事业，这是您的功勋。"

原文

帝曰："格汝禹[①]！朕宅帝位三十有三载[②]，耄期倦于勤[③]。汝惟不怠，总朕师。"

禹曰："朕德罔克，民不依。皋陶迈种德[④]，德乃降，黎民怀之。帝念哉！念兹在兹，释兹在兹，名言兹在兹，允出兹在兹。[⑤]惟帝念功！"

帝曰："皋陶！惟兹臣庶，罔或干予正[⑥]，汝作士[⑦]，明于五刑[⑧]，以弼五教[⑨]，期于予治[⑩]。刑期于无刑，民协于中[⑪]。时乃功，懋哉[⑫]！"

皋陶曰："帝德罔愆。临下以简，御众以宽；罚弗及嗣，赏延于世；宥过无大，刑故无小[⑬]；罪疑惟轻，功疑惟重；与其杀不辜，宁失不经。好生之德洽于民心，兹用不犯于有司。"

帝曰："俾予从欲以治，四方风动，惟乃之休。"

帝曰："来，禹！降水儆予[⑭]，成允成功，惟汝贤；克勤于邦，克俭于家，不自满假[⑮]，惟汝贤。汝惟不矜[⑯]，天下莫与汝争能；汝惟不伐[⑰]，天下莫与汝争功。予懋乃德，嘉乃丕绩。天之历数在汝躬[⑱]，汝终陟元后[⑲]。人心惟危，道心惟微，惟精惟一，允执厥中。[⑳]无稽之言勿听，弗询之谋勿庸[㉑]。可爱非君？可畏非民？众非元后何戴？后非众罔与守邦。钦哉！慎乃有位，敬修其可愿。四海困穷，天禄永终。惟口出好兴戎[㉒]，朕言不再。"

禹曰："枚卜功臣[㉓]，惟吉之从。"

帝曰："禹！官占，惟先蔽志[24]，昆命于元龟[25]。朕志先定，询谋佥同[26]，鬼神其依，龟筮协从[27]，卜不习吉[28]。"

禹拜稽首，固辞[29]。

帝曰："毋！惟汝谐。"

正月朔旦，受命于神宗[30]，率百官若帝之初。

注释

①格：来。

②朕：我。宅：居。

③耄期：老耄。《孔传》："八十九十曰耄，百年曰期颐。"

④皋陶：舜的大臣。迈：通"励"，勤勉。种：树立。

⑤"念兹在兹"四句：兹，此。释，通"怿"，喜悦。名言，称述。出，推行。每句前一兹字，指德；后一兹字，指皋陶。

⑥干：犯。正：通"政"。

⑦士：古代主管刑狱的官。

⑧五刑：墨、劓、剕、宫、大辟五种刑罚。

⑨五教：五常之教，指父义、母慈、兄友、弟恭、子孝。

⑩期：当，合。《孔传》："期，当也。"

⑪中：平，公平。《孔传》："大中之道。"

⑫懋：美好。

⑬刑故：故，故意犯罪。刑故，处罚故意犯罪。

⑭降水：洪水，大水。

⑮满：盈满。假：大。

⑯矜：自以为贤。《孔传》："自贤曰矜。"

⑰伐：自夸有功。《孔传》："自功曰伐。"

⑱历数：指帝王相继的次序。

⑲陟元后：陟，升。元，大。后，君。大君，指天子。

⑳"人心"四句：危，险。微，精微。精，精研。一，专一。

《孔传》："危则难安，微则难明，故戒以精一，信执其中。"

㉑询：问。庸：用。

㉒出好兴戎：《孔传》："好谓赏善，戎谓伐恶。"

㉓枚卜：历卜，逐个地卜。

㉔蔽志：蔽，断，断定。蔽志，断定其志。

㉕昆：后。

㉖佥：都。

㉗龟筮：龟，问龟，指卜。筮，问蓍。龟筮，即卜筮。

㉘习吉：重复出现吉兆。卜筮之法，前卜已吉，不待重复出现吉兆。

㉙固辞：再辞。《孔传》："再辞曰固"。

㉚神宗：宗，宗庙。《孔传》："神宗，文祖之宗庙。言神，尊之也。"

以上部分，记叙大禹再三推辞帝位的事。

译文

舜帝说："你来呀，禹！我居帝位三十三年了，年岁老耄，被勤劳的事务所苦。你当努力不怠，总统我的众民。"

禹说："我的德行不能胜任，人民不会依归。皋陶勤勉树立德政，德惠能下施于民，众民怀念他。帝当思念他呀！念德的在于皋陶，悦德的在于皋陶，宣扬德的在于皋陶，诚心推行德的也在于皋陶。帝要深念他的功绩呀！"

舜帝说："皋陶！这些臣民没有人干犯我的政事，因为你做士官，能明五刑以辅助五常之教，合于我们的治道。施刑期待达到无刑的地步，人民都能合于中道。这是你的功劳，做得真好呀！"

皋陶说："帝德没有失误。用简约治民，用宽缓御众；刑罚不及于子孙，奖赏扩大到后代；宽宥过失不论罪多大，处罚故意犯罪不问罪多小；罪可疑时就从轻，功可疑时就从重；与其杀掉无罪的人，宁肯放过不遵守礼法的人。帝爱生命的美意，合于民心，因此人民就不冒犯官吏。”

舜帝说：“使我依从人民的愿望来治理，四方人民像风一样鼓动，这是你的美德。”

舜帝说：“来，禹！洪水警诫我们的时候，实现政教的信诺，完成治水的工作，只有你贤；能勤劳于国，能节俭于家，不自满自大，只有你贤。你不自以为贤，所以天下没有人与你争能；你不夸功，所以天下没有人与你争功。我赞美你的德行，嘉许你的大功。上天的大命落到你的身上了，你终当升为大君。人心危险，道心精微，要精研要专一，又要诚实保持着中道。无信验的话不要听，独断的谋划不要用。可爱的不是君主吗？可畏的不是人民吗？众人除非大君，他们拥护什么？君主除非众人，没有跟他守国的人。要恭敬啊！慎重对待你的大位，敬行人民所希望的善行。如果四海人民困穷，天的福命就将永远终止了。好的坏的我都说出来了，我的话不再重复了。”

禹说：“请逐个卜问有功的大臣，然后听从吉卜吧！”

舜帝说：“禹！官占的办法，先定志向，而后告于大龟。我的志向先已定了，询问商量的意见都相同，鬼神依顺，龟筮也协合、依从，况且卜筮的办法不须重复出现吉兆。”

禹跪拜叩首，再辞。

舜帝说：“不要这样！只有你适合啊！”

正月初一早晨，禹在尧庙接受舜帝的任命，像舜帝受命之时那样统率着百官。

原文

帝曰：“咨，禹！惟时有苗弗率[①]，汝徂征[②]！”

禹乃会群后，誓于师曰：“济济有众[③]，咸听朕命！蠢兹有苗[④]，昏迷不恭。侮慢自贤，反道败德。君子在野，小人在位。民弃不保，天降之咎。肆予以尔众士，

奉辞罚罪。尔尚一乃心力，其克有勋。”

三旬，苗民逆命。益赞于禹曰[5]：“惟德动天，无远弗届。满招损，谦受益，时乃天道。帝初于历山[6]，往于田，日号泣于旻天[7]，于父母，负罪引慝[8]。祗载见瞽瞍[9]，夔夔斋慄[10]。瞽亦允若[11]，至诚感神，矧兹有苗[12]？”

禹拜昌言曰：“俞！”

班师振旅[13]，帝乃诞敷文德[14]，舞干羽于两阶[15]。七旬，有苗格[16]。

注释

①有苗：苗民。率：依从。

②徂征：徂，往。徂征，前往征伐。

③济济：众多的样子。

④蠢：动。

⑤赞：见。《说文》：“赞，见也。”

⑥历山：《蔡传》：“历山，在河中府河东县。”河东县，即今山西永济县。

⑦旻天：秋天，这里泛指上天。

⑧慝（tè）：咎恶。

⑨瞽（gǔ）瞍（sǒu）：舜的父亲。

⑩夔（kuí）夔：恐惧的样子。斋：庄敬。慄：战慄。

⑪允若：信顺，信任顺从他。

⑫矧：何况。

⑬班师振旅：班师，还师。《孔传》：“兵人曰振旅，言整众。”

⑭诞：大。敷：布，指施行。

⑮干羽：干，盾。羽，翳。都是舞蹈的工具。

⑯格：来。

以上部分，记叙大禹征伐苗民的事。

译文

舜帝说："唉，禹！这些苗民不依教命，你前去征讨他们！"

禹于是汇合诸侯，告诫众人说："众位军士，都听从我的命令！蠢动的苗民，昏迷不敬。侮慢常法，妄自尊大，违反正道，败坏常德。贤人在野，小人在位。人民抛弃他们不予保护，上天也降罪于他们。所以我率领你们，奉行帝舜的命令，讨伐苗民之罪。你们应当同心同力，就能有功。"

经过三十天，苗民还是不服。伯益会见了禹，说："施德可以感动上天，远人没有不来的。盈满招损，谦虚受益，这是自然规律。舜帝先前到历山去耕田的时候，天天向上天号泣，向父母号泣，自己负罪引咎。恭敬地去见瞽瞍，拜见父亲时诚惶诚恐。瞽瞍也信任顺从了他。至诚感通了神明，何况这些苗民呢？"

禹拜谢伯益的嘉言，说："对！"

还师回去后，舜帝于是大施文教，又在两阶之间拿着干盾和羽翳跳着文舞。经过七十天，苗民不讨自来了。

皋陶谟[1]

原文

曰若稽古。皋陶曰："允迪厥德，谟明弼谐[2]。"

禹曰："俞，如何?"

皋陶曰："都！慎厥身，修思永。惇叙九族[3]，庶明励翼[4]，迩可远，在兹。"

禹拜昌言曰[5]："俞！"

皋陶曰："都！在知人[6]，在安民。"

禹曰："吁！咸若时[7]，惟帝其难之。知人则哲[8]，能官人[9]。安民则惠，黎民怀之。能哲而惠，何忧乎驩兜？何迁乎有苗？何畏乎巧言令色孔壬[10]?"

注释

①皋（gāo）陶（yáo）：也写作咎繇，是舜帝的大臣，掌管刑法狱讼。谟：谋。一次，帝舜朝见大臣，同他们讨论政事。皋陶和禹讨论了国家大计。史官记录了这次讨论的情况，名叫《皋陶谟》。

②弼：辅助，这里指辅佐大臣。谐：和谐。

③惇叙：惇，敦厚。叙，顺从。惇叙，使敦厚顺从。

④励：勉励。翼：辅助。

⑤昌言：美言。

⑥人：指官吏。

⑦咸：都。时：是，这样。

⑧哲：明智。

⑨官：任用。

⑩孔：很。壬：佞，巧言善媚。

以上部分，皋陶论述修身、知人、安民的重要性。

译文

查考往事。皋陶说："诚实地履行其德行，就会决策英明，群臣同心协力。"

禹说："是啊！怎样履行呢？"

皋陶说："啊！要谨慎其身，自身的修养要坚持不懈。使近亲惇厚顺从，使贤人辅佐，由近及远，在于从这里做起。"

禹听了这番精当的言论，拜谢说："对呀！"

皋陶说："啊！还在于理解臣下，安定民心。"

禹说："唉！都像这样，连尧帝都会认为困难了。理解臣下就显得明智，能够安定民心就受人爱戴，百姓都会怀念他。能做到明智和受人爱戴，怎么会担心驩兜？怎么会流放三苗？怎么会畏惧巧言、善色、很佞的人呢？"

原文

皋陶曰："都！亦行有九德[①]。亦言，其人有德，乃言曰，载采采[②]。"

禹曰："何？"

皋陶曰："宽而栗[③]，柔而立[④]，愿而恭[⑤]，乱而敬[⑥]，扰而毅[⑦]，直而温[⑧]，简而廉[⑨]，刚而塞[⑩]，强而

义[11]。彰厥有常吉哉[12]！

“日宣三德[13]，夙夜浚明有家[14]，日严祇敬六德[15]，亮采有邦[16]，翕受敷施[17]。九德咸事[18]，俊乂在官[19]。百僚师师[20]，百工惟时[21]，抚于五辰[22]，庶绩其凝[23]。

注释

①亦：当读为迹，检验。下文“亦言”之亦，同。详见《尚书易解》。九德：九种德行，详见下文。

②载：始。《史记》作始。采采：采，事。采采，动宾结构，从事其事。就是说将要试用他。

③栗：通“傈”，严肃恭敬。

④柔：柔顺。立：卓立，独立不流。

⑤愿：谨厚。恭：严恭，严肃恭敬。

⑥乱：治。这里指治理的才能。敬：敬谨，不傲慢。

⑦扰：和顺。《孔传》：“扰，顺也。”毅：刚毅。

⑧直：正直，径直。温：温和。

⑨简：《孔疏》：“简者，宽大率略之名。”廉：廉隅，方正。

⑩刚：刚正。塞：充实，性刚正而内充实。

⑪强：坚强。义：善。王引之注：“义，善也。”

⑫彰：表彰。常：祥。常吉：祥善，指九德。

⑬宣：显示，表现。

⑭浚：恭敬。明：勉力，努力。孙星衍注：“明与孟通，《释诂》云：孟，勉也。”

⑮严：通“俨”，矜持、庄重的样子。祇：恭敬。

⑯亮：辅助。采：事务。邦：国。

⑰翕：合。敷：普遍。施：用。

⑱咸：都。事：从事，任职。

⑲俊乂：马融注：“才德过千人为俊，百人为乂。”

⑳师师：互相效法。师，法。

㉑百工：百官。惟：思。时：善。

㉒五辰：北辰。北辰有五个星，因而称五辰。北辰居天之中，所以借喻国君。详见《尚书易解》。

㉓凝：成功。

以上部分，皋陶进一步论述知人之道。

译文

皋陶说："啊！检验人的行为有九种美德。检验了言论，如果那个人有德，就告诉他，可开始做点工作。"

禹问："什么是九德呢？"

皋陶说："宽宏又恭敬，柔顺又卓立，谨厚又严恭，多才又谨慎，驯服又刚毅，正直又温和，简易又方正，刚正又笃实，坚强又良善。要表彰那些具有九德的好人啊！

"天天表现出三德，早晚认真努力于家的人，天天庄严地重视六德，辅助政事于国的人，一同接受，普遍任用。具有九德的人都担任官职，那么在职的官员就都是才德出众的人了。各位官员互相效法，他们都想处理好政务，而且顺从君王，这样，各种工作都会办成。

原文

"无教逸欲[①]，有邦兢兢业业，一日二日万几[②]。无旷庶官[③]，天工[④]，人其代之。天叙有典[⑤]，勑我五典五惇哉[⑥]！天秩有礼[⑦]，自我五礼有庸哉[⑧]！同寅协恭和衷哉[⑨]！天命有德，五服五章哉[⑩]！天讨有罪，五刑五用哉[⑪]！政事懋哉懋哉[⑫]！

"天聪明[⑬]，自我民聪明。天明畏[⑭]，自我民明威。达于上下[⑮]，敬哉有土[⑯]！"

皋陶曰："朕言惠可厎行[⑰]？"

禹曰："俞！乃言厎可绩[18]。"

皋陶曰："予未有知，思曰赞赞襄哉[19]！"

注释

①教：《释名》："效也。"逸欲：安逸贪欲。

②一日二日：马融说："犹曰日也。"万几：变化万端。

③旷：空，空设。庶官：众官。

④天工：《汉书·律历志》作"天功"。谓天命的事。

⑤叙：秩序，引申为规定。典：常法。

⑥勅：告诫。五典：五种常法，指父义、母慈、兄友、弟恭和子孝。惇：敦厚。五惇，使五伦惇厚。

⑦秩：秩序，引申为规定。

⑧自：用，遵循。五礼：郑玄注："五礼：天子也，诸侯也，卿大夫也，士也，庶民也。"庸：经常。

⑨寅：恭敬。协：和谐，协同一致。衷：善。

⑩五服：天子、诸侯、卿、大夫、士五等礼服。章：显扬。五章，表彰这五等人。

⑪五刑：指墨、劓、剕、宫、大辟五种刑罚。用：施行。五用，施于这五类罪人。

⑫懋：勤勉，努力。

⑬聪：听，指听取意见。明：视，指观察问题。

⑭明畏：明，表彰。畏，惩治。《蔡传》说："明者显其善，畏者威其恶。"

⑮达：通。上下：上天和下民。

⑯有土：有土地的君王。

⑰惠：语中助词。厎：致。致，用。

⑱绩：成功。

⑲曰：语中助词。赞赞：连言赞赞，模仿重言的语气。襄：辅助。

以上部分，皋陶进一步论述安民之法。

译文

“治理国家的人不要贪图安逸和私欲，要兢兢业业，因为情况天天变化万端。不要虚设百官，上天命定的工作，人应当代替完成。上天规定了人与人之间的常法，要告诫人们用父义、母慈、兄友、弟恭、子孝的办法，把这五者敦厚起来啊！上天规定了人的尊卑等级，推行天子、诸侯、卿大夫、士和庶人这五种礼制，要经常啊！君臣之间要同敬、同恭，和善相处啊！上天任命有德的人，要用天子、诸侯、卿、大夫、士五等礼服表彰这五者啊！上天惩罚有罪的人，要用墨、劓、剕、宫、大辟五种刑罚处治五者啊！政务要努力啊！要努力啊！

“上天的视听依从臣民的视听。上天的赏罚依从臣民的赏罚。天意和民意是相通的，要谨慎啊，有国土的君王！”

皋陶问：“我的话可以实行吗？”

禹说：“当然！你的话可以实行并且可以成功。”

皋陶说：“我没有别的考虑，只想协助帝君治理天下啊！”

禹贡①

原文

禹敷土[2]，随山刊木[3]，奠高山大川。

冀州[4]：既载壶口[5]，治梁及岐[6]。既修太原[7]，至于岳阳[8]。覃怀厎绩[9]，至于衡漳[10]。厥土惟白壤[11]，厥赋惟上上[12]，错[13]，厥田惟中中。恒、卫既从[14]，大陆既作[15]。岛夷皮服[16]，夹右碣石入于河[17]。

注释

①禹：又称大禹，是舜的大臣，夏朝的开国君主。贡：功也。见《周礼·大宰》注和《广雅·释言》。《说文》说："贡，献功也。"禹贡，就是禹的功绩。《史记·五帝本纪》说："唯禹之功为大，披九山，通九泽，决九河，定九州，各以其职来贡，不失其宜。"《史记·匈奴传》说："尧虽贤，兴事业不成，得禹而九州宁。"可见尧舜的时候，禹的功劳最大。洪水平定以后，万民安居乐业，深深怀念尧舜的德泽和大禹的功绩，史官写了这篇文章，表扬大禹的功勋，名叫《禹贡》。本篇是我国最早最有价值的地理著作，历来受到重视。后来的《汉书·地理志》和《水经注》等，都受了《禹贡》的影响。

②敷土：分别九州的土地。敷，分。

③随：行走。刊：砍伐。

④冀州：郑玄注："两河间曰冀州。"在今山西与河北西部。尧

时的政治中心。

⑤载：事，施工。壶口：山名，在今山西吉县南。

⑥梁：山名，在今陕西韩城西。岐：通“歧”，山的支脉。

⑦太原：今山西太原一带，汾水上游。

⑧岳阳：《水经·汾水注》：“《禹贡》所谓岳阳，即霍太山。”霍太山即太岳山，在今山西霍县东，汾水所经之地。阳，山的南面。

⑨覃怀：地名，在今河南武陟、沁阳一带。厎：致，获得。绩：功绩。

⑩衡：通“横”。《孔传》说：“漳水横流入河。”所以说横漳。漳水在覃怀之北。

⑪厥：其，指冀州。惟：为。壤：柔土。

⑫赋：赋税。上上：《禹贡》将赋税和土质分为九等，上上是第一等。

⑬错：杂。

⑭恒：滱水。卫：滹（hū）沱河。从：顺着河道。

⑮大陆：泽名，在今河北巨鹿西北。作：治理。

⑯岛夷：住在海上的东方民族。

⑰夹：近，接近。碣石：山名，在今河北抚宁、昌黎。

以上部分，记叙大禹治理冀州的功绩。

译文

禹划分土地的疆界，行走高山砍削树木作为路标，以高山大河奠定界域。

冀州：从壶口开始施工以后，就治理梁山和它的支脉。太原治理好了以后，又治理到太岳山的南面。覃怀一带的治理取得了成效，又到了横流入河的漳水。那里的土是白壤，那里的赋税是第一等，也夹杂着第二等，那里的田地是第五等。恒水、卫水已经顺着河道而流，大陆泽也已治理了。岛夷用皮服来进贡，先接近右边的碣石山，再进入黄河。

原文

济、河惟兖州[①]：九河既道[②]，雷夏既泽[③]，灉、沮会同[④]。桑土既蚕[⑤]，是降丘宅土[⑥]。厥土黑坟[⑦]，厥草惟繇[⑧]，厥木惟条[⑨]。厥田惟中下，厥赋贞[⑩]，作十有三载乃同[⑪]。厥贡漆丝[⑫]，厥篚织文[⑬]。浮于济、漯[⑭]，达于河。

注释

①济：水名。源出河南济源，汉代在今河南武陟流入黄河，又向南溢出，流向山东，与黄河平行入海。兖州：今河北、山东境。

②九河：黄河流到兖州，分为九条河。郑玄注："九河之名：徒骇、太史、马颊、覆鬴、胡苏、简、洁、钩盘、鬲津。"道：疏导。

③雷夏：泽名，在今山东菏泽东北。

④灉：黄河的支流，已湮灭。沮：灉河的支流，也湮灭了。会同：汇合流入雷夏泽。

⑤桑土：郑玄注："其地尤宜蚕桑，因以名之。"蚕：养蚕。

⑥是：于是。降：下。宅：居。

⑦坟：马融注："有膏肥也。"

⑧繇（yáo）：茂盛。

⑨条：长。

⑩贞：《孔疏》："贞即下下，为第九也。"

⑪乃同：才与其他八州相同。

⑫漆丝：《孔传》："地宜漆林，又宜养蚕。"

⑬厥篚织文：篚，竹器。《孔传》："织文，锦绮之属，盛之筐篚而贡焉。"

⑭漯（tà）：水名，黄河的支流。

以上部分，记叙大禹治理兖州的功绩。

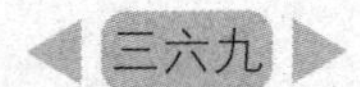

译文

济水与黄河之间是兖州：黄河下游的九条支流疏通了，雷夏也已经成了湖泽，滩水和沮水汇合流进了雷夏泽。栽种桑树的地方都已经养蚕，于是人们从山丘上搬下来住在平地上。那里的土质又黑又肥，那里的草是茂盛的，那里的树是修长的。那里的田地是第六等，赋税是第九等，耕作了十三年才与其他八个州相同。那里的贡物是漆和丝，还有那竹筐装着的彩绸。进贡的船只行于济水、漯水到达黄河。

原文

海、岱惟青州[①]：嵎夷既略[②]，潍、淄其道[③]。厥土白坟，海滨广斥[④]。厥田惟上下，厥赋中上。厥贡盐、絺[⑤]，海物惟错[⑥]。岱畎丝、枲、铅、松、怪石[⑦]。莱夷作牧[⑧]。厥篚檿丝[⑨]。浮于汶[⑩]，达于济。

注释

①海：今渤海。岱：泰山。青州：今山东半岛。

②嵎夷：地名。略：治。

③潍、淄：二水名，在今山东省。道：疏通。

④斥：郑玄注："斥谓地碱卤。"《说文》："卤，碱地。东方谓之斥，西方谓之卤。"

⑤絺：细葛布。

⑥错：《孔传》："杂，非一种。"

⑦畎：山谷。枲（xǐ）：不结子的大麻。铅：锡。

⑧莱夷作牧：《孔传》："莱夷，地名，可以放牧。"胡渭注："今莱州、登州二府皆禹贡莱夷之地。"

⑨檿：山桑，柞树。

⑩汶：水名。在今山东省。

以上部分，记叙大禹治理青州的功绩。

译文

渤海和泰山之间是青州：嵎夷治理好以后，潍水和淄水也已经疏通了。那里的土又白又肥，海边有一片广大的盐碱地。那里的田是第三等，赋税是第四等。那里进贡的物品是盐和细葛布，海产品多种多样。还有泰山谷的丝、大麻、锡、松和奇特的石头。莱夷一带可以放牧。进贡的物品是那筐装的柞蚕丝。进贡的船只行于汶水达到济水。

原文

海、岱及淮惟徐州[①]：淮、沂其乂[②]，蒙、羽其艺[③]，大野既猪[④]，东原底平[⑤]。厥土赤埴坟[⑥]，草木渐包[⑦]。厥田惟上中，厥赋中中。厥贡惟土五色[⑧]，羽畎夏翟[⑨]，峄阳孤桐[⑩]，泗滨浮磬[⑪]，淮夷蠙珠暨鱼[⑫]。厥篚玄纤缟[⑬]。浮于淮、泗，达于河[⑭]。

注释

①海：指黄海。淮：淮河。徐州：今江苏、安徽北部，山东南部。

②沂：沂水，在山东。乂：治。

③蒙：山名，在山东蒙阴西南。羽：羽山，在今江苏赣榆西南。艺：种植。

④大野：巨野泽，在山东巨野。猪：潴，水停聚的地方。

⑤东原：今山东东平，在汶水、济水之间。底：致，得到。平：治理。

⑥埴：《孔传》说："土粘曰埴。"

⑦渐包：滋长而丛生。又写作"渐苞"。

⑧土五色：五色土，《孔传》说："王者封五色土为社，建诸侯则各割其方色土与之。"

⑨羽：羽山。畎：山谷。夏：大。翟：山雉，羽毛可做装饰品。

⑩峄：峄山，在江苏邳州境内。阳：山的南面。孤桐：特生的桐木。

⑪泗：水名，源出今山东泗水，下流入淮河。浮磬：一种可以做磬的石头。

⑫蠙珠：螟蚌所产之珠。

⑬玄：黑色。纤：细缯，绸。缟：白缯，绢。

⑭达于河：金履祥说："达于河，《古文尚书》作达于菏。《说文》引《书》亦作菏，今俗本误作河耳。菏泽与济水相通。"

以上部分，记叙大禹治理徐州的功绩。

译文

黄海、泰山及淮河之间是徐州：淮河、沂水治理好以后，蒙山、羽山一带已经可以种植了，大野泽已经停聚着深水，东原地方也获得治理。那里的土是红色的，又粘又肥，草木不断滋长而丛生。那里的田是第二等，赋税是第五等。那里的贡品是五色土，羽山山谷的大山鸡，峄山南面的特产桐木，泗水边上的可以做磬的石头，淮夷之地的蚌珠和鱼。还有那筐子装着的黑色的绸和白色的绢。进贡的船只行于淮河、泗水，到达与济水相通的菏泽。

原文

荆、河惟豫州[①]：伊、洛、瀍、涧既入于河[②]，荥波既猪[③]。导菏泽[④]，被孟猪[⑤]。厥土惟壤，下土坟垆[⑥]。厥田惟中上，厥赋错上中。厥贡漆、枲、絺、纻[⑦]，厥篚纤、纩[⑧]，锡贡磬错[⑨]。浮于洛，达于河。

注释

①荆：荆山，在今湖北。

②伊：水名，源出今河南卢氏。洛：水名，源出今陕西洛南。瀍：水名，源出今河南孟津。涧：水名，源出今河南渑池。

③荥波：即荥播，泽名，在今河南荥阳境。猪：潴，聚水。

④导：通道，疏通。菏泽：在今山东定陶。

⑤被：修筑堤防。按《墨子·兼爱中》叙禹治水说“防孟诸之泽”可证。孟猪：泽名，在今河南商丘东北。

⑥垆：黑刚土。

⑦纻：苎麻。

⑧纩：细绵。

⑨磬错：制作玉磬的石头。

以上部分，记叙大禹治理豫州的功绩。

译文

荆山、黄河之间是豫州：伊水、瀍水和涧水都已流入洛水，又流入黄河，荥波泽已经停聚了大量的积水。疏通了菏泽，并在孟猪泽筑起了堤防。那里的土是柔软的壤土，低地的土是肥沃的黑色硬土。那里的田是第四等，那里的赋税是第二等，杂出第一等。那里的贡物是漆、麻、细葛、苎麻，那篚装的绸和细绵。又进贡制作玉磬的石头。进贡的船只行于洛水到达黄河。

原文

华阳、黑水惟梁州[1]：岷、嶓既艺[2]，沱、潜既道。蔡、蒙旅平[3]，和夷厎绩[4]。厥土青黎[5]，厥田惟下上，厥赋下中、三错[6]。厥贡璆、铁、银、镂、砮、磬、熊、罴、狐、狸[7]。织皮、西倾因桓是来[8]。浮于潜，逾于沔[9]，入于渭，乱于河[10]。

注释

①华：华山。黑水：众说不一。陈澧认为是怒江，今从陈说。

②岷：岷山，在四川北部。嶓：嶓冢山，在陕西宁强西北。艺：治。

③蔡：峨眉山，见《禹贡锥指》。蒙：山名，在今四川雅安北。旅：治。

④和：水名，胡渭认为是涐水，即今大渡河。

⑤青：黑。黎：疏散。

⑥三错：《孔传》注："杂出第七第九三等。"

⑦璆（qiú）：同球，美玉。镂：刚铁。

⑧织皮：西戎之国。西倾：山名，在甘肃青海交界处。桓：桓水，即白水，今名白龙江。

⑨沔（miǎn）：汉水的上游。

⑩乱：横渡。

以上部分，记叙大禹治理梁州的功绩。

译文

华山南部到怒江之间是梁州：岷山、嶓冢山治理以后，沱水、潜水也已经疏通了。峨眉山、蒙山治理后，和夷一带也取得了治理的功效。那里的土是疏松的黑土，那里的田是第七等，那里的赋税是第八等，还杂出第七等和第九等。那里的贡物是美玉、铁、银、刚铁、做箭镞的石头、磬、熊、马熊、狐狸、野猫。织皮和西倾山的贡物沿着桓水而来。进贡的船只行于潜水，然后离船上岸陆行，再进入沔水，进到渭水，最后横渡渭水到达黄河。

原文

黑水、西河惟雍州[①]：弱水既西[②]，泾属渭汭[③]，漆沮既从[④]，沣水攸同[⑤]。荆、岐既旅[⑥]，终南、惇物[⑦]，至于鸟鼠。原隰厎绩[⑧]，至于猪野[⑨]。三危既宅[⑩]，三苗丕叙[⑪]。厥土惟黄壤，厥田惟上上，厥赋中下。厥贡惟球、琳、琅玕[⑫]。浮于积石[⑬]，至于龙门、西河[⑭]，会于渭汭。织皮昆仑、析支、渠搜[⑮]，西戎即叙[⑯]。

注释

①西河：冀州西边的黄河。

②弱水：又叫张掖河，向西流入居延海。

③泾、渭：都是陕西的大河。泾水流入渭水处叫渭汭。属：注入。

④漆沮：即洛水，漆沮流入洛水，所以洛水又叫漆沮。

⑤沣水：流入渭河。同：汇合。

⑥荆：荆山，在今陕西富平西南，与湖北的荆山不同。岐：岐

山，在今陕西岐山东北。旅：治理。

⑦终南：今称秦岭。惇物：太白山。

⑧原隰（xí）：指邻地，今之邠县和旬邑。

⑨猪野：泽名，在今甘肃民勤。

⑩三危：山名。郑玄注：“三危山在鸟鼠西，南当岷山。”

⑪三苗：《史记·五帝本纪》说：“舜迁三苗于三危。”叙：顺。

⑫球：美玉。琳：美石。琅玕：似珠之玉。

⑬积石：山名，在今青海西宁西南。

⑭龙门：山名，在今陕西韩城东北。

⑮析支：山名，在今青海西宁西南。渠搜：山名。

⑯西戎：古代我国西北部民族的总称。即：就。

以上部分，记叙大禹治理雍州的功绩。

译文

黑水到西河之间是雍州：弱水疏通已向西流，泾河流入渭河之湾，漆沮水已经汇合洛水流入黄河，沣水也向北流同渭河汇合。荆山、岐山治理以后，终南山、惇物山一直到鸟鼠山都得到了治理。原隰的治理取得了成绩，至于猪野泽也得到了治理。三危山已经可以居住，三苗就安定了。那里的土是黄色的，那里的田是第一等，那里的赋税是第六等。那里的贡物是美玉、美石和珠宝。进贡的船只从积石山附近的黄河，行到龙门、西河，与从渭河逆流而上的船只汇合在渭河以北。织皮的人民定居在昆仑、析支、渠搜三座山下，西戎各族就安定顺从了。

原文

导岍及岐[①]，至于荆山，逾于河。壶口、雷首至于太岳[②]。厎柱、析城至于王屋[③]。太行、恒山至于碣

石[④]，入于海。

西倾、朱圉、鸟鼠至于太华[⑤]。熊耳、外方、桐柏至于陪尾[⑥]。

导嶓冢至于荆山[⑦]。内方至于大别[⑧]。岷山之阳至于衡山[⑨]，过九江至于敷浅原[⑩]。

注释

①导：通“道”，开通道路。岍：山名，在今陕西陇县。岐：岐山，在今陕西岐山。

②壶口：山名，在今山西吉县。雷首：山名，在今山西永济。太岳：霍太山。

③底柱：即三门山，在今山西平陆。析城：山名，在今山西阳城。王屋：山名，在今山西垣曲。

④太行：山名，在今山西、河南、河北三地交界处。恒山：在今河北曲阳，古称北岳。碣石：山名，在今河北昌黎、抚宁二地交界处。

⑤朱圉（yǔ）：山名，在今甘肃甘谷。太华：即华山，古称西岳。

⑥熊耳：山名，在今河南桐柏。外方：即嵩山，古称中岳。桐柏：山名，在今河南桐柏。陪尾：山名，在今湖北安陆。

⑦嶓冢：山名，在今陕西宁强西北。荆山：在今湖北南漳西南。

⑧内方：山名，在今湖北钟祥西南。大别：即大别山。

⑨岷山：在今四川松潘北。衡山：在今湖南衡山，古称南岳。

⑩九江：洞庭湖。敷浅原：地名。

以上部分，记叙大禹治山的功绩。

译文

开通了岍山和岐山的道路，到达荆山，越过黄河。又开通壶口山、雷首山，到达太岳山。又开通底柱山、析城山，到达王屋山。

又开通太行山、恒山，到达碣石山，从这里进入渤海。

开通西倾山、朱圉山、鸟鼠山，到达太华山。又开通熊耳山、外方山、桐柏山，到达陪尾山。

开通嶓冢山到达荆山。开通内方山到达大别山。开通岷山的南面到达衡山，过洞庭湖到达庐山。

原文

导弱水至于合黎[1]，馀波入于流沙[2]。

导黑水至于三危，入于南海。

导河积石，至于龙门；南至于华阴[3]；东至于厎柱；又东至于孟津[4]；东过洛汭，至于大伾[5]；北过降水[6]，至于大陆；又北，播为九河[7]，同为逆河[8]，入于海。

嶓冢导漾[9]，东流为汉；又东，为沧浪之水[10]；过三澨[11]，至于大别，南入于江。东，汇泽为彭蠡；东，为北江[12]，入于海。

岷山导江，东别为沱[13]；又东至于澧；过九江，至于东陵[14]；东迤北[15]，会于汇[16]；东为中江[17]，入于海。

导沇水[18]，东流为济，入于河，溢为荥[19]；东出于陶丘北[20]，又东至于菏；又东北，会于汶；又北东，入于海。

导淮自桐柏，东会于泗、沂[21]，东入于海。

导渭自鸟鼠同穴[22]，东会于沣，又东会于泾；又东过漆沮，入于河。

导洛自熊耳，东北，会于涧、瀍；又东，会于伊；又东北，入于河。

注释

①导：疏导。合黎：山名，在今甘肃山丹、张掖、高台、酒泉之北。

②馀波：指下游。流沙：郑玄引《地理志》注："流沙在居延西北，名居延泽。"流沙指居延泽一带的沙漠。

③华阴：华山的北面。

④孟津：今河南孟津。

⑤大伾：山名，在今河南浚县西南。

⑥降水：指漳、洚合流的漳水，在今河北曲周、肥乡之间进入黄河。降亦作"洚"。

⑦播：分布。九河：指兖州之九河。

⑧同为逆河：同，合。下游又合而名为逆河。

⑨漾：汉水上游。

⑩沧浪：即汉水。

⑪三澨（shì）：郑玄注："水名，在江夏竟陵界。"竟陵，今之钟祥。

⑫北江：即汉水。

⑬沱：长江的支流。

⑭东陵：旧注认为是汉代卢江郡金兰县西北的东陵乡。

⑮迆（yǐ）：水斜流着。

⑯汇：曾运乾说："汇为淮之假借字……江淮本通。"

⑰中江：指岷江。

⑱沇：水名。济水的上游。

⑲溢：水动荡奔突而出。荥：荥泽，汉代已成平地。

⑳陶丘：在今山东定陶。

㉑东会于泗、沂：沂水流入泗水，泗水流入淮河。淮河在今江苏阜宁东入海。

㉒鸟鼠同穴：山名，即鸟鼠山。

以上部分，记叙大禹治水的功绩。

译文

疏通弱水到合黎山，下游流到沙漠。

疏通黑水到三危山，流入南海。

疏导黄河，从积石山开始，到达龙门山；再向南到达华山的北面；再向东到达厎柱山；又向东到达孟津；又向东经过洛水与黄河汇合的地方，到达大伾山；然后向北经过降水，到达大陆泽；又向北，分成九条支流，再汇合成一条逆河，流进大海。

从嶓冢山开始疏导漾水，向东流成为汉水；又向东流，成为沧浪水；经过三澨水，到达大别山，向南流进长江。向东，来汇的水叫彭蠡泽；向东，称为北江，流进大海。

从岷山开始疏导长江，向东另外分出一条支流称为沱江；又向东到达澧水；经过洞庭湖，到达东陵；再向东斜行向北，与淮河汇合；向东称为中江，流进大海。

疏导沇水，向东流称为济水，流入黄河，河水溢出成为荥泽；又从定陶的北面向东流，再向东到达菏泽县；又向东北，与汶水汇合；再向北，转向东，流进大海。

从桐柏山开始疏导淮河，向东与泗水、沂水汇合，向东流进大海。

从鸟鼠同穴山开始疏导渭水，向东与沣水汇合，又向东与泾水汇合；又向东经过漆沮水，流入黄河。

从熊耳山开始疏导洛水，向东北，与涧水、瀍水汇合；又向东，与伊水汇合；又向东北，流入黄河。

原文

九州攸同：四隩既宅[①]，九山刊旅[②]，九川涤源[③]，九泽既陂[④]，四海会同[⑤]。六府孔修[⑥]，庶土交正[⑦]，厎慎财赋[⑧]，咸则三壤成赋[⑨]。中邦锡土、姓[⑩]，祗台德

先[11]，不距朕行[12]。

五百里甸服[13]。百里赋纳总[14]，二百里纳铚[15]，三百里纳秸服[16]，四百里粟，五百里米。

五百里侯服[17]。百里采[18]，二百里男邦[19]，三百里诸侯[20]。

五百里绥服[21]。三百里揆文教[22]，二百里奋武卫[23]。

五百里要服[24]。三百里夷[25]，二百里蔡[26]。

五百里荒服[27]。三百里蛮[28]，二百里流[29]。

东渐于海[30]，西被于流沙[31]，朔南暨声教讫于四海[32]。

禹锡玄圭[33]，告厥成功。

注释

①隩（yù）：可以定居的地方。宅：居住。

②九山：上文所举的九条山脉。刊：削除。旅：道。

③九川：上文所举的九条河流。涤源：疏通水源。

④九泽：上文所举的九个湖泽。陂：修筑堤防。

⑤四海：《尔雅·释地》：“九夷、八狄、七戎、六蛮，谓之四海。”会同：会同京师，指进贡的道路畅通了。

⑥六府：水、火、金、木、土、谷。孔：很。修：治理。

⑦交：《孔传》：“俱也。”正：征。

⑧厎：定，规定。

⑨则：准则。三壤：上中下三等土壤。成：定。

⑩中邦：中央之国，指天子之邦。锡：赐。

⑪祗：敬。台（yí）：以。

⑫不距朕行：郑玄注：“不距违我天子政教所行。”

⑬甸服：古代在天子领地外围，每五百里为一服役地带，按远近分为甸服、侯服、绥服、要服、荒服。胡渭注：“五千里内皆供王

事，故通谓之服，而甸服则主为天子治田出谷者也。”

⑭纳：交纳。总：指禾的总体。

⑮铚：《孔疏》：“铚谓禾穗也。”

⑯秸服：带稃的谷。

⑰侯服：江声注：“侯之言候，候顺逆，兼司候王命。”

⑱采：事，指替天子服差役。

⑲男邦：男，任。男邦，担任国家的差事。

⑳诸侯：《孔传》：“同为王者斥候。”《孔疏》：“斥候，谓检行险阻，伺候盗贼。”

㉑绥服：《孔传》：“安服王者之政教。”指替天子做安抚的事。

㉒揆文教：《孔传》：“揆，度也。度王者文教而行之。”

㉓奋武卫：奋扬武威保卫王者。

㉔要服：要，约。接受王者约束而服侍之，叫要服。

㉕夷：平，谓相约和平共处。

㉖蔡：法，谓相约遵守王法。

㉗荒服：荒，远。替天子守边远之区叫荒服。

㉘蛮：郑玄注：“蛮者，听从其俗，羁縻其人耳，故云蛮。蛮之言缗也。”意思是维持隶属关系。

㉙流：郑玄注：“流谓夷狄流移，或贡或不贡。”意思是贡否不定。

㉚渐：入。

㉛被：及，到。

㉜朔南暨声教讫于四海：九字一句，谓北方、南方和声教皆止于夷狄之区。

㉝锡：赐，被赐。玄圭：玄色的瑞玉。

以上部分，记叙大禹统一中国的功绩。

译文

九州由此统一了：四方的土地都已经可以居住了，九条山脉都伐木修路可以通行了，九条河流都疏通了水源，九个湖泽都修筑了堤防，四海之内进贡的道路都畅通无阻了。水火金木土谷六府都治理得很好，各处的土地都要征收赋税，并且规定征取财物赋税要慎重，都要根据土地的上中下三等来确定。中央之国赏赐土地和姓氏给诸侯，敬重以德行为先，又不违抗我的措施的贤人。

国都以外五百里叫作甸服。离国都最近的一百里缴纳连秆的禾；二百里的，缴纳禾穗；三百里的，缴纳带稃的谷；四百里的，缴纳粗米；五百里的缴纳精米。

甸服以外五百里是候服。离甸服最近的一百里替天子服差役；二百里的，担任国家的差役；三百里的，担任侦察工作。

候服以外五百里是绥服。三百里的，考虑推行天子的政教；二百里的，奋扬武威保卫天子。

绥服以外五百里是要服。三百里的，约定和平相处；二百里的，约定遵守条约。

要服以外五百里是荒服。三百里的，维持隶属关系；二百里的，进贡与否流动不定。

东至大海，西到沙漠，从北方到南方，四海之内都播及了天子的德教。

于是禹被赐给玄色的美玉，表示大功告成了。

汤誓[①]

原文

王曰："格尔众庶[②]，悉听朕言。非台小子敢行称乱[③]！有夏多罪，天命殛之[④]。今尔有众[⑤]，汝曰：'我后不恤我众，舍我穑事而割正夏[⑥]？'予惟闻汝众言[⑦]，夏氏有罪，予畏上帝，不敢不正！今汝其曰：'复罪其如台[⑧]？'夏王率遏众力[⑨]，率割夏邑[⑩]。有众率怠弗协，曰：'时日曷丧[⑪]？予及汝皆亡！'夏德若兹[⑫]，今朕民往！

注释

①汤：名履，又称天乙，舜的大臣契的十四代孙，商朝的开国君主。当时夏王桀荒淫暴虐，民怨很大；侵削诸侯，诸侯怨恨。诸侯昆吾氏举兵叛乱，汤率领诸侯讨伐昆吾。消灭昆吾以后，汤又乘胜讨伐夏桀。伐桀以前，汤的军民不愿战争。汤在都城亳（bó）告喻众人吊民伐罪的道理。史官记录了这篇誓词，名叫《汤誓》。篇中"时日曷丧？予及汝皆亡"，真实反映了夏国人民痛恨暴君暴政的心情，十分可贵。

②格：来。

③台（yí）：我。

④殛：诛杀。

⑤有众：众人。有，助词。

⑥穑事：农事。割：通“曷”，为什么。正：通征，征伐。

⑦惟：同“虽”。

⑧如台（yí）：如何。

⑨率：语气助词。遏：通“竭”，尽。率遏众力，竭尽民力。

⑩割：剥削。

⑪时：是，这个。曷：何，什么时候。

⑫兹：此，这样。

以上部分，说明兴师征伐的原因。

译文

王说：“来吧！众位，都听我说。不是小子我敢作乱！因为夏国犯下许多罪行，天帝命令我去讨伐它。现在你们众人中或许有人说，‘我们的君王不怜悯我们，荒废我们的农事，为什么要征伐夏国呢？’我虽然理解你们的话，但是夏氏有罪，我畏惧上帝，不敢不去征伐啊！现在你们会问：‘夏的罪行究竟是什么呢？’夏王耗尽民力，剥削夏国的人民。民众怠慢不恭，很不拥护他，他们说：‘这个太阳什么时候消失呢？我们愿意同你一起灭亡。’夏的品德这样坏，现在我一定要去讨伐他。

原文

“尔尚辅予一人[①]，致天之罚[②]，予其大赉汝[③]！尔无不信，朕不食言[④]。尔不从誓言，予则孥戮汝[⑤]，罔有攸赦。”

注释

①尚：庶几，表祈使语气。一人：君王自谦的话，言自己只能当一人。

②致：用。

③其：将。赉（lài）：赏赐。

④食言：伪言，说假话。《尔雅·释诂》：“食，伪也。”

⑤孥：通“奴”。降成奴隶。戮：刑戮。奴戮，或以为奴，或加刑戮。

以上部分，申明赏罚的办法。

译文

“你们要辅佐我，实行天帝对夏的惩罚，我将重重地赏赐你们！你们不要不相信，我不会说假话。如果你们不听从誓言，我就会把你们降成奴隶，或者杀死你们，不会有所赦免。”

汤诰[1]

原文

王归自克夏，至于亳[2]，诞告万方。

王曰："嗟！尔万方有众，明听予一人诰[3]。惟皇上帝降衷于下民[4]。若有恒性[5]，克绥厥猷惟后[6]。夏王灭德作威，以敷虐于尔万方百姓[7]。尔万方百姓罹其凶害[8]，弗忍荼毒[9]，并告无辜于上下神祇[10]。天道福善祸淫，降灾于夏，以彰厥罪。肆台小子将天命明威[11]，不敢赦。敢用玄牡[12]，敢昭告于上天神后[13]，请罪有夏，聿求元圣[14]，与之戮力，以与尔有众请命。

注释

①成汤战胜夏桀，回到都城亳邑，诸侯都来朝见。成汤告诫诸侯，阐明伐桀的重大意义，勉励诸侯各守常法，以承天休。史官记录成汤的讲话，名叫《汤诰》。《史记·殷本纪》载有《汤诰》全文，与此篇不同，足以证明本篇是伪造的。这是梅氏伪古文尚书之五。

②亳：地名，成汤的国都，在今河南商丘。

③予一人：古代天子自称为"予一人"。

④衷：善。

⑤若有恒性：若，顺。恒，常。《孔传》："顺天有常之性。"

⑥克绥厥猷：克，能。绥，安。猷，导，教。言能使人民安于教导。

⑦敷：布，施行。

⑧罹：遭受。

⑨荼毒：痛苦。荼，苦菜，味道苦。毒，指毒人的虫，是人之所苦。所以用荼毒比喻痛苦。

⑩辜：罪。神祇：神，天神。祇，地祇。

⑪肆：故，所以。台：我。将：行，奉行。

⑫玄牡：玄，黑色。牡，公牛。

⑬神后：后土，指地神。

⑭聿：遂。《孔传》："聿，遂也。"元圣：大圣，指伊尹。

以上部分，言桀政暴虐，伐桀是为民请命。

译文

汤王在战胜夏桀后回来，到了亳邑，大告万方诸侯。

汤王说："啊！你们万方众长，明白听从我的教导。伟大的上帝降善于下界人民。顺从人民的常性，能使他们安于教导的就是君主。夏王灭弃道德滥用威刑，向万方百姓施行虐政。你们遭受他的残害，痛苦不堪，普遍向上下神祇申诉无罪。天道福佑善人惩罚坏人，降灾于夏国，以显露他的罪过。所以我奉行天命明法，不敢宽宥。敢用黑色牡牛，敢向天神后土祷告，请求惩治夏桀，就邀请了大圣伊尹与我共同努力，为你们请除恶命。

原文

"上天孚佑下民[①]，罪人黜伏[②]。天命弗僭[③]，贲若草木[④]，兆民允殖[⑤]。俾予一人辑宁尔邦家[⑥]，兹朕未知

获戾于上下[⑦]，栗栗危惧[⑧]，若将陨于深渊[⑨]。凡我造邦[⑩]，无从匪彝[⑪]，无即慆淫[⑫]，各守尔典，以承天休。尔有善，朕弗敢蔽；罪当朕躬，弗敢自赦，惟简在上帝之心[⑬]。其尔万方有罪，在予一人；予一人有罪，无以尔万方。

“呜呼！尚克时忱[⑭]，乃亦有终。”

注释

①孚：保。古文以孚为保，见《说文》段注。

②黜伏：退伏。《孔传》：“桀知其罪，退伏远屏。”

③僭（jiàn）：差错。

④贲（bì）：文饰。《孔传》：“贲，饰也。天下恶除，焕然成饰，若草木同华。”

⑤允：信。殖：生活。《孔传》：“民信乐生。”

⑥辑宁：辑，和睦。宁，安宁。

⑦戾：罪。

⑧栗栗：危惧的样子。

⑨陨：坠落。

⑩造邦：建立的国家。

⑪匪彝：匪，通“非”。彝，法。《蔡传》：“匪彝，指法度言。”

⑫慆淫：慆，怠慢。淫，纵乐。《蔡传》：“慆淫，指逸乐言。”

⑬简：明白。

⑭时忱：时，此、这。忱，信，诚信。时忱，这样诚信。

以上部分，言自己责任重大，愿与诸侯共守常法，以承天休。

译文

“上天保佑天下人民，罪人夏桀被废黜了。天道没有差错，天下从此灿烂，就像草木的滋生繁荣，兆民真的乐于生活了。上天使我和睦安定你们的国家，这回伐桀我不知道得罪了天地没有，惊恐畏惧，像要落到深渊里一样。凡我建立的诸侯，不要施行非法，不要追求安乐；要各自遵守常法，以接受上天的福禄。你们有善行，我不敢掩盖；罪过在我自身，我不敢自己宽恕，因为这些在上帝心里都明明白白。你们如果有过失，原因都在于我；我有过失，不会连及你们。

“啊！但愿能够这样诚信不疑，也就会获得好的结局。”

泰誓上[①]

原文

惟十有三年春[②]，大会于孟津[③]。

王曰："嗟！我友邦冢君[④]，越我御事庶士[⑤]，明听誓。惟天地万物父母，惟人万物之灵。亶聪明作元后[⑥]，元后作民父母。今商王受弗敬上天[⑦]，降灾下民。沉湎冒色[⑧]，敢行暴虐，罪人以族，官人以世[⑨]。惟宫室、台榭、陂池、侈服[⑩]，以残害于尔万姓。焚炙忠良[⑪]，刳剔孕妇[⑫]。皇天震怒，命我文考肃将天威[⑬]，大勋未集[⑭]。肆予小子发[⑮]，以尔友邦冢君观政于商[⑯]。惟受罔有悛心[⑰]，乃夷居[⑱]，弗事上帝神祇[⑲]，遗厥先宗庙弗祀。牺牲粢盛[⑳]，既于凶盗[㉑]。乃曰：'吾有民有命！'罔惩其侮[㉒]。

注释

①泰：《史记》作"太"。太是极大。武王伐纣，大会诸侯。武王向广大诸侯誓师，所以叫作《泰誓》。先秦百篇尚书中，原有《泰誓》。汉初伏生二十八篇没有《泰誓》。汉武帝时，河内女子献上《泰誓》，后汉马融等大家疑是伪作，所以未传下来。这三篇《泰誓》都是梅氏所献的伪古文。《泰誓上》是梅氏伪古文之十四。

本篇是记叙周武王十三年诸侯大会于孟津，武王告诫友邦诸侯和治事大臣的话。

②十有三年：有，又。十又三年，当指周武王十三年。详见《蔡传》。

③孟津：地名，一名盟津。在今河南孟津东北。

④冢君：大君。

⑤越：与。御事：治理大臣。

⑥亶：诚。元后：大君。《孔传》："诚聪明的人则为大君。"

⑦受：纣王名。

⑧沉湎：沉醉于酒中。冒色：冒，贪。色，女色。

⑨世：世袭。

⑩台榭、陂池：都是游乐的地方。台，高台。榭，台上的厅屋。陂，堵住泽水的堤障。池，停水之处。

⑪焚炙：焚烧。《孔疏》："焚炙，俱烧也。"焚炙忠良，指炮烙之刑。

⑫刳剔：割剥，解剖。《孔疏》："刳剔，谓割剥也。"

⑬文考：指周文王。将：行。

⑭集：成。

⑮小子发：武王名发。

⑯观政：考察政事。《孔传》："谓十一年自孟津还时。"言"观政"者，这是婉曲的说法。

⑰悛：改悔。

⑱夷居：蹲着，形容傲慢不恭。《论语·宪问》马注："夷，踞也。"《说文》："居，蹲也。"

⑲神祇：天神地神。

⑳牺牲：指牛羊等祭品。粢（zī）盛（chéng）：黍稷叫粢。祭品装在器皿中叫盛。

㉑既：尽。

㉒惩：改变。侮：轻慢。

以上部分，周武王宣布纣王的罪行。

译文

周武王十三年春天，诸侯大会于孟津。

武王说：“啊！我的友邦大君和我的治事大臣们，请清楚地听取我的誓言。天地是万物的父母，人是万物中的灵秀。真聪明的人就做大君，大君做人民的父母。现在商王纣不尊敬上天，降祸灾给下民。他嗜酒贪色，施行暴虐，用灭族的严刑惩罚人，凭世袭的方法任用人。宫室呀，台榭呀，陂池呀，奢侈的衣服呀，他用这些东西来残害万姓人民。他烧杀忠良，解剖孕妇。皇天动了怒，命令我的先父文王恭奉上天的威罚，可惜大功没有完成。从前我姬发和你们友邦大君到商邦考察政治，商纣没有悔改的心，他竟然傲慢不恭，不祭祀上帝神祇，遗弃他的祖先宗庙而不祭祀。牺牲和粢盛等祭物，也被凶恶盗窃的人吃尽了。他却说：‘我有人民有天命！’不改变他侮慢的心意。

原文

“天佑下民，作之君，作之师，惟其克相上帝，宠绥四方。有罪无罪，予曷敢有越厥志[①]？同力度德[②]，同德度义。受有臣亿万[③]，惟亿万心。予有臣三千，惟一心。商罪贯盈[④]，天命诛之；予弗顺天，厥罪惟钧[⑤]。

“予小子夙夜祗惧[⑥]。受命文考，类于上帝[⑦]，宜于冢土[⑧]，以尔有众，厎天之罚[⑨]。天矜于民[⑩]，民之所欲，天必从之。尔尚弼予一人[⑪]，永清四海。时哉，弗可失！”

注释

①越：失。厥志：指天的意志。

②度：量度，衡量。

③亿：十万。

④贯盈：贯，串，穿物之串。盈，满。贯盈，像串之满，形容极多。

⑤钧：平，等。

⑥夙夜：早晚。指日日夜夜。

⑦类：祭天。以事类祭天，就叫类。

⑧宜：祭社。《孔传》：“祭社曰宜。”《王制》：“天子将出，类乎上帝，宜乎社。”冢土：大社。《毛传》：“冢土，大社也。”

⑨厎：致，行。

⑩矜：怜悯。

⑪弼：辅佐。尚：表祈使语气。

以上部分，周武王勉励诸侯顺天行罚。

译文

“上天帮助下民，为人民建立君主和师长，因为他们能够辅助上帝，爱护和安定天下。对待有罪和无罪的人，我怎么敢违反上天的意志呢？力量相同就衡量德，德相同就衡量义。商纣有臣亿万，是亿万条心；我有臣子三千，只是一条心。商纣的罪恶，像穿物的串子已经穿满了，上天命令我讨伐他，我如果不顺从上天，我的罪恶就会跟商纣相等。

“我日夜谨慎忧惧。在文考庙接受了伐商的命令，我又祭告上帝，祭祀大社，于是率领你们，进行上天的惩罚。上天怜悯人民，人民的愿望，上天一定会依从的。你们辅助我吧！要使四海之内永远清明。这个时机不可失去呀！”

泰誓中[①]

原文

惟戊午，王次于河朔[②]，群后以师毕会。王乃徇师而誓[③]。

曰："呜呼！西土有众[④]，咸听朕言。我闻吉人为善，惟日不足[⑤]；凶人为不善，亦惟日不足。今商王受力行无度[⑥]，播弃犁老[⑦]，昵比罪人[⑧]，淫酗肆虐[⑨]。臣下化之，朋家作仇，胁权相灭[⑩]。无辜吁天，秽德彰闻。

注释

①本篇记叙一月戊午这天周武王誓告西方诸侯的话，是梅氏伪古文尚书之十五。

②次：驻扎。河朔：黄河之北。《孔传》："止于河之北。"

③徇：巡行。

④西土有众：《蔡传》："周都丰镐，其地在西。从武王渡河者，皆西方诸侯，故曰西土有众。"

⑤惟日不足：《蔡传》："言将终日为之而犹为不足也。"

⑥受：纣王之名。

⑦犁老：犁，一作"黎"，通"耇"。耇，老。犁老，就是耇老。

⑧昵比：昵，亲近。比，近。

⑨淫酗：淫，过度。酗，醉酒发怒。

⑩胁权：胁，挟持。《释名》："胁，挟也。"胁权，挟持权柄。

以上部分，周武王数说商纣君臣的罪行。

译文

一月二十八日，周武王驻兵在黄河之北，诸侯率领他们的军队都汇合了。武王于是巡视军队并且告诫他们。

武王说："啊！西方各位诸侯，请都听我的话。我听说好人做好事，整天地做还是时间不够；坏人做坏事，也是整天地做还是时间不够。现在商王纣力行不合法度的事，放弃年老的大臣，亲近有罪的人，过度嗜酒，放肆暴虐。臣下也受到他的影响，各结朋党，互为仇敌；挟持权柄，互相诛杀。无罪的人呼天告冤，秽恶的行为公开传闻。

原文

"惟天惠民，惟辟奉天[①]。有夏桀弗克若天，流毒下国。天乃佑命成汤，降黜夏命。惟受罪浮于桀[②]，剥丧元良，贼虐谏辅[③]，谓己有天命，谓敬不足行，谓祭无益，谓暴无伤。厥鉴惟不远[④]，在彼夏王。天其以予乂民，朕梦协朕卜[⑤]，袭于休祥[⑥]，戎商必克[⑦]。受有亿兆夷人[⑧]，离心离德；予有乱臣十人[⑨]，同心同德。虽有周亲[⑩]，不如仁人。

注释

①辟：君。奉：承受。

②浮：超过。

③谏辅：谏议大臣。

④鉴：鉴戒。

⑤协：符合。

⑥袭：重复。休祥：吉庆。

⑦戎商：戎，兵，引申为伐。戎商，讨伐殷商。

⑧夷人：夷，平。《孔传》："平人，凡人也。"服虔和杜预解为夷狄之人。见《孔疏》。

⑨乱臣：治臣，拨乱之臣。

⑩周亲：周，至。周亲，至亲的人。

以上部分，周武王说明伐商必定胜利。

译文

"上天惠爱人民，君主遵奉上天。夏桀不能顺从天意，流毒于天下。上天于是佑助和命令成汤，降下废黜夏桀的命令。纣的罪恶超过了夏桀，他伤害善良的大臣，杀戮谏争的辅臣，说自己有天命，说敬天不值得实行，说祭祀没有益处，说暴虐没有害处。他的鉴戒并不远，就在夏桀身上。上天使我治理人民，我的梦符合我的卜兆，吉庆重叠出现，讨伐商国一定会胜利。商纣有亿兆平民，都离心离德；我有拨乱的大臣十人，都同心同德。纣虽有至亲的臣子，比不上我周家的仁人。

原文

"天视自我民视，天听自我民听。百姓有过，在予一人，[①]今朕必往。

"我武惟扬，侵于之疆[②]，取彼凶残；我伐用张[③]，

于汤有光！

“勖哉夫子！罔或无畏④，宁执非敌⑤。百姓懔懔，若崩厥角⑥。呜呼！乃一德一心，立定厥功，惟克永世⑦。”

注释

①百姓有过，在予一人：过，责怪。《广雅·释诂》：“过，责也。”《蔡勃》：“今民皆有责于我，谓我不正商罪。”

②侵：攻入。之：其，指商国。

③用张：要进行。《广雅·释诂》：“张，施也。”

④罔或无畏：罔，毋。或，有。无，不。畏，通“威”，威武。言不要有不威武的情况。《孔传》解为“无敢有无畏之心”，与文情不合。

⑤宁执非敌：宁，愿。执，持，保持。非，无。言宁愿保持无敌之心。《孔传》解为“宁执非敌之心”，《孔疏》解释说：“非己能敌之志。”这样解释，也与文情不合。

⑥若崩厥角：厥，顿下。角，额角、头角。厥角，谓顿首、叩头。若崩厥角，就是厥角若崩，叩头像山崩一样，形容人民希望的迫切。《汉书·诸侯王表》“厥角稽首”应劭注：“厥，顿也。角者，额角也。”

⑦惟克永世：《孔传》：“汝同心立功，则能长世以安民。”

以上部分，周武王勉励将士建立辉煌的事业。

译文

“上天的看法，出自我们人民的看法；上天的听闻，出自我们人民的听闻。老百姓对我有所责难，今天我一定要前往讨伐。

“我们的武力要发扬，要攻到商国的疆土上，捉到那些豺狼；我们的讨伐要进行，这比成汤的事业还辉煌！

“努力吧，将士们，不可出现不威武的情况，宁愿你们保持没有对手的想法。百姓危惧不安，他们向我们叩头就像山崩一样。啊！你们同心同德建功立业，就能够长久安定人民。”

泰誓下[1]

原文

时厥明[2]，王乃大巡六师[3]，明誓众士。

王曰："呜呼！我西土君子。天有显道，厥类惟彰[4]。今商王受狎侮五常[5]，荒怠弗敬；自绝于天，结怨于民；斮朝涉之胫[6]，剖贤人之心；作威杀戮，毒痡四海[7]；崇信奸回[8]，放黜师保[9]；屏弃典刑[10]，囚奴正士；郊社不修[11]，宗庙不享；作奇技淫巧以悦妇人。上帝弗顺，祝降时丧[12]。尔其孜孜奉予一人[13]，恭行天罚！

注释

①这是梅氏伪古文尚书之十六。本篇记叙己未日周武王巡视讨伐大军时告诫将士的话。

②厥明：戊午的明日。

③六师：六军。这里指汇合河北的讨伐大军。

④厥类惟彰：类，法则。《方言》："类，法也。"惟，当。彰，彰明，使彰明。

⑤狎侮：轻慢。五常：指父义、母慈、兄友、弟恭、子孝五种常教。

⑥斮（zhuó）：斫。《孔传》："纣王受冬月见朝涉水者，谓其胫耐寒，斫而视之。"

⑦痡（pū）：伤害。《尔雅·释诂》：“痡，病也。”

⑧回：邪。

⑨黜：退。师保：太师、太保。

⑩屏（bǐng）：除去。典刑：常法。

⑪郊社：郊，祭天。社，祭地。

⑫祝：断，这里作“断然”解。《孔传》：“祝，断也。”

⑬奉：帮助。《淮南子·说林》注：“奉，助也。”

以上部分，周武王号召全军将士顺天行罚。

译文

时间是戊午的明天，周武王大规模巡视六军，明告众将士。

王说：“啊！我们西方的将士。上天有明显的常理，它的法则应当显扬。现在商王纣轻慢五常，荒废怠惰无所敬畏，自己弃绝于上天，结怨于人民。砍掉冬天清晨涉水者的小腿，剖开贤人的心，作威作恶，杀戮无罪的人，毒害天下。崇信奸邪的人，逐退师保大臣，废除常法，囚禁和奴役正士。祭天祭社的大礼不举行，宗庙也不享祀。制作奇技荒淫新巧的事物来取悦妇人。上帝不依，断然降下这种丧亡的诛罚。你们要努力帮助我，奉行上天的惩罚！

原文

“古人有言曰：‘抚我则后，虐我则雠。’独夫受洪惟作威[①]，乃汝世雠[②]。树德务滋，除恶务本，肆予小子诞以尔众士，殄歼乃雠。尔众士其尚迪果毅，以登乃辟[③]！功多有厚赏，不迪有显戮[④]。

“呜呼！惟我文考若日月之照临[⑤]，光于四方，显于西土，惟我有周诞受多方[⑥]。予克受，非予武，惟朕文考无罪；受克予，非朕文考有罪，惟予小子无良。”

注释

①独夫：众叛亲离，孤独一人。受：纣王名。

②世雠：大仇。《左传·桓公九年》经注“故使其子来朝”疏：“古者世之与大，字义通也。”

③登乃辟：登，成就。乃，你的。辟，君。《孔传》：“登，成也。成汝君之功。”

④迪：用，指用命。

⑤文考：指文王。

⑥诞受多方：诞，大。受，亲近。《广雅·释诂》：“受，亲也。”这句是说，广泛亲近了多方诸侯。《孔传》：“言文王德大，故受众方之国，三分天下而有其二。”

以上部分，周武王号召全军将士歼灭世仇，发扬文王的明德。

译文

“古人有言说：‘抚爱我的就是君主，虐待我的就是仇敌。’独夫商纣大行威虐，是你们的大仇。建立美德务求滋长，去掉邪恶务求除根，所以我率领你们去歼灭你们的仇人。你们要用果敢坚毅的精神来成就你们的君主！功劳多的将有重赏，不前进的将有公开的惩罚。

“啊！先父文王的明德，像日月照临一样，光被于四方，彰明在西土，因此我们周国广泛亲近众方诸侯。这次如果我战胜了纣，不是我勇武，是因为我的父王没有过失；如果纣战胜了我，不是我的父王有过失，是因为我不好。”

大 诰[1]

原文

王若曰[2]："猷！大诰尔多邦越尔御事[3]。弗吊[4]！天降割于我家[5]，不少延[6]。洪惟我幼冲人[7]，嗣无疆大历服[8]。弗造哲[9]，迪民康[10]，矧曰其有能格知天命[11]？

"已[12]！予惟小子，若涉渊水，予惟往求朕攸济[13]。敷贲敷前人受命[14]，兹不忘大功。予不敢闭于天降威[15]，用宁王遗我大宝龟[16]，绍天明[17]。即命曰[18]：'有大艰于西土，西土人亦不静，越兹蠢[19]。殷小腆诞敢纪其叙[20]。天降威[21]，知我国有疵[22]，民不康，曰：予复！反鄙我周邦[23]，今蠢今翼[24]。日民献有十夫予翼[25]，以于敉宁、武图功[26]。我有大事[27]，休？'朕卜并吉。

"肆予告我友邦君越尹氏、庶士、御事[28]，曰：'予得吉卜，予惟以尔庶邦于伐殷逋播臣[29]。'尔庶邦君越庶士、御事罔不反曰：'艰大，民不静，亦惟在王宫邦君室[30]。越予小子考翼[31]，不可征，王害不违卜[32]？'

"肆予冲人永思艰[33]，曰：呜呼！允蠢鳏寡[34]，哀哉！予造天役[35]，遗大投艰于朕身[36]。越予冲人不卬自恤[37]。义尔邦君越尔多士、尹氏、御事绥予曰[38]：'无毖于恤[39]，不可不成乃宁考图功[40]。'

"已！予惟小子，不敢替上帝命[41]。天休于宁王[42]，兴我小邦周，宁王惟卜用，克绥受兹命[43]。今天其相民，矧亦惟卜用？呜呼！天明畏，弼我丕丕基[44]！"

注释

①周武王逝世，成王年幼，周公摄政。元年（公元前1063年），管叔、蔡叔、武庚联合淮夷反叛周王朝。周公忠诚为国，决计出兵平定叛乱。讨伐叛乱的军队还没有出发，诸侯国的国君和众位大臣认为困难很大，劝周公违背龟卜的指示，停止出征。周公于是大诰各诸侯国的国君和众位大臣，驳斥他们关于困难很大和违背龟卜的说法，劝导他们同心协力去平定叛乱。史官记录了周公这篇诰辞，名叫《大诰》。周公这次东征，平定了叛乱，巩固了周王朝的统治，天下复归统一。周公东征是周代初年的重大事件，因此，这篇诰辞具有很高的史料价值。

②王：指摄政王周公。若：如此，这样。

③多邦：众诸侯国。越：与，和。《广雅》："越，与也。"御事：治事大臣。

④吊：善。弗吊，犹言不幸。

⑤割：害。《经典释文》："割，马本作害。"

⑥延：间断。

⑦洪惟：句首语气助词。幼冲人：年轻人。

⑧大历服：历，久。服，事。大历服，伟大久远的事业。指王业。

⑨造：遭遇。哲：明智的人。

⑩迪：引导。康：安。

⑪矧：况且。格：度量。江声说。

⑫已：唉，叹词。

⑬攸济：攸，所以。济，渡。攸济，所以济渡。见《释词》。

⑭敷贲：大龟。敷训大，见《诗·常武》释文引《韩诗》。敷前人：辅佐前人。敷，通"辅"。详见《尚书易解》。

⑮闭：藏着。威：可畏的事，指灾难。

⑯宁王：文王。古字“宁”和“文”形近，因而致误。

⑰绍：卜问。天明：即天命。杨树达说，“明”是“命”之假借字。

⑱即命：即，就。命，告。就龟而告。

⑲越：在。兹：这时。蠢：动。

⑳腆：主。小主，谓武庚。黄式三说。纪其叙：纪，组织。叙，余。组织他们的残余。

㉑天降威：威，通“畏”，可畏的事。天降可畏的事，指武王死了。

㉒疵：病，困难。指成王年幼，周公被疑。

㉓鄙：图谋。王先谦说：“古文为鄙，与图形近，其义当为图。”按王说可从。

㉔今蠢今翼：蠢，动。翼，通“翌”，“翌”即“翊”字，《说文》：“翊，飞貌。”今蠢今翼，现在动起来、飞起来了，形容形势危急。此俞樾说。

㉕日：近日。献：贤，指贤人。翼：助。

㉖敉（mǐ）：通“弥”，终。黄式三说。图功：图，大。功，业。

㉗大事：兵事，战事。

㉘肆：所以。越：与。尹氏：史官。庶士：众士。

㉙惟：谋。于：往。逋播臣：逋，逃亡。播，散。逋播臣，指禄父。

㉚惟：有。王宫邦君室：指管叔、蔡叔等。

㉛越：句首语气词。予小子：庶邦君自称。考翼：曾运乾说：“考翼，犹言考慎。《谥法》：思虑深远曰翼。”

㉜害：通“曷”。即何，为什么。

㉝肆：今。

㉞允：信，真的。蠢：动，惊动。鳏寡：指苦难的人。

㉟役：役使。

㊱遗：降给。投：掷，付予。艰：难事。

㊲越：句首语气词。卬：我。恤：忧虑。

㊳义：宜，应当。绥：安慰。

㊴无：不要。毖：畏慎，恐惧。

㊵宁考：文考。图功：大业。

㊶替：废弃。不敢替上帝命：《孔传》说：“不敢废天命，言卜吉当必征之。”

㊷休：嘉惠。

㊸绥：安。

㊹丕：大。基：事业。

以上部分，宣布得了吉卜，劝导众国服从天命参加东征。

译文

王这样说：“哟！遍告你们众国君主和你们的办事大臣。不幸啊！上帝给我们国家降下灾祸，不稍间断。我这个幼稚的人继承了远大悠久的王业，没有遇到明哲的人，指导老百姓安定下来，何况说会有能度知天命的人呢？

“唉！我像渡过深渊，我应当前往寻求我渡过去的办法。大宝龟帮助前人接受天命，至今不能忘记它的大功。在上天降下灾难的时刻我不敢把它闭藏着，用文王留给我们的大宝龟，卜问天命。我向大龟祷告说：‘在西方有大灾难，西方人也不安静，现在也蠢蠢欲动了。殷商的小主竟敢组织他的残余力量。天帝降下灾祸，他们知道我们国家有困难，民不安静。他们说：我们要复国！反而图谋我们周国，现在他们动起来飞起来了。这些天有十位贤者来帮助我，我要和他们前往完成文王、武王所谋求的功业。我们将有战事，会吉利吗？’我的卜兆全都吉利。

“所以我告诉我的友邦国君和各位大臣说：‘我现在得到了吉卜，打算和你们众国去讨伐殷商那些叛乱的罪人。’你们各位国君和各位大臣没有不反对地说：‘困难很大，老百姓不安宁，也有王室和邦君室的人。我们这些小子考虑，不可征讨吧！大王为什么不违背龟卜呢？’

"现在我深深地考虑着艰难，我说：唉！确实惊扰了苦难的人民，真痛心啊！我受天命的役使，天帝把艰难的事重托给我，我不暇只为自身忧虑。你们众位邦君与各位大臣应该安慰我说：'不要被忧患吓倒，不可不完成您文王的大业！'

"唉！我不敢废弃天命。天帝嘉惠文王，振兴我们小小的周国，当年文王只使用龟卜，能够承受这天命。现在天帝要帮助老百姓，何况也是使用龟卜呢？啊！天命可畏，请辅助我们伟大的事业吧！"

原文

王曰："尔惟旧人[1]，尔丕克远省[2]，尔知宁王若勤哉[3]！天閟毖我成功所[4]，予不敢不极卒宁王图事[5]。肆予大化诱我友邦君[6]：天棐忱辞[7]，其考我民[8]，予曷其不于前宁人图功攸终[9]？天亦惟用勤毖我民[10]，若有疾，予曷敢不于前宁人攸受休毕[11]？"

王曰："若昔朕其逝[12]，朕言艰日思[13]。若考作室，既底法[14]，厥子乃弗肯堂，矧肯构[15]？厥父菑[16]，厥子乃弗肯播[17]，矧肯获？厥考翼其肯曰[18]：'予有后，弗弃基？'肆予曷敢不越卬敉宁王大命[19]？若兄考[20]，乃有友伐厥子[21]，民养其劝弗救[22]？"

注释

①惟：是。旧人：老臣。

②省：省识。

③若：《尚书正读》："若，如何也。"

④閟：慎重。毖：告诉。所：道，办法。《礼记·哀公问》注："所，犹道也。"

⑤极：通"亟"，快速。

⑥化诱：教导。

⑦棐：辅助。忱辞：诚信的话，指灵龟所示的吉兆。

⑧考：成就。

⑨于：往。攸：通“猷”，谋求。终：完成。

⑩毖：劳心。

⑪休毕：休，善。毕，消除疾病。

⑫若昔：黄式三注：“如前也。”其：将要。逝：往。

⑬艰日思：艰难日子里的想法。

⑭厎：定。

⑮矧（shěn）：又。下文“矧肯获”之“矧”，同。构：盖，盖屋。

⑯菑：新垦土地。

⑰播：播种。

⑱考翼：考虑。其：岂，难道。

⑲越卬：越，在。越卬，在我自己。敉：终，完成。

⑳考：终，死。

㉑友：群，成群。

㉒养：长，长官。民养：人民之长，指诸侯和官员。

以上部分，说明文王的大业必须完成，驳斥众国东征“艰大”的说法。

译文

王说：“你们是老臣，你们都能远知往事，你们知道文王是多么勤劳啊！天帝慎重地告诉我们成功的办法，我不敢不快速完成文王的大业。现在我劝导我们友邦的君主，天帝用诚信的话帮助我们，要成全我们的百姓，我们为什么不去完成先人文王的最终大业呢？天帝也想使我们老百姓勤劳，这就好像是治病，我哪敢不为先人文王所受的天命而坚决除去这些疾病呢？”

王说：“像往日讨伐纣王一样，我天天考虑这次艰难的东征。好像父亲建屋，已经确定了办法，他的儿子却不愿意打地基，又怎么可能建屋呢？他的父亲新开垦了田地，他的儿子却不愿意播种，又怎么可能收获呢？这样，他的父亲考虑以后，难道愿意说，我们有后人不会废弃我的基业吗？所以我怎敢不在我自己身上完成文王伟大的使命呢？又好比兄长死了，却有人群起攻击他的儿子，作为国家的官员难道能够相劝不救吗？”

原文

王曰：“呜呼！肆哉[①]，尔庶邦君越尔御事。爽邦由哲[②]，亦惟十人迪知上帝命[③]。越天棐忱，尔时罔敢易法[④]！矧今天降戾于周邦[⑤]？惟大艰人诞邻胥伐于厥室[⑥]，尔亦不知天命不易？

“予永念曰：天惟丧殷，若穑夫[⑦]，予曷敢不终朕亩？天亦惟休于前宁人[⑧]，予曷其极卜[⑨]？敢弗于从率宁人有指疆土[⑩]？矧今卜并吉？肆朕诞以尔东征[⑪]。天命不僭[⑫]，卜陈惟若兹[⑬]！”

注释

①肆：尽力。《尔雅·释诂》：“肆，力也。”

②爽：明，清明。哲：哲人。

③惟：有。十人：《孔传》：“谓民献十夫来佐周。”迪：引导。

④时：是，代词。易法：即易废，怠弃的意思。法，通“废”。金文“废”多作“法”。

⑤矧：况且。戾：定，指定命。

⑥大艰人：指武庚、管叔、蔡叔等叛乱者。诞：通“延”，延请。邻：邻国。胥：相。

⑦穑夫：农夫。

⑧休：嘉惠。

⑨极：抓紧。

⑩于：往。从：重，再。率：巡行，行视。指：旨，美。有指即美好。

⑪诞：语中助词。见《经传释词》。以：率领。

⑫僭：差错，过失。

⑬陈：示。若：顺从。兹：哉，语末助词。见《词诠》。

以上部分，说明天命不可懈怠，驳斥众国“违卜”的要求。

译文

王说：“啊！努力吧，你们诸位邦君和各位官员。使国家国势昌明要用贤良的人，现在有十个贤人引导我们知道天命和天帝辅助诚信的道理，你们不能轻视这些！何况现在天帝又要降罪于周朝。那些发动叛乱的罪人，勾结邻国，同室操戈，你们难道不知天命不可改变吗？

“我长时间考虑后认为，天帝要灭亡殷国，就好像农夫一样，我怎敢不顺应天时完成我的田亩工作呢？天帝从前降富于先王，我们为什么不像先王那样抓紧占卜呢？怎敢不前去巡行先王开创的疆土？更何况今天的占卜都是吉兆呢？所以我要率领你们东征。天命不可不信，卜兆的指示应当遵从呀！”

微子之命[①]

原文

王若曰："猷！殷王元子[②]。惟稽古，崇德象贤[③]，统承先王，修其礼物，作宾于王家，与国咸休，永世无穷。

"呜呼！乃祖成汤，克齐圣广渊[④]。皇天眷佑，诞受厥命。抚民以宽，除其邪虐。功加于时，德垂后裔[⑤]。

"尔惟践修厥猷[⑥]，旧有令闻。恪慎克孝，肃恭神人。予嘉乃德，曰笃不忘[⑦]。上帝时歆[⑧]，下民祇协，庸建尔于上公，尹兹东夏[⑨]。

注释

①微子：名启，纣王的同母长兄，帝乙的长子。命：诰命。纣王的儿子武庚叛乱，被周成王杀，周成王命令微子启代替武庚为殷之后裔，封于宋国，以奉行成汤的祭祀。史官记录了成王封微子的诰命，名叫《微子之命》。

②殷王元子：元子，长子。微子是殷王帝乙的长子，所以称他为殷王元子。

③崇德：崇重有德。象贤：效法先贤。崇德象贤，谓崇德象贤的人。

④齐圣广渊：齐，肃敬。圣，明通。广，广大。渊，深远。《蔡传》说："齐，肃也。齐则无不敬，圣则无不通。广，言其大。渊，言其深也。"

⑤垂：流传。

⑥践修：履行。猷：道。

⑦曰笃不忘：曰，谓。笃，纯厚。《孔传》："谓厚不可忘。"

⑧歆：欣然。《国语·周语》"民歆而德之"注："歆，犹欣欣。"时歆，对此欣欣。时，是、此。

⑨东夏：东夏地区，指宋国。《孔传》："东方华夏之国，宋在京师东。"

以上部分，说明册命微子治理宋国的原因。

译文

成王这样说："哟！殷王的长子。考察前人，尊崇盛德、效法先贤的人，继承先王的传统，施行他的礼制文物，做王家的贵宾，跟王家同样美好，世代绵长，无穷无尽。

"唉！你的祖先成汤，肃敬、圣明、广大、深远。被上天眷顾，承受天命。他用宽和的办法治理臣民，除掉邪恶暴虐之徒。功绩在当时显现，德泽在后世流传。

"你践行成汤的治国方法，早就有美名。谨慎能孝，恭敬神和人。我赞美你的美德，以为纯厚而不可忘。上帝对这种美德很欣喜。下民对你敬爱和睦，因此立你为上公，治理这块东夏地区。

原文

"钦哉！往敷乃训，慎乃服命[①]，率由典常，以蕃王室[②]。弘乃烈祖[③]，律乃有民[④]，永绥厥位，毗予一人[⑤]。世世享德，万邦作式，俾我有周无斁[⑥]。

"呜呼！往哉惟休[⑦]！无替朕命[⑧]。"

注释

①慎：《尔雅·释诂》："慎，诚也。"服命：服，职位。命，使命。这里指上公的职位和使命。

②蕃：通"藩"，屏障，保卫。

③烈祖：烈，功业。烈祖，有功烈之祖，指成汤。

④律：规律，规范。

⑤毗：辅助。

⑥俾：服从。《尔雅·释诂》："俾，从也。"斁：厌倦。

⑦往哉惟休：《蔡传》："叹息言汝往之国，当休美其政。"

⑧替：废弃。

以上部分，勉励微子遵守常法以保卫周王室。

译文

"要慎重呀！前去施行你的政令，真诚对待你的职位使命，遵循常法，以保卫周王室。弘扬你先祖成汤的治理之道，规范你的人民，长居久安于你的职位使命，辅助天子。这样，你的子孙会世代享受你的功德，万邦诸侯会以你为榜样，服从我周王室而不厌倦。

"啊！前去吧，要好好地干！不要忘记我的诰命。"

康　诰①

原文

惟三月哉生魄②，周公初基作新大邑于东国洛③。四方民大和会。侯甸男邦、采卫百工④，播民和见⑤，士于周⑥。周公咸勤⑦，乃洪大诰治⑧。

注释

①本篇是册封文王之子康叔于卫国时的诰命。《史记·卫康叔世家》记载："卫康叔名封，周武王同母少弟也。……周公旦以成王命兴师伐殷，杀武庚禄父、管叔，放蔡叔。以武庚殷余民封康叔为卫君，居河、淇间故商墟。周公旦惧康叔齿少，乃申告康叔曰，必求殷之贤人君子长者，问其先殷所以兴所以亡，而务爱民。"史官记录周公告诫康叔的这次讲话，写成《康诰》。《尚书大传》说："四年，建侯卫而封康叔。"四年，是指周成王四年。这篇诰词中反复告诫康叔要尚德慎刑、敬天爱民，对施刑的准则和刑律的条目做了详细的规定，强调用德政教化殷民。它反映了周公的统治思想和周朝的司法制度，极具历史参考价值。

②三月：周成王四年的三月，此时周公尚摄政。哉生魄：月初。哉，始。魄，月魄。哉生魄，指农历每月二、三日，也可指五、六日。

③基：经营，奠定基业。新大邑：指新的国都。

④侯甸男邦：侯邦、甸邦、男邦。采卫：与侯甸男邦并立的附属小国。百工：百官。

⑤播民：指一些侯甸男邦与采卫中的殷余民，主要是当时迁到洛邑的殷余民。和见：会见。《周书·谥法》："和，会也。"

⑥士：事，服务。

⑦咸：都。勤：慰劳。

⑧洪：语气助词，无实际意义。治：通"辞"，言辞。

以上部分，记作诰的时地和有关人物。

译文

三月初的时候，周公在东方的洛水旁边开始营建新的国都。四方的臣民都来朝拜会见。侯甸男邦与采卫的百官和迁徙来的殷商遗民都来会见，为周王室效力。周公一一慰劳他们，发表了告诫他们的训词。

原文

王若曰[①]："孟侯[②]，朕其弟[③]，小子封。惟乃丕显考文王[④]，克明德慎罚[⑤]；不敢侮鳏寡，庸庸[⑥]，祗祗[⑦]，威威[⑧]，显民[⑨]，用肇造我区夏[⑩]，越我一、二邦以修我西土[⑪]。惟时怙冒[⑫]，闻于上帝，帝休[⑬]，天乃大命文王。殪戎殷[⑭]，诞受厥命越厥邦厥民[⑮]，惟时叙[⑯]，乃寡兄勖[⑰]。肆汝小子封在兹东土[⑱]。"

注释

①王：指周公。若：如此，这样。

②孟侯：指康叔。孟，长。为诸侯之长。

③其：之。《经传释词》："其，犹之也。"

④乃：你的。丕显考：伟大光明的父亲。

⑤克：能够。明德：尊尚德教。慎罚：慎用刑罚。

⑥庸：用。庸庸，任用可用的人。

⑦祗：敬。祗祗，尊敬可敬的人。

⑧威：威慑。威威，威慑可威慑的人。

⑨显：显著。显民，显示于民。

⑩用：因此。肇：开始。造：造就，建立。区夏：小夏。周邦自称夏。《君奭》"惟文王尚克修和我有夏"可证。区，《广雅·释诂》："小也"。周邦原居陕西西部，地域不广，所以称为小夏。

⑪越：与，和。修：治理。

⑫时：这样。怙：大。王引之说。冒：通"勖"，勉力。

⑬休：高兴。《广雅·释诂》："休，喜也。"

⑭殪：死，这里指灭亡。戎殷：大殷。

⑮越：与，和。

⑯时叙：时，承。叙，绪。承绪，承文王之基业。

⑰寡兄：大兄，指周武王。详见《尚书正读》。

⑱东土：卫国在东方河、淇之间，所以说东土。

以上部分，说明文王、武王施行明德慎罚的政策而得天下。

译文

王这样说："诸侯之长，我的弟弟，年轻的封啊！你的伟大光明的父亲文王，能够崇尚德教，慎用刑罚，不欺侮无依无靠的人，任用当用的人，尊敬当敬的人，威慑应当威慑的人，用这些显示于人民，因而开始造就了我们小夏，和我们的几个友邦共同治理我们西方。文王这种重大功绩，被上帝知道了，上帝很高兴，就降大命给文王。灭亡大国殷，接受上帝的大命和殷国殷民，继承文王的基业，是长兄武王努力所致，所以你这年轻人才封在这东土。"

原文

王曰："呜呼！封，汝念哉！今民将在祗遹乃文考[①]，绍闻衣德言[②]。往敷求于殷先哲王用保乂民[③]，汝丕远惟商耇成人，宅心知训[④]。别求闻由古先哲王[⑤]，用康保民。弘于天[⑥]，若德裕乃身[⑦]，不废在王命[⑧]！"

王曰："呜呼！小子封，恫瘝乃身[⑨]，敬哉！天畏棐忱[⑩]，民情大可见，小人难保。往尽乃心，无康好逸豫[⑪]，乃其乂民。我闻曰：'怨不在大，亦不在小。惠不惠[⑫]，懋不懋[⑬]。'已！汝惟小子，乃服惟弘。王应保殷民[⑭]，亦惟助王宅天命[⑮]，作新民[⑯]。"

注释

①在：观察。《尔雅·释诂》："在，察也。"遹（yù）：遵循，义见《尔雅》。

②绍：通"劭"，尽力。闻：听取。衣：即殷。《中庸》注："齐人言殷声如衣。"

③敷：普遍。乂：养。

④宅：安，安定。知训：明智教训。

⑤别：另外。由：于。

⑥弘：大。

⑦若德：顺从之德。裕：指导。《广雅·释诂》："裕，道也。"

⑧废：止，停止。在：完成。《尔雅·释诂》："在，终也。"

⑨恫：痛。瘝：病。

⑩畏：通"威"。《广雅·释言》："威，德也。"忱：辅诚。

⑪豫：乐。

⑫惠：顺从。

⑬懋：勉。

⑭应保：《经义述闻》："应保，犹受保也。"

⑮宅：黄式三注："宅，定也。"

⑯作：振作。新：革新。

以上部分，告诫康叔尽心讲求治道、爱护人民。

译文

王说："啊！封，你要考虑啊！现在殷民将观察你是否恭敬地遵循文王的传统，努力听取殷人的好意见的行为。你去殷地，要遍求殷代圣明先王用来保养百姓的方法，你还要深入思考殷商长者安定民心的明智教导。还要另求遗闻于古时圣明帝王以安保百姓。要比天还宏大，用和顺的美德指导自己，不停地去完成王命！"

王说："啊！年轻的封，治理国家像病痛在你的身上，要认真啊！天道辅助诚信的人，民情大致可以看出，百姓难于安定。你去殷地要尽你的心意，不要苟安贪图逸乐，这样才会治理好百姓。我听说：'民怨不在于大，也不在于小。要使不顺从的顺从，不努力的努力。'啊！你是个年轻人，你的职责就是宽大对待王家所保护的殷民，也就是帮助周王按照上帝的命令，使殷民成为周朝的新臣民。"

原文

王曰："呜呼！封，敬明乃罚[①]。人有小罪，非眚[②]，乃惟终自作不典[③]，式尔[④]，有厥罪小[⑤]，乃不可不杀。乃有大罪，非终，乃惟眚灾[⑥]，适尔，既道极厥辜[⑦]，时乃不可杀。"

王曰："呜呼！封，有叙时[⑧]，乃大明服[⑨]，惟民其敕懋和[⑩]。若有疾，惟民其毕弃咎[⑪]；若保赤子[⑫]，惟民

其康乂。

“非汝封刑人杀人，无或刑人杀人。非汝封又曰劓刵人[13]，无或劓刵人。”

王曰：“外事，汝陈时臬[14]，司师[15]，兹殷罚有伦。”又曰：“要囚[16]，服念五六日，至于旬时，丕蔽要囚[17]。”

王曰：“汝陈时臬事罚[18]。蔽殷彝[19]，用其义刑义杀[20]，勿庸以次汝封[21]。乃汝尽逊曰时叙[22]，惟曰未有逊事[23]。已！汝惟小子，未其有若汝封之心[24]。朕心朕德，惟乃知。

“凡民自得罪[25]，寇攘奸宄[26]，杀越人于货[27]，暋不畏死[28]，罔弗憝[29]。”

王曰：“封！元恶大憝[30]，矧惟不孝不友[31]。子弗祗服厥父事[32]，大伤厥考心[33]；于父不能字厥子[34]，乃疾厥子[35]。于弟弗念天显[36]，乃弗克恭厥兄[37]；兄亦不念鞠子哀[38]，大不友于弟。惟吊兹[39]，不于我政人得罪[40]，天惟与我民彝大泯乱[41]。曰：乃其速由文王作罚[42]，刑兹无赦[43]。

“不率大戛[44]，矧惟外庶子、训人[45]。惟厥正人越小臣诸节[46]，乃别播敷[47]，造民大誉[48]，弗念弗庸[49]，瘝厥君[50]。时乃引恶[51]，惟朕憝[52]。已[53]！汝乃其速由兹义率杀[54]。

“亦惟君惟长[55]，不能厥家人越厥小臣、外正。惟威惟虐，大放王命[56]，乃非德用乂。

“汝亦罔不克敬典[57]，乃由裕民[58]，惟文王之敬忌[59]。乃裕民曰：‘我惟有及[60]。’则予一人以怿[61]。”

注释

①明：明晓。

②眚（shěng）：悔过的意思。

③终：常。典：法。

④式：用。尔：如此。

⑤有：虽然。《尔雅·释训》："有，虽也。"

⑥眚灾：因过失而造成的灾害。

⑦道：说。极：尽。

⑧叙：顺从。时：是，这。指代上述"杀终赦眚"的方法。

⑨服：诚服。

⑩敕：告诫。和：顺。

⑪咎：罪恶。

⑫赤子：小孩。

⑬又：有。劓（yì）：割鼻的刑。刵（ěr）：断耳的刑。

⑭陈：宣布。时：通"是"，这。臬：准则。

⑮司：治理。师：指民众。

⑯要：审查。囚：犯人。

⑰丕：大。蔽：判断。

⑱事罚：施行刑罚。

⑲彝：法。蔽殷彝：蔽以殷法，用殷法判断案件。

⑳义：宜，合理。《孔传》："义，宜也。"

㉑庸：用。次：通"恣"。顺从，见《吕览》注。次汝封，顺从汝姬封的心意。

㉒乃：若，假若。汝尽逊：尽顺汝。时叙：承顺。

㉓惟：宜，应当。《吕览·知分》注："惟，宜也。"

㉔未：无。其：句中语气助词。若：顺从。

㉕得罪：获罪。

㉖寇：盗贼。攘：抢夺。奸：在内作乱。宄（guǐ）：在外作乱。

㉗越：通"敚（duó）"，抢劫。

㉘暋（mǐn）：强横。

㉙罔、弗：否定副词，没有。憝（duì）：怨恨。

㉚元：首。憝：奸恶。“元恶”“大憝”均是大罪大恶之意，这里重复使用，是为了强调罪大恶极。

㉛矧（shěn）：亦，也。惟：是。

㉜祗（zhī）：恭敬。服：治。厥：指示代词，这里指儿子。

㉝考：父亲。

㉞字：爱。厥：指示代词，这里指父亲。

㉟疾：讨厌，厌恶。

㊱天显：古代词语，指上帝的权威。

㊲克：能。

㊳鞠子：稚子。哀：意谓为其缺乏教养而哀痛。

㊴吊：至。兹：指代以上所述不孝不恭、不友不爱等现象。

㊵政人：掌权者。得罪：认罪，服罪。

㊶彝：法律。泯乱：遭到破坏。

㊷乃：指示代词，你。其：将。由：按照。

㊸刑：惩罚。兹：这。

㊹率：遵守。戛（jiá）：法。

㊺外庶子、训人：古代职掌教育的官员。

㊻惟：和。厥：代指以上所述官员。正人：同“政人”，掌权者。小臣诸节：指那些接受任命的官员。

㊼乃：就。别：另。播敷：意谓另外宣布一套措施。

㊽造民大誉：以诈言欺骗民众骗得声誉。造，为，诈。

㊾弗念弗庸：意谓不考虑也不执行法律。念，考虑。庸，用。

㊿瘝（guān）厥君：痛恨其国君。瘝，意谓痛恨。

51时：通“是”，这。引：助长。

52惟：是。憝：讨厌。

53已：叹词，唉。

54兹：指代上述所讲罪行。宜：应当。率：法。

55君、长：指诸侯。

56放：放弃。

(57)典：法。

(58)乃：往。见《广雅·释诂》。由：通“猷”。由裕：教导。《方言》：“裕、猷，道也。”“道”与“导”通。王引之说。

(59)敬忌：敬和忌，谓赏善罚恶。

(60)及：继承，谓继承文王。

(61)怿：高兴。

以上部分，告诫康叔用刑的准则和刑律。

译文

王说：“啊！封，要认真通晓那些刑罚。人有小罪，却不肯悔过，一错再错，故意犯罪，这样，即使他的罪行小，却不可不杀。若有大罪，不是经常，而是过失，偶然这样，他已经说尽了他的罪过，这个人就不可杀。”

王说：“啊！封，能够这样去做，民众就都会明晓上意而心悦诚服；他们就会互相告诫，努力和顺相处。好像医治疾病一样，使臣民完全抛弃罪恶；好像保护小孩一样，保护臣民，臣民就会康乐安定。

“不是你姬封刑人杀人，没有人敢刑人杀人。不是你姬封有令要割鼻断耳，没有人敢施行割鼻断耳的刑罚。”

王说：“对外，你要公布这就是你施行刑罚的准则，这就是根据殷代的刑法来治理百姓的。”又说：“审查囚犯的供词，要考虑五六天，甚至十天，务必要很慎重地审查囚犯的供词。”

王说：“你宣布了这些法律后，要依据它们来惩治罪犯。根据殷商的刑罚来判罪时，该用刑的就用刑，该杀的就杀掉，不要照你的意思来行事。如果完全按照你的意思行事才叫顺从，那么就没有顺从的事。唉！你还是个年轻人，不可顺从你的意思。我的心愿和德行，只有你才能了解。

“但凡百姓有犯罪的，如各类盗贼，杀人并夺取别人的钱财物品，强横不畏死，这种盗贼，没有谁不怨恨。”

王说：“封！恶贯满盈的人，也是不孝不友爱之人。作为儿子不恭敬地遵循父亲的要求行事，就会深深伤害父亲的心；这样父亲就不会爱他的儿子，倒会厌恶起他的儿子。作为弟弟不考虑上帝的权威，就不会尊敬他的兄长；这样兄长也不会为他年幼的弟弟缺少教养而痛心，对待弟弟很不友好。百姓到了如此不孝不恭不慈不友的境地，也不来我们这些当权者面前服罪，于是上帝赐予我们治理百姓的大法被严重破坏。你应当迅速根据文王制定的刑法，严惩这些人而不要有任何宽恕。

“不遵守国家的法律，也是我们的官吏导致的。各级掌权者连同他们手下的官吏，另行一套措施，欺骗百姓，树立自己的声誉，不考虑也不执行法律，煽动百姓痛恨其国君。这便助长了百姓的罪恶，我是很厌恶这类人的。唉！你就应该迅速地针对这些罪恶，根据国家的大法杀掉他们。

“又诸侯不能教育好他们的家人和内外官员，作威肆虐，完全放弃王命，这些人就不可用德惠去治理。

“你也不要不崇重法令，前往教导臣民，要思念文王的赏善罚恶。前往教导臣民说：‘我们只求继承文王。’那么，我就高兴了。”

原文

王曰：“封，爽惟民迪吉康[①]，我时其惟殷先哲王德[②]，用康乂民作求[③]。矧今民罔迪不适[④]，不迪则罔政在厥邦[⑤]。”

王曰：“封，予惟不可不监[⑥]，告汝德之说于罚之行[⑦]。今惟民不静，未戾厥心[⑧]，迪屡未同[⑨]，爽惟天其罚殛我[⑩]，我其不怨。惟厥罪无在大，亦无在多，矧曰其尚显闻于天[⑪]？”

王曰：“呜呼！封，敬哉！无作怨[⑫]，勿用非谋非彝蔽时忱[⑬]。丕则敏德[⑭]，用康乃心[⑮]，顾乃德，远乃猷[⑯]，裕乃以[⑰]。民宁，不汝瑕殄[⑱]。”

注释

①爽惟：句首语气词。迪：教导。吉：善。

②时：时时。惟：思念。

③求：通“捄”，法则。《广雅·释诂》：“捄，法也。”

④适：善。

⑤罔政：无善政。在：存在。

⑥监：视。

⑦于：与。行：道。

⑧戾：定，安定。

⑨屡：屡次。同：和。

⑩殛：诛责。

⑪曰：通“聿”，句中语气助词。

⑫作：造作。

⑬蔽：蔽塞。忱：诚。

⑭丕则：于是。敏：勉力，努力。《中庸》郑玄注：“敏，犹勉也。”敏德，谓勉行德政。

⑮乃：其，指殷民。

⑯猷：通“繇”，繇役。《诗经·巧言》“秩秩大猷”，《汉书·叙传》注作“秩秩大繇。”远乃繇，谓宽缓其繇役。

⑰以：用。裕乃用，即丰足其衣食。

⑱瑕：病，指责。殄：绝，弃绝。

以上部分，告诫康叔要用德政感化殷民。

译文

王说：“封啊，老百姓受到教化才会善良安定，我们要时时思念着殷代圣明先王的德政，用来安治殷民，作为法则。何况现在的殷

民不加教导，就不会善良；不加教导，就没有善政保存殷国。”

王说：“封啊，我们不可不看清这些，我要告诉你施行德政的意见和招致责罚的道理。现在老百姓不安静，没有安定他们的心，屡次教导，仍然不曾和同，上天将要责罚我们，我们不可怨恨。他们的罪过不在于大，也不在于多，何况还被上天明显地听到呢？”

王说：“唉！封，要谨慎啊！不要制造怨恨，不要使用不好的计谋，不要采取不合法的措施，以蔽塞你的诚心。于是努力施行德政，以安定殷民的心，顾念他们的善德，宽缓他们的徭役，丰足他们的衣食。人民安宁了，上天就不会责备和抛弃你了。”

原文

王曰：“呜呼！肆汝小子封[①]。惟命不于常[②]，汝念哉！无我殄享[③]，明乃服命[④]，高乃听[⑤]，用康乂民。”

王若曰：“往哉，封！勿替敬，典听朕告[⑥]，汝乃以殷民世享[⑦]。”

注释

①肆：因此，所以。

②命：天命。郑玄注：“命，天命也。天命不于常，言不专佑一家也。”

③享：享祀，这里指宗庙社稷。

④明：勤勉。乃：你的。服命：职责和使命。

⑤高：敬。

⑥典：常。

⑦以：与。世享：世世享有殷国。

以上部分，告诫康叔要听从教命。

译文

王说："啊！你这年轻的姬封。天命无常，不专佑一家，你要记住啊！不要自断宗庙社稷。要勤勉你的职责和使命，谨慎对待你的听闻，用来治理好你的老百姓。"

王这样说："去吧，姬封！不要放弃警惕之心，经常听取我的教导，你就可以拥有这些殷民，世世代代享有殷国。"

召　诰①

原文

惟二月既望[2]，越六日乙未，王朝步自周[3]，则至于丰[4]。

惟太保先周公相宅[5]。越若来三月[6]，惟丙午朏[7]。越三日戊申，太保朝至于洛，卜宅[8]。厥既得卜[9]，则经营[10]。越三日庚戌[11]，太保乃以庶殷攻位于洛汭[12]。越五日甲寅[13]，位成[14]。

若翼日乙卯[15]，周公朝至于洛，则达观于新邑营[16]。越三日丁巳[17]，用牲于郊[18]，牛二。越翼日戊午[19]，乃社于新邑[20]，牛一，羊一，豕一。越七日甲子[21]，周公乃朝用书[22]，命庶殷侯甸男邦伯。厥既命殷庶，庶殷丕作[23]。

太保乃以庶邦冢君出取币[24]，乃复入，锡周公[25]。曰[26]："拜手稽首[27]，旅王若公诰告庶殷越自乃御事[28]。"

注释

①据《史记·周本纪》记载："成王在丰，使召公复营洛邑，如武王之意。周公复卜申视，卒营筑，居九鼎焉。曰：'此天下之

中，四方入贡道里均。’作《召诰》《洛诰》。”史官记录了营建洛邑的过程和召公的诰词，名叫《召诰》。王国维说：“此篇乃召公之言，而史佚书之以诰天下，文、武、周公所以治天下之精义大法，悉在于此。”（《殷周制度论》）这是研究周初政治思想和统治政策的重要文献。

②二月：周成王七年二月。既望：阴历十六日。

③王：成王。周：指周朝都邑镐京，在今陕西西安西南。

④丰：文王所建都邑，葬于此。这句的意思是到丰邑祭告文王。

⑤太保：官名，周王的辅臣。当时召公为太保。先周公：在周公的前面。相：视察。宅：居处。

⑥越若：句首发语词。来三月：到了三月。

⑦朏（fěi）：指农历每月初三，这里指三月初三。

⑧卜宅：卜问住址。

⑨得卜：得到吉卜。

⑩经营：丈量土地，营建都邑。

⑪庚戌：三月初七。

⑫以：率领。庶殷：众殷民。攻位：划定宗庙、宫室、朝市的位置。攻，治理。洛汭（ruì）：洛水汇入黄河之地。汭，河流汇合的弯曲处。

⑬甲寅：三月十一日。

⑭位成：位置确定了。

⑮若：及，到。翼日：即“翌日”，明日，第二天。乙卯：三月十二日。

⑯达观：通看。达，通。营：区域，工地。

⑰丁巳：三月十四日。

⑱郊：南郊。在郊外祭天。

⑲戊午：三月十五日。

⑳社：设祭坛祭祀地。

㉑甲子：三月二十一日。

㉒书：册命的文书。

㉓丕作：大举动工。丕，大。作，任劳役。

㉔以：和。冢君：国君。币：束帛之类的赠礼。

㉕锡：进献。

㉖曰：说。

㉗拜手稽首：跪拜叩头。古代一种恭敬的跪拜礼。

㉘旅王：向王陈述。旅，陈述。当时成王在丰祭告文王以后，又来到洛邑。若：顺从。自：用。乃：其。

以上部分，记叙营建洛邑的经过。

译文

二月十六日后，第六天是乙未日，成王（为了营建新都洛邑，）早晨从都邑镐京出发，到丰邑去祭告文王。

太保召公在周公之前先去视察规划住址。到了三月，三月初三丙午日。过了三天是戊申日，太保早晨到了洛邑，卜问住址。占卜已经得了吉兆，就开始丈量营建都邑的土地。过了三天到庚戌日，太保率领众多殷商遗民，在洛水与黄河汇合之处测定规划宫室、朝市的位置。过了第五天到甲寅日，勘探规划工作结束。

到了第二天乙卯日，周公早晨来到洛地，把新都邑的工地全面视察了一遍。过了三天到丁巳日，在南郊用两头牛祭祀了上天。到了第二天戊午日，又用猪、牛、羊各一头在新邑祭祀大地。过了七天到甲子日，周公就在早晨把册命的文书写好，任命殷民以及侯、甸、男各国诸侯的职务。任命下达给殷民后，殷民就开始大举动工。

太保于是同众诸侯国君取了币帛，进来献给周公。周公说：“跪拜叩头，报告我王，请顺从召公的意见昭告殷商遗民和我周朝的官员。”

原文

"呜呼！皇天上帝改厥元子[①]，兹大国殷之命[②]。惟王受命[③]，无疆惟休[④]，亦无疆惟恤[⑤]。呜呼！曷其奈何弗敬[⑥]？

"天既遐终大邦殷之命[⑦]，兹殷多先哲王在天，越厥后王后民[⑧]，兹服厥命[⑨]。厥终[⑩]，智藏瘝在[⑪]。夫知保抱携持厥妇子[⑫]，以哀吁天[⑬]，徂厥亡[⑭]，出执[⑮]。呜呼！天亦哀于四方民，其眷命用懋[⑯]。王其疾敬德[⑰]！

"相古先民有夏[⑱]，天迪从子保[⑲]，面稽天若[⑳]，今时既坠厥命[㉑]。今相有殷，天迪格保[㉒]；面稽天若，今时既坠厥命。今冲子嗣[㉓]，则无遗寿耇[㉔]，曰其稽我古人之德[㉕]，矧曰其有能稽谋自天[㉖]！

注释

①元子：首子，指天子。郑玄注："言首子者，凡人皆天之子，天子为之首耳。"

②兹：通"已"，终止。

③命：治理天下的使命。

④休：吉祥。

⑤恤：忧患。

⑥曷其、奈何：都是怎么的意思。同义复用，意在加强语气。

⑦遐：远，久。

⑧越：语首助词。厥：其。

⑨服：受。

⑩厥终：后王之终，即纣之末年。

⑪智藏瘝（guān）在：瘝，病，指害人的人。纣王末年，明智的人都退隐了，害人的人掌权。

⑫夫：人们。保：护。一说通“褓”，小儿衣。

⑬吁：呼告。

⑭徂：通“诅”，诅咒。

⑮执：通“垫”。《说文》：“垫，下也。”这里指困境。

⑯眷：眷顾，关注。懋：通“贸”，移易。

⑰疾：加速。《释诂》：“疾，速也。”

⑱相：观察。

⑲迪：教导，引导。从：顺从。子保：慈保。《经义述闻》：“子当读为慈，古字子与慈通。”

⑳面：通“勔”，勉力，努力。天若：天之所顺。

㉑坠：丧失。

㉒格保：嘉保。于省吾注：“格假古通，《中庸》释文：假，嘉也。”

㉓冲子：冲，稚。稚子，指成王。

㉔遗：多余。《广雅·释诂》：“遗，余也。”寿考：年高德好的人。

㉕曰：语首助词。其：庶几。

㉖矧：何况。

以上部分，说明天命不常，勉励成王敬重贤能。

译文

“啊！皇天上帝改变了天下的元首，结束了大国殷的福命。大王接受了天命，美好无穷无尽，忧患也无穷无尽。啊！怎么能够不谨慎啊！

“上帝早已要结束大国殷的福命，这个殷国许多圣明的先王都在天上，因此殷商后来的君王和臣民才能够享受着天命。到了纣王的末年，明智的人隐藏了，害民的人在位。人们只知护着、抱着、牵着、扶着他们的妻子儿女悲哀地呼告上天，诅咒纣王灭亡，企图脱离困境。啊！上帝也哀怜四方的老百姓，它眷顾的福命因此改变了。大王要赶快认真施行德政呀！

“观察古时候的先民夏族，上帝教导顺从慈保，努力考求天意，现在已经丧失了王命。现在观察殷商，上帝教导顺从嘉保，努力考求天意，现在也已经丧失了王命。当今你这年轻人继承了王位，先王没有留下年长有德的老成人辅政，还没能寻求我们古代先王的德政，更不必说有能寻求天意的人了。

原文

“呜呼！有王虽小，元子哉！其丕能諴于小民[①]，今休[②]。王不敢后[③]，用顾畏于民碞[④]。王来绍上帝[⑤]，自服于土中[⑥]。

“旦曰[⑦]：‘其作大邑，其自时配皇天[⑧]，毖祀于上下[⑨]，其自时中乂[⑩]；王厥有成命治民[⑪]。’今休：王先服殷御事[⑫]，比介于我有周御事[⑬]，节性[⑭]，惟日其迈。

注释

①丕：大。諴：和。

②休：美事，喜事。

③后：迟缓。

④用：由，因。碞：通“岩”，险。民碞，即民险，谓小民难保。

⑤绍：通“卜”，卜问。

⑥服：治理。土中：指洛邑，洛邑在九州的中心。

⑦旦：周公名。

⑧自时：从此。配皇天：祭天时用周的祖先配天受祭。《孝经》

说："昔在周公，郊祀后稷以配天，宗祀文王于明堂以配上帝。"

⑨毖：谨慎。上下：指天神和地神。

⑩时中：这个中心，指洛邑。乂：治。

⑪厥：句中助词。成命：定命。

⑫先：尚，重视。《吕览·先己》注："先，犹尚也。"服：用。

⑬比介：亲近。介，一作尔，即"迩"字。迩，近。

⑭节：和。

以上部分，赞美成王营洛治事的决定。

译文

"啊！王虽然年轻，却是天子，要特别能够和悦老百姓。现在可喜的是：王不敢延缓营建洛邑的大事，由于顾畏殷民的艰难险阻，王来卜问上帝，打算亲自在洛邑治理他们。

"姬旦对我说：'要营建洛邑，要从这里匹配皇天，谨慎祭祀天地；要从这个中心统治天下，王已经有定命治理殷民了。'现在可喜的是：王重视使用殷商治事官员，使他们亲近我们周王朝的治事官员，他们和睦的感情就会一天天地增长。

原文

"王敬作所[①]，不可不敬德。

"我不可不监于有夏[②]，亦不可不监于有殷。我不敢知曰[③]：有夏服天命，惟有历年[④]；我不敢知曰：不其延[⑤]。惟不敬厥德[⑥]，乃早坠厥命。

"我不敢知曰：有殷受天命，惟有历年；我不敢知曰：不其延。惟不敬厥德，乃早坠厥命。今王嗣受厥

命[7]，我亦惟兹二国命，嗣若功[8]。

“王乃初服[9]。呜呼！若生子[10]，罔不在厥初生，自贻哲命[11]。今天其命哲[12]，命吉凶[13]，命历年；知今我初服[14]，宅新邑[15]。肆惟王其疾敬德[16]！王其德之用，祈天永命。

“其惟王勿以小民淫用非彝[17]，亦敢殄戮[18]，用乂民，若有功[19]。其惟王位在德元[20]，小民乃惟刑用于天下[21]，越王显[22]。上下勤恤[23]，其曰我受天命，丕若有夏历年[24]，式勿替有殷历年[25]，欲王以小民受天永命[26]。”

注释

①所：居所，邑居，此指新邑。

②监：鉴戒。

③敢：表敬副词。

④历年：永年。历，久。

⑤其：助词。延：延长。

⑥惟：以，因。

⑦嗣：继。

⑧若：其，他们。王念孙注：“若，犹其也。”

⑨服：任事。初服，初理政务。

⑩生：养，教养。

⑪贻：传。哲：明。

⑫命：给予。《小尔雅·广言》：“命，予也。”

⑬吉凶：偏指吉祥。

⑭知：闻知。

⑮宅：居住。

⑯肆：今。疾：加速。

⑰其：庶几。以：使。淫：过度。彝：法。

⑱亦敢：亦不敢。曾运乾注：“犹言亦勿敢，蒙上文勿字而省

也。殄：灭。

⑲用：以。乂：治。若：乃。见《经义述闻》。

⑳位：立。“位”“立”古通用。元：首。

㉑刑：法，效法。用：行。

㉒越：发扬。显：光显。

㉓上下：指君臣。

㉔丕：语首助词。

㉕式：应当。见丁声树《诗经式字说》。替：止。

㉖以：与，和。

以上部分，勉励成王敬德以求天之永命。

译文

“王重视造作邑居，不可以不重视行德。

“我们不可不鉴戒夏代，也不可不鉴戒殷代。我不知道：夏接受天命有多长时间；我也不知道：夏的国运不会延长。我只知道他们不重视行德，他们才过早地失去了福命。

“我不知道：殷接受天命有多长时间；我也不知道：殷的国运不会长久。我只知道他们不重视行德，才过早地失去了他们的福命。现今大王继承了治理天下的大命，我们也该思考这两个国家的命运，继承他们的功业。

“王是初理政事。啊！好像教养小孩一样，没有不在他初受教养时，就亲自传给他明哲的教导的。现今上帝该给予明哲，给予吉祥，给予永年，因为上帝知道我王初理国事时，住到了新邑。现在王该快些重视行德！王该用德政向上帝祈求长久的福命。

“愿王不要让老百姓肆行非法的事，也不要用杀戮，用此治理老百姓，才会有功绩。愿王立于德臣之首，让老百姓效法施行于天下，发扬王的美德。君臣上下勤劳忧虑，也许可以说，我们接受的大命会像夏代那样久远，应当不止殷代那样久远，愿君王和臣民共同接受上帝的永久大命。”

原文

拜手稽首，曰："予小臣，敢以王之雠民、百君子越友民[①]，保受王威命明德[②]。王末有成命[③]，王亦显[④]。我非敢勤[⑤]，惟恭奉币[⑥]，用供王能祈天永命[⑦]。"

注释

①雠民：殷遗民，指殷商亡后，仍与周为敌的遗民。即《梓材》篇之迷民。百君子：指殷商旧臣。越：与。友民：顺从周的殷商遗民和旧臣。

②保：安。

③末：终。成命：上天的定命。

④亦显：指成王也与文王、武王、周公一样功德显赫。

⑤勤：慰劳。

⑥币：就是上文的玉帛之类。

⑦供：进献。《广雅·释诂》："供，进也。"能祈：善祈，谓用德祈求。

以上部分，召公表明拥护成王的心意。

译文

召公跪拜叩头说："我这小臣率领曾经敌对我们的殷商遗民、旧臣以及顺从我们的殷商遗民、旧臣，会安然接受王的威命和明德。王终得上天定命，王营建洛邑，也会像先王那样功德显赫。我不敢慰劳王，只想恭敬地奉上币帛，以供王去好好祈求上天赐给我们永久的天命。"

秦　誓[1]

原文

公曰："嗟！我士[2]，听无哗！予誓告汝群言之首[3]。

"古人有言曰：'民讫自若[4]，是多盘[5]。'责人斯无难，惟受责俾如流[6]，是惟艰哉！我心之忧，日月逾迈[7]，若弗云来[8]！

"惟古之谋人[9]，则曰未就予忌[10]，惟今之谋人，姑将以为亲[11]。虽则云然[12]，尚猷询兹黄发[13]，则罔所愆[14]。

注释

①鲁僖公三十三年（公元前627年），秦穆公不顾老臣蹇叔和百里奚的劝阻，派遣大将孟明视、西乞术、白乙丙率军远袭郑国，回师至崤山（今河南洛宁西北）时，遭晋军伏击，全军覆灭，三将被俘。事后，秦穆公悔恨不听老臣的劝阻，对群臣作了这篇自责的诰辞，史臣记录下来，名叫《秦誓》。《荀子·大略篇》说："《春秋》贤穆公能变。"本篇的要旨主要是秦穆公流露出悔过之心，并表示军国大事应听从老臣之言，而且应宽容大度。

②士：群臣士卒。

③首：首要，要义。

④讫：尽，终。若：顺。

⑤盘：差错。

⑥俾：依从。《尔雅·释诂》："俾，从也。"

⑦日月逾迈：时间一天天过去。逾，越。迈，行。

⑧若：乃。

⑨古：故，过去。谋人：谋臣。

⑩曰：说。就：顺从。《庄子·人间世》"就不欲入"注："就者形顺。"未就予忌：未顺从我的意志。忌，当从《说文》作"惎"，《广雅》："惎，志也。"

⑪姑：且，将。

⑫然：这样。

⑬猷（yóu）：通"犹"，还。询：请教。黄发：老人头发白而复黄，所以用黄发来指老人。这里是指蹇叔等老臣。

⑭愆：过失。

以上部分，穆公悔恨顺从自己，愿意亲近谋臣。

译文

穆公说："啊！我的群臣士卒们，听着，不要喧哗！我要向你们发出誓言。

"古人曾有这样的话：'人只顺从自己，就会多出差错。'责备别人是没有什么困难的，但要做到自己受别人责备还能从谏如流，这就很困难了啊！我很担忧，随着时间一天天过去，悔恨也来不及了啊！

"过去的老谋臣，我认为不能顺着我的意志；现在的谋臣，顺应我的心意，我就一时亲近了他们。虽说这样，现在感觉国家大事还是要请教那些德高望重的黄发老臣，才不会产生失误。

原文

“番番良士[1]，旅力既愆[2]，我尚有之[3]。仡仡勇夫[4]，射御不违[5]，我尚不欲[6]。惟截截善谝言[7]，俾君子易辞[8]，我皇多有之[9]！

“昧昧我思之[10]：如有一介臣[11]，断断猗[12]，无他伎，其心休休焉[13]，其如有容[14]。人之有技，若己有之。人之彦圣[15]，其心好之，不啻若自其口出[16]。是能容之[17]，以保我子孙黎民，亦职有利哉[18]！

“人之有技，冒疾以恶之[19]；人之彦圣，而违之，俾不达[20]。是不能容，以不能保我子孙黎民，亦曰殆哉[21]！

“邦之杌陧[22]，曰由一人[23]；邦之荣怀[24]，亦尚一人之庆[25]。”

注释

①番番：即“皤皤”，白发苍苍的样子。

②旅：通“膂”，脊骨，这里指体力。愆：过，这里指衰弱。

③有之：亲近他。有，通“友”，亲近。

④仡仡：勇武健壮的样子。

⑤射：射箭。御：驾车。违：失误。

⑥欲：喜欢。王引之注：“欲，犹好也。”

⑦截截：浅薄的样子。谝：巧言。

⑧易辞：易，轻忽。辞，当作“怠”，怠惰。

⑨皇：通“遑”，无暇，没有时间。

⑩昧昧：默默深思的意思。

⑪介：个。

⑫断断：诚实专一的样子。猗：语气助词。

⑬休休：形容宽容，肚量大。

⑭其：乃。如：《公羊传》引作“能”。

⑮彦：美士，指贤良的人。圣：明，道德高尚。

⑯不啻：不但，不只。自：从。

⑰是：这样。

⑱职：当。一作“尚”，庶几。

⑲冒疾：妒忌。

⑳达：通，顺利。

㉑曰：语中助词。殆：危险。

㉒杌（wù）陧（niè）：危险困厄。

㉓曰：通“聿”，语首助词。

㉔荣怀：繁荣安定。

㉕尚：犹，还。庆：善。

以上部分，穆公悔恨待士的偏差，希望容人之善。

译文

“那些白发苍苍的老臣，体力虽然衰弱了，我还是要亲近信任他们。那些强壮勇猛的武士，虽然射箭、驾车都很娴熟，我还不想任用他们。而那些浅薄善辩的人，容易使君子迷惑，我更无暇理会他们！

“我深思熟虑到：如果有一个官员，忠贞、专一却没有其他的才能，但他胸怀宽广善能容人。看到别人有才能，就好像自己拥有一样高兴。别人有才能、有品德，他自心里喜欢他，不只是停留在口头的赞誉。这样宽容大度的人，是可以保护我的子孙和黎民的，也能造福于他们啊！

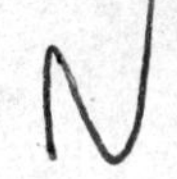

“而另一种人，看到别人有能力就妒忌、厌恶；别人有才有德，他就想方设法打击，使有才有德之人不能成功。这样不能宽容人，是不能保护我的子孙黎民的，对他们只会有危害啊！

“国家的危险困厄，往往因为一人的妒忌、厌恶；国家的繁荣安定，也往往是因为一人的宽容大度啊！”